本书由 2021 年度大连外国语大学出版基金、辽宁省博士科研启动基金计划项目"高杠杆率与短债长用并存情况下基于企业层面的货币政策传导机制研究"（2020-BS-212）资助

负债结构
与数字金融

对企业经营结果影响的研究

艾永芳 ◎ 著

中国财经出版传媒集团

经济科学出版社
Economic Science Press

图书在版编目（CIP）数据

负债结构与数字金融对企业经营结果影响的研究/
艾永芳著．－－北京：经济科学出版社，2022.2
ISBN 978－7－5218－3438－3

Ⅰ.①负⋯　Ⅱ.①艾⋯　Ⅲ.①企业债务－影响－企业
经营管理－研究②数字化－金融－影响－企业经营管理－
研究　Ⅳ.①F275②F272.3

中国版本图书馆 CIP 数据核字（2022）第 028330 号

责任编辑：程辛宁
责任校对：王京宁
责任印制：张佳裕

负债结构与数字金融对企业经营结果影响的研究
艾永芳　著
经济科学出版社出版、发行　新华书店经销
社址：北京市海淀区阜成路甲 28 号　邮编：100142
总编部电话：010－88191217　发行部电话：010－88191522
网址：www. esp. com. cn
电子邮箱：esp@ esp. com. cn
天猫网店：经济科学出版社旗舰店
网址：http://jjkxcbs. tmall. com
固安华明印业有限公司印装
710×1000　16 开　13.5 印张　230000 字
2022 年 2 月第 1 版　2022 年 2 月第 1 次印刷
ISBN 978－7－5218－3438－3　定价：78.00 元
（图书出现印装问题，本社负责调换。电话：010－88191510）
（版权所有　侵权必究　打击盗版　举报热线：010－88191661
QQ：2242791300　营销中心电话：010－88191537
电子邮箱：dbts@ esp. com. cn）

序　言

2007 年，由美国次贷危机引发的全球金融危机，使全球各个经济体不约而同地采取了宽松的货币政策来应对危机。然而在经济的短暂繁荣之后，我国进入了经济下行压力不断增加的经济新常态。宽货币政策的后遗症开始显现，"债务－投资"驱动的增长模式导致中国非金融企业的债务规模不断增大，债务风险日趋严峻。与此同时，由于信息不对称，银行作为信贷供给方，为加强自身风险控制，倾向于对企业发放短期贷款，使短债长用现象在中国非金融企业中非常普遍。总之，高杠杆和短债长用成为中国企业的微观运行机制。大量以高杠杆和短债长用为投融资特征的企业陷入了"借新还旧—借新还息—资产负债表恶化"的困境，银行业不良贷款率上升，整个金融领域面临巨大风险。因此，去杠杆成为近年来中国货币政策的主基调。然而，过去的去杠杆政策对企业的应对策略缺乏考虑。例如，面对去杠杆政策，企业能否保证财务信息披露质量？不同杠杆水平、不同债务结构的企业在去杠杆过程中是否会有不同程度的财务信息操纵行为？

与此同时，以大数据、云计算、人工智能和区块链为技术基础的数字金融作为一种全新的金融范式在近几年内如雨后春笋般发展起来。一时间，数字金融如何赋能实体经济成为学界和业界共同关注的热点话题。数字金融通过将数字技术与金融相结合，快速推进着金融创新，形成了覆盖面广、效率高、成本低的金融业态。数字金融借助大数据、云计算以及人工智能等数字技术解决了传统金融系统信息不对称和风险高溢价问题，正在重塑我国的金融生态，纾解了金融错配和利率市场化程度低等问题。与此同时，数字金融也在影响着微观企业的决策行为。所以针对数字金融赋能实体经济的微观机理已成为近年来学术界的热点研究领域。那么数字金融的发展对既有债务结构下的企业的财务行为会有何种影响呢？这也是本书拟解决的重要问题。

此外，作为财务欺诈恶劣后果之一的股价崩盘一直制约着我国资本市场的发展，也成为目前学界研究的热点问题。由于从企业债务结构以及数字金融到企业财务行为，再到企业股价崩盘风险是一脉相承的问题，因此本书拟将上述问题纳入同一研究框架进行讨论，期待能给读者以启示。

财务欺诈（财务舞弊）以及盈余管理是企业管理者隐瞒实际经营状况的普遍手段。而驱使企业采取财务欺诈行为的成因，著名的舞弊三角理论给出了经典的归纳，即机会因素、动机因素以及借口因素。因此，本书将分别从机会、动机和借口三个角度来厘清企业债务结构对企业财务欺诈以及盈余管理的影响机制。

另外，数字金融对实体经济的赋能作用可表现在两个方面。一方面，从数字金融服务实体经济的形式上看，在于其强大的线上服务能力克服了以物理网点为基础的成本束缚，大大提升了金融的触达能力，尤其降低了中小企业和偏远地区人民的金融准入门槛。针对数字金融在这方面优势的研究是当下学界的主流。另一方面，数字金融的核心技术支撑是大数据、云计算和人工智能等数字技术，数字技术有望从根本上克服金融体系信息不对称的痼疾，而信息不对称问题普遍存在于经济社会的每一个角落，从这个意义上讲，数字金融对经济的赋能作用的覆盖面应该是全面的，而不只限于中小企业和低收入群体。然而，目前的文献却很少从数字金融背后的数字技术入手去分析数字金融对实体经济的赋能作用，而多从数字金融的线上属性来探讨其作用，这难免会束缚人们对数字金融的认识，甚至得出片面的观点。有鉴于此，本书从数字金融背后的数字技术角度出发，重点讨论数字金融通过化解金融体系信息不对称来赋能实体经济的作用路径，以期能够为读者提供关于数字金融的新认识。

根据本书的实证结果，笔者提出如下观点：第一，高杠杆和短债长用是企业财务欺诈和盈余管理的重要诱因，而且"一刀切"的去杠杆行为也会加剧违规财务行为的发生；第二，数字金融对企业的财务欺诈和盈余管理行为以及股价崩盘都有直接的抑制作用，而且还可以缓解高杠杆以及短债长用对上述指标的刺激作用；第三，数字金融赋能实体经济的根本路径是以其缓解信息不对称为基础的，其赋能作用不仅局限于中小企业，对大企业的作用一样显著，甚至更突出。

企业负债结构、数字金融、财务欺诈以及股价崩盘等话题是金融领域的研究热点，过去是，现在是，将来也是。希望本书的研究过程和研究观点能为该领域的研究提供些许贡献。

艾永芳
2022 年 1 月于大连外国语大学

目　　录

| 第一章 |

绪　论

第一节　研究背景及问题提出

"债务－投资"驱动的增长模式导致中国非金融企业的债务规模不断增大,债务风险日趋严峻。与此同时,由于信息不对称,银行作为信贷供给方,为加强自身风险控制,倾向于对企业发放短期贷款,使短债长用现象在中国非金融企业中非常普遍。总之,高杠杆和短债长用成为中国企业的微观运行机制。如果宏观经济一直持续高速增长,那么上述机制并不会对单个企业和宏观金融环境造成负面影响。然而,自中国进入经济新常态以来,经济下行压力增大,大量以高杠杆和短债长用为投融资特征的企业陷入了"借新还旧—借新还息—资产负债表恶化"的困境,银行业不良贷款率上升,整个金融领域面临巨大风险。因此,去杠杆成为近年来中国货币政策的主基调。然而,过去的去杠杆政策对企业的应对策略缺乏考虑。例如,面对去杠杆政策,企业能否保证财务信息披露质量?不同杠杆水平、不同债务结构的企业在去杠杆过程中是否会有不同程度的财务信息操纵行为?

此外,近年来数字金融在我国的发展可谓突飞猛进,其规模已属于世界领先水平。数字金融通过将数字技术与金融相结合,快速推进着金融创新,形成了覆盖面广、效率高、成本低的金融业态。数字金融借助大数据、云计算以及人工智能等数字技术解决了传统金融系统信息不对称和风险高溢价问题,正在重塑我国的金融生态,纾解了金融错配和利率市场化程度低等问题。与此同时,数字金融也在影响着微观企业的决策行为。所以针对数字金融赋能实体经济的微观机理已成为近年来学术界的热点研究领域。

同时,财务欺诈以及盈余管理等信息操纵行为的后果极其恶劣,不仅会导致公司股价崩盘,还会使企业陷入诉讼风险中(Palmrose et al.,2004;Firth et al.,2011),这些都会使投资者蒙受巨额损失。琼斯和温格拉姆(Jones and Weingram,1997)指出当企业的财务重述行为被揭穿后往往会遭遇诉讼风险。帕姆罗斯等(Palmrose et al.,2004)指出,在1995~1999年期间,有492家公司宣布重述年度或季度报表。他们发现,在492家公司中,38%的公司发生了民事诉讼,平均和解金额为5030万美元。有几项研究考察了市场对重述声明的反应,都发现了不良后果。特纳等(Turner et al.,2001)发现,基于营业收入的重述行为导致公司股价下跌12%,而基于重组、减值和其他误报行为则导致股价平均下跌5%。高和舍丽丝(Gao and Shrieves,2002)则发现,由财务欺诈导致的股价下跌幅度平均为10%。帕姆罗斯等(Palmrose et al.,2004)发现财务欺诈导致的股价下跌整体幅度可达9%。安德森和班恩(Anderson and Yohn,2002)发现财务欺诈会导致股价下跌3.9%。吴(Wu,2002)指出,对修改盈利公告或宣布重述的公司样本的股价下降幅度约为12%。虽然在这些研究中,估计的股价下跌幅度有所不同,但总体结论是,财务欺诈对那些在公告时持有股票的人来说是极其不利的。

另外,随着我国经济的发展,经济形势发生了根本性变化,我国的经济发展目标已经从一味地追求总量增长转向对质量的高要求。创新驱动的经济增长是新时代经济发展的基本路径,这就要求金融体系必须配合转型,资本市场对实体经济的贡献必须提升。然而,股价崩盘却严重制约着我国资本市场的健康发展,影响了资本市场赋能实体经济作用的发挥。因此探究股价崩盘风险的成因及解决之道也是几年来学术界讨论的热点话题。

有鉴于此,本书将我国企业中普遍存在的高杠杆与短债长用并存的独特债务结构与数字金融纳入同一分析框架，探讨导致企业财务欺诈、盈余管理以及股价崩盘风险的成因及对策，期待能为相关领域的学术研究作出些许贡献，同时，也为实践操作提供一定理论参考。

第二节　研 究 意 义

一、理论意义

（一）企业债务结构研究方面的理论意义

现有针对企业债务结构的研究大多只针对某一指标进行讨论，缺乏系统性，因此得出的结论往往是片面的或有偏的。本书将以财务欺诈、盈余管理以及股价崩盘风险作为研究视角，通过将杠杆率与短债长用问题纳入同一分析框架，分析二者对企业财务欺诈的交互效应，丰富了企业债务以及财务欺诈问题的研究领域。

（二）数字金融研究方面的理论意义

数字金融是数字技术与金融相结合的产物，其对实体经济的赋能作用可以分解为数字技术的贡献以及金融发展的贡献。然而，现有大多数相关研究对数字金融的金融发展层面的贡献关注有余，对数字技术的作用却明显关注不足。一方面，一些研究重点讨论了数字金融在普惠金融推行方面的作用；另一方面，大部分文献在讨论数字金融对微观企业的赋能作用时重点关注了前者对融资约束问题的化解。纵观现有研究，多以创新、创业以及全要素生产率为研究对象，而这些问题的症结均在于金融发展相对滞后，数字金融的普惠性恰好解决了上述问题，所以数字金融的普惠性特征广受关注，而数字金融所蕴含的数字技术并非化解融资难问题的直接原因，因此未被关注。由此，如果想考察数字金融中的数字技术对实体经济的贡献，那么就必须找到合适的研究对象。导致财务欺诈、盈余管理以及股价崩盘风险的直接原因都是信息不对称，而数字技术则能大幅改善信息环境，克服信息不对称。因此，本书将以上述三种问题为研究对象，探讨数字金融背后的数字技术对实体经济的赋能作用。这将极大地丰富现有针对数字金融的研究领域。

二、现实意义

第一，对政府部门来讲，本书的研究结论可以对政策的制定和实施提供理论参考，对监管部门的监督提供方向指引。一方面，通过探讨企业债务结构对企业财务欺诈、盈余管理以及股价崩盘的影响，可以揭示企业管理者应对货币政策的策略，从而帮助货币当局合理实施货币政策。另一方面，本书对数字金融背后的数字技术的作用原理的推演，可以帮助监管部门提供全新的监管思路。

第二，对于企业利益相关方而言，本书的研究结论有助于各种金融模型的更新升级。本书给出了信用评估模型以及股票投资决策模型的升级方向，即强化目标企业及其管理者的行为大数据的作用，弱化财务报表的作用。

第三节 研究内容

本书将我国企业中普遍存在的高杠杆与短债长用并存的独特债务结构与数字金融纳入同一分析框架，探讨导致企业财务欺诈、盈余管理以及股价崩盘风险的成因及对策。

本书共分为七章，具体内容如下：

第一章，绪论。主要内容是本书的研究背景、研究意义、研究内容和研究方法，最后是本书的研究创新点。

第二章，文献综述。主要梳理了与企业债务结构、数字金融、财务欺诈、盈余管理和股价崩盘风险相关的主要理论文献和实证文献。

第三章，杠杆率、短债长用与企业财务欺诈。通过将企业杠杆率与短债长用纳入同一分析框架，以2001~2018年中国非金融类上市公司面板数据为样本，考察了企业杠杆率与短债长用对企业财务欺诈行为的影响。研究发现，杠杆率和短债长用问题均会加剧财务欺诈行为，但二者的交互效应却抑制了企业财务欺诈。另外，上述影响在不同规模的企业中存在异质性。短债长用对企业财务欺诈的影响只在小规模企业中显著，在大规模企业中不显著；杠杆率对企业财务欺诈的影响在不同规模的企业中均显著。本章研究聚焦于企业在面对去杠杆政策过程中的应对策略，为去杠杆政策的制定和实施提供了理论支持。

第四章，数字金融对抑制企业财务欺诈的影响机制研究。将以 2011～2018 年我国 A 股上市公司为样本，借助北京大学数字金融研究中心编制的数字普惠金融指数，考察数字金融对企业财务欺诈的影响机制及效果。研究发现，数字金融可以抑制企业财务欺诈的发生，而且该抑制作用的发挥主要源自数字技术的应用带来的全新的信息渠道对财务报表这一传统信息渠道的替代和验证，有效弱化了企业管理者进行财务欺诈的动机和机会，从而抑制了财务欺诈。

第五章，数字金融对企业盈余管理的影响。借助北京大学数字金融研究中心编制的数字普惠金融指数，以 2011～2018 年我国 A 股上市公司为研究对象，考察了数字金融对企业盈余管理的影响。研究发现，数字金融可以抑制企业的盈余管理行为，数字技术才是数字金融抑制企业盈余管理的关键所在。

第六章，数字金融对股份崩盘风险的影响。以 2011～2018 年我国 A 股上市公司为研究对象，对数字金融影响企业股价崩盘风险的内在机制进行了理论推演，并实证检验了上述机制。研究发现，数字金融可以抑制股价崩盘风险，而且从数字金融发展水平不同维度的作用效果看，数字金融使用深度的作用效果非常显著，但数字金融覆盖广度的作用效果却不显著。这再一次证明，数字金融对股价崩盘风险的抑制作用不在于普惠性，而在于先进的数字技术对于信息不对称问题的化解。

第七章，本书主要结论和政策建议。

第四节　研　究　方　法

本书以企业财务欺诈、盈余管理以及股价崩盘风险为研究视角，综合使用了规范研究方法和实证研究方法，对企业债务结构以及数字金融对企业信息管理行为的影响进行了理论和实证检验。

第一，规范研究方法。所谓规范研究方法，就是利用哲学的分析方法，基于一些抽象的概念和一般的原理，借助逻辑推演得出结论。在研究企业债务结构以及数字金融对企业经营结果的影响时，本书分别从企业财务欺诈、盈余管理以及股价崩盘视角出发，考察了高杠杆率与短债长用并存的债务结构以及数字金融对这三个指标的影响，并提出影响路径的内在机制。借助逻辑推演的方法，利用包括舞弊三角理论、信息窖藏理论分析财务欺诈、盈余管理以及股价崩盘风险的成因，并结合数字金融的相关理论，实现本书理论分析的目标。

第二，实证研究方法。本书以我国 A 股上市公司为研究样本，借助北京大学数字金融研究中心发布的数字普惠金融指数，并通过构建企业杠杆率、短债长用、财务欺诈、盈余管理以及股价崩盘风险指标，检验了本书的主要观点和假设。在研究过程中，本书综合运用了相关性分析、单变量分析、面板数据回归分析、分组回归分析以及中介效应检验等计量方法，以确保本书实证研究的准确性。

第五节　主要创新

第一，本书将杠杆率与短债长用问题纳入同一分析框架，分析二者对企业财务欺诈的交互效应，从更全面的视角分析了企业债务结构对企业及其管理者行为的影响。

第二，一方面，本书以企业财务报表在企业资金融通过程中的重要性为视角，考察财务欺诈以及盈余管理的成因和解决之道，在相关研究领域尚属首次，因此丰富了财务欺诈以及盈余管理方面的研究领域；另一方面，本书从多层次、多视角分析了数字金融对企业财务欺诈的影响路径和适用环境，有助于深入理解数字金融对企业经营管理的深远影响。

第三，数字金融对实体经济的贡献不仅在于对普惠金融的推进以及对企业融资难问题的解决上，还在于其蕴含的数字技术对经济生活中普遍存在的信息不对称问题的解决上。然而，现有相关研究却很少将数字技术从数字金融中抽离出来，单独考察其对实体经济的赋能作用。本书认为造成这一研究空白的原因在于，现有相关研究所选择的研究视角大多局限在由传统金融体系发展滞后所导致的金融供给不足的问题上，无法抽取数字金融中数字技术独有的作用效果。有鉴于此，本书以股价崩盘风险为研究视角，考察数字金融在解决外部投资者与企业管理者之间信息不对称问题上的作用，并对影响机制进行了深入分析和实证检验，从而可以直接分离出数字技术对实体经济的赋能作用，填补了现有数字金融研究领域的空白。

| 第二章 |

文献综述

第一节　财务欺诈相关研究

　　所谓财务欺诈，是指会计活动中相关当事人为了逃避纳税、分取高额红利、提取秘密公积金等谋取私利的目的，事前经过周密安排而故意制造虚假会计信息的行为。已有研究证明，上市公司财务欺诈会导致公司股价崩盘，从而对投资者的财富造成严重损害（Kinney and McDaniel，1989；Palmros et al.，2004；Scholz，2008；Firth et al.，2011）。鉴于上市公司财务欺诈现象的普遍性和危害性，该问题一直以来都是学术界关注的热点。厘清财务欺诈行为的内在原因成为亟待解决的重要问题。

一、关于财务欺诈不利后果的研究

　　一些研究深入探讨了首席执行官为支持估值过高的股票而采取的行动的包括法律责任和股价下跌的潜在成本。琼斯和温格拉姆（Jones and

Weingram，1997）指出当企业的财务重述行为被揭穿后往往会遭遇诉讼风险。帕姆罗斯等（Palmrose et al.，2004）指出，1995～1999 年有 492 家公司宣布重述年度或季度报表。该研究发现，在 492 家公司中，38% 的公司发生了民事诉讼，平均和解金额为 5030 万美元。有几项研究考察了市场对重述声明的反应，都发现了不良后果。特纳等（Turner et al.，2001）发现，基于营业收入的重述行为导致公司股价下跌 12%，而基于重组、减值和其他误报行为则导致股价平均下跌 5%。帕姆罗斯等（Palmrose et al.，2004）发现财务欺诈导致的股价下跌整体幅度可达 9%。吴（Wu，2002）指出，对修改盈利公告或宣布重述的公司样本的股价下降幅度约为 12%。虽然在这些研究中，估计的股价下跌有所不同，总体结论是，财务欺诈对那些在公告时持有股票的人来说是极其不利的。

鉴于此，哪些因素会导致企业财务欺诈，以及哪些因素可以抑制财务欺诈成为学术界一直以来关注的热点问题。

二、关于财务欺诈影响因素的研究

关于上市公司财务欺诈的成因，美国现代内部审计之父劳伦斯·索耶（Lawrence B. Sawyer）早在 20 世纪 50 年代就提出著名的舞弊三角理论，后来阿尔布雷希特和乍得（Albrecht and Chad，2004）进一步发展了财务舞弊学理论，提出财务舞弊是由动机、机会和借口三大要素共同作用下产生的。现有关于财务欺诈成因的研究均可以归结到以上三大要素中去。

（一）基于财务欺诈的动机因素的相关研究

希金斯（Higgins，1977）认为企业的增长速度应与潜在的可持续增长速度相当，只有如此才能长期保持健康和可持续的发展。崔学刚等（2007）认为企业财务绩效的超速增长与企业财务危机之间存在着显著的正相关关系，而且非超速增长率与企业财务危机之间不存在明显的相关关系。施平（2010）则发现当企业的财务绩效增长率超出可持续增长率越多时，企业发生财务危机的概率越大。贝尔和卡西罗（Bell and Carcello，2000）实证检验了企业财务增长率与企业财务欺诈之间的关系，研究发现，超高速的财务绩效增长率往往会导致企业财务欺诈的发生。原因在于短期内快速的增长会消耗大量外部资源，而外部资源往往难以支持持续性的高速增长，如此企业便会陷入财务困境，甚至有倒闭的风险。此时，企业处于稳定财务预期抑或是企业管理者出于职位考虑便会产生进行财务欺诈的动机，致使财务欺诈行为的发生。

詹森和麦克林（Jensen and Meckling，1976）分析了经理人和股东之间的冲突，研究指出为了降低这些代理成本，经理人的薪酬应该与股东财富挂钩。因此，大量研究围绕经理人的薪酬结构对企业财务欺诈的成因进行了研究。

按照代理学说的观点，为了使经理人的利益与股东利益保持一致，在经理人的薪酬构成中诸如奖金、股权以及期权这类浮动薪酬的比重应该越大越好，因为这样既可以避免经理人规避风险的保守行为，又可以抑制因过度自信导致的过度投资行为。然而，许多文献却从财务欺诈角度发现了与詹森和麦克林（Jensen and Meckling，1976）的分析相反的现象。斯隆（Sloan，1993）发现，奖金支付的水平通常与企业报告的会计收益绩效相联系。希利（Healy，1985）认为，当经理人的薪酬中奖金占比过高时，经理人为了获得更高的薪酬，往往会粉饰财务数据，即奖金这种激励方式会加剧经理人进行企业财务造假的动机。然而，伯恩斯和基迪亚（Burns and Kedia，2006）却发现奖金在经理人薪酬中的占比与企业财务欺诈之间不存在显著的相关关系。

与绩效奖金类似，首席执行官薪酬的其他组成部分，如股权和限制性股票，也可将经理人的财富与公司业绩联系起来。一方面，股票作为经理人薪酬的一部分，如果经理人采取粉饰财务数据的策略被揭穿，那么其本人也会因为公司股价暴跌而蒙受损失；另一方面，经理人出售所持股票会承担巨大的费用成本，所以经理人持股通常会在一定程度上抑制经理人进行财务欺诈的行为（Shliefer and Vishny，2001）。与此同时，限制性股票通常有 3 ~ 5 年的限售期，而且可能还有其他一些销售限制，这就可以在一定程度上增加经理人进行财务造假的成本，从而抑制企业的财务造假行为（Shliefer and Vishny，2001）。

与直接用股权进行激励类似的薪酬方式还有期权激励。一些研究支持了詹森和麦克林（Jensen and Meckling，1976）的观点，认为期权可以很好地将经理人的财富与公司绩效绑定在一起，从而降低了经理人进行代理行为的动机。史密斯和史图斯（Smith and Stulz，1985）认为股票期权可以用来缓解管理层风险规避的影响。股票期权使管理者的薪酬成为企业价值的凸函数，促使管理层承担更多净现值为正的风险项目。因此，传统上，期权被视为一种使经理的利益与股东一致的有影响力的手段。摩根和保尔森（Morgan and Poulsen，2001）发现支持股票期权对公司价值积极影响的实证证据。该研究记录了市场对绩效敏感的薪酬计划的积极反应。然而，期权仅用于使管理层与股东的利益保持一致的假设受到了一些研究的质疑。别布丘克等（Bebchuk et al.，2002）认为，期权使管理层能够以过度补偿的形式提取租金。伯恩斯和基迪亚（Burns and Kedia，2006）则实证检验了经理人薪酬中的期权占比与财务欺诈之间的关系，研究发现，过高的期权占比确实与企业财务欺诈的发生利率正相关。该研究认为导致这一实证结果的原因在于对于经理人来讲期权的收益与损失具有非对称性，经理人可以通过粉饰财务数据的方式拉高股价并行权，从而获得投机收益。同时，如果造假行为被揭穿，导致公司股价暴跌经理人的最大损失也只是期权费。另外，期权的交易成本远比股票的交易成本低得多。因此，期权激励限制了经理人进行财务欺诈的成本，所以会加剧其进行财务欺诈的动机。

外部融资需求也是企业进行财务欺诈的重要动机之一（Richardson et al.，2003）。债务契约与企业财务欺诈之间的关系已经被学者们关注（Dechow and Skinner，2000）。迪切夫和斯金纳（Dichev and Skinner，2002）提供了在私人债务合同中广泛使用会计基础契约的证据。具体来说，在债务契约中，债务人往往被债权人要求在约定期限内要保持一定的投资收益率或是流动性比率。如果债务人在约定期限内未达到契约中所要求的财务目标，那么将导致其自身蒙受更高的财务成本，甚至会失去融资渠道。可见，违反债务契约对企业管理者来讲是成本极高的事件（DeFond and Jiambalvo，1994）。因此，这些契约中的条款共同为管理者创造了增加报告收益的动机，尤其是在接近违反契约的情况下。因此，理查德森等（Richardson et al.，2003）推断当企业杠杆率非常高时，债务契约的苛刻要求会促使企业管理者产生粉饰财务数据的动机，所以这类公司往往伴随着较高的财务欺诈发生率。此外，来自资本市场日益加剧的压力也为公司操纵财务数据提供了额外的动力。为了维持市场估值，企业管理者正面临越来越大的压力，以保持盈利势头（Barth et al.，1999，Myers and Skinner，2002），甚至是超越分析师目标（Burgstahler and Eames，2001，DeGeorge，Patel and Zeckhauser，1999）。

鉴于此，理查德森等（Richardson et al., 2003）考察了资本市场对企业管理者财务操纵行为的影响，并得出资本市场压力是企业进行财务欺诈的重要原因之一。总之，这些研究告诉人们，外部融资需求的压力是导致企业进行财务造假的重要原因，通过分析企业的融资状况是可以预测企业财务舞弊行为的。

（二）基于财务欺诈的机会因素的相关研究

企业进行财务造假的机会因素主要表现在低效率的监督机制（Dechow et al., 1996）和内部控制缺失（Loebbecke et al., 1989），即公司治理水平低下往往会为管理者进行财务造假提供机会。大量国内外文献围绕公司治理这一视角探讨了导致企业财务欺诈的内在原因。

在公司制企业中，为提高企业运行效率，企业的管理权和所有权表现为分离状态，高管团队负责企业的日常经营活动，而股东通过与高管们签订委托代理合同使高管为其经营公司，从而获取经营利润，并向高管支付薪酬。这种委托代理关系的形成是基于经理人具有企业家的才干，从而可以最大化企业内部资源配置效率，使企业价值实现最大化，同时股东财富实现最大化，但是经理人与股东之间却往往存在利益不一致的情形，在这种情况下，经理人所作出的经营决策通常是利己但有损股东利益的，这便是所谓的第一类代理成本（Jensen and Meckling, 1976）。例如，经理人出于薪酬契约、商业帝国构建、个人职业生涯考虑，往往有动机粉饰会计信息。为了使经理人的经营决策与股东利益一致，经理人必须被监督和激励，于是董事制度应运而生。董事作为股东的利益代言人，具有丰富的专业知识和经营经验，但不负责日常经营管理，只负责对经理人行为的监督和制订激励计划。如此，在董事的监督和激励下，经理人的经营决策会更加合理，并符合股东利益。然而，这一逻辑成立的前提是董事会的设定是有效的，即可以对经理人进行有效的监督和激励。如果董事会结构不利于监督职责的履行，那么就会增加经理人侵害股东利益的机会。许多关于企业财务欺诈的文献都是围绕企业公司治理水平来展开的。

陈国欣等（2007）、韦琳等（2011）都认为较低的独立董事占比会加剧企业财务欺诈行为的发生。原因在于，内部执行董事的职责起初虽然只是监督经理人的行为，但随着时间的推移，董事也往往会参与到企业的经营管理中，我国的实际情况尤其是如此。在我国，企业的重大决策权均掌握在董事长手里，董事长对决策的失败往往负有首要责任，为了避免经营失败后被问责，董事长也有与经理人合谋粉饰财务数据的动机，如此董事长与经理人之间的监督与被监督关系就演变为合谋关系。而外部董事（独立董事）不参与企业经营决策，只负责对经理人行为的评价和监督，对经营失败不负有直接责任，而且其薪酬也不与企业业绩挂钩，这就保证了独立董事与经理人之间监督与被监督关系的稳定，有利于提高其对经理人的监督效率，也就在一定程度上限制了经理人粉饰财务数据的条件。

一些研究以董事会规模为视角，探讨了企业财务欺诈的成因和治理方式，但结论并不一致。第一类研究认为，小规模的董事会具有组织沟通便利和信息通达度高的优势，因此比大规模董事会更有监督效率，从而可以抑制企业财务欺诈。詹森（Jensen，1993）就认为，同较大规模的董事会相比，较小规模的董事会具有信息沟通上的比较优势，有利于发挥董事会对经理的监督作用，从而缓解企业财务欺诈行为。立顿和洛尔施（Lipton and Lorsch，1992）则认为，董事会规模过大所带来的组织协调问题会削弱董事会对经理人财务欺诈行为的监督作用，反而会为经理人采取财务欺诈行为提供条件。第二类研究则发现，随着董事会规模的增加，企业财务欺诈发生的概率降低了，或者根本就没有发现董事会规模与企业财务欺诈发生率存在显著的相关关系（张逸杰等，2006；吴清华和王平心，2007）。第三类研究属于前两类研究的集大成者，该类研究认为董事会规模对企业财务欺诈的影响表现为倒U形关系。即如果董事会规模过小，就会容易被经理人操纵，起不到监督经理人的作用；反之，如果董事会规模过大，则会出现上述第一类文献所阐述的情形，也会导致董事会监督效率低下。因此只有适度规模的董事会人数才是最优的（杨清香等，2009）。

还有一些研究探讨了针对董事会成员的股权激励对财务欺诈的影响。这些研究以代理理论为理论基础，认为董事会成员持股可以实现他们与股东之间的利益绑定，有助于提升这些成员对经理人的监督意愿。比斯利（Beasley，1996）的实证研究就发现，相对于没有给独立董事提供股权激励的公司，给予独立董事股权激励的公司其财务欺诈的发生率更低。贝达德等（Bedard et al.，2004）却发现，独立董事持股会助长公司采取多种形式的盈余管理行为，原因在于粉饰财务数据带来的股价短期上扬，独立董事可以通过变现手中的股票来获取超额回报。也有一些研究并没有发现独立董事持股与企业财务欺诈之间存在相关关系（Kao and Chen，2004；吴清华和王平心，2007）。杨清香等（2009）则认为，由于我国资本市场的发展起步比较晚，监管上市公司的制度体系并不完善，因此持有相关公司股票的独立董事利用信息优势配合经理人进行财务欺诈的行为很难被监督，从而独立董事持股这一治理手段不但不会抑制企业财务欺诈，反而会加剧该行为的发生。

领导权结构对企业财务欺诈的影响也被学者们所关注。如果董事长与CEO由一人兼任，则称为"一元领导权结构"；反之，如果董事长与CEO分别由两人担任，则称为"二元领导权结构"。从理论上讲，董事会向股东负责，高管团队向董事会负责，董事会与高管团队是决策和执行，以及监督与被监督的关系。如果董事长与CEO由一人兼任，则在董事会中内部董事的权力将远大于外部董事，外部董事很难对内部董事进行制衡，如此便削弱了董事会对高管团队的监督，从而为经理人采取财务欺诈行为创造条件（杨清香等，2009）。一些实证研究的结果也表明一元领导权结构会威胁内部控制，并加剧企业财务欺诈的发生率（Beasley，1996；吴清华和王平心，2007）。然而，另一些研究则没有发现领导权结构与财务欺诈之间存在关系（张翼和马光，2005）。

还有一些研究关注了董事会会议制度对企业财务欺诈影响。安德森等（Anderson et al.，2004）的实证结果表明，董事会会议频率越高，企业发生财务欺诈的可能性越低。他们给出的解释是董事会会议是董事会成员进行沟通，形成决策从而履行监督职能的重要方式，该会议越频繁，董事会的监督效率就会越高，从而有利于抑制经理人进行财务欺诈的行为。不过张逸杰等（2006）、吴清华和王平心（2007）基于中国上市公司的实证研究则没有发现董事会会议频率与企业财务欺诈发生率之间存在显著的相关关系。杨清香等（2009）认为，一方面，高频的董事会会议可以提高董事监督经理人的效率，从而抑制财务欺诈行为的发生；另一方面，高频的董事会会议也可能是由频繁的财务欺诈被爆出而被迫开的。然而，该研究的实证结果却表明，在我国，董事会会议频率与企业财务欺诈的发生率并不存在显著的相关关系。

审计委员会对企业财务欺诈的影响也被一些学者所关注。审计委员会的职责在于，在会计领域对公司的财务行为和财务报告进行监督，确保公司财务数据的准确性和真实性。从这个逻辑看，审计委员会的设立应该可以抑制企业财务欺诈行为的发生，一些实证研究的结果也确实支持了这一逻辑（Dechow，1996；吴清华和王平心，2007）。然而，比斯利（Beasley，1996）、谢永珍（2006）、杨清香等（2009）的实证结果却没有发现审计委员会与企业财务欺诈之间存在显著的相关关系。针对这一结果，上述研究给出的解释是，虽然从理论上讲，审计委员会的设立本身对经理人财务行为的监督是有积极作用的，但如果委员会成员不能尽责也会不对经理人起到应有的监督作用。

艾永芳等（2017）从 CEO 权力角度考察了影响企业会计信息质量的成因。该研究认为，CFO（财务总监）是企业财务制度和财务报表编制的直接负责人，其职责独立于 CEO，甚至在财务信息披露上其作用要强于 CEO。在一般情况下，CFO 出于自身职业生涯以及职位考虑，会恪尽职守，确保财务信息的质量并对 CEO 的违规行为进行监督。然而，当 CEO 权力比较大时，CFO 的行为将受制于 CEO，因为 CFO 的人事任免权很可能在 CEO 手里，所以在这种情况下，CFO 将可能与 CEO 合谋来粉饰财务数据，从而提高了企业财务欺诈的发生率。

王化成等（2015）则从大股东持股角度探讨了企业公司治理水平的高低。一直以来，人们都在关注大股东与小股东之间因利益不一致所导致的第二类代理问题，即大股东会利用自身的资本优势和信息优势来侵害中小投资者的利益（掏空行为）。然而，该研究从大股东监督效用角度分析了大股东的公司治理效应。该研究认为，如果企业大股东持股比例过低，那么股东之间在针对监督经理人这一公共品上就会存在"搭便车"的行为，因此没有股东愿意主动监督经理人的行为。反之，如果企业的股权比较集中，那么经理人采取诸如粉饰财务数据的败德行为，大股东无疑将遭受巨大的损失，出于对自身利益的保护，大股东会主动监督经理人的行为，以减少经理人违规行为的发生。艾永芳等（2017）的实证结果也支持了上述论点。

（三）基于财务欺诈的借口因素的相关研究

借口因素主要涉及高管个人因素，例如，高管的品德（Hernandez and Groot，2007）以及高管对造假行为的态度（Gillett and Uddin，2005）。然而，诸如高管的品德和高管的态度一般难以量化，这为学术研究造成了麻烦，因此现有研究大多用高管的背景特征来预测高管的行为。

第一，大量研究关注了经理人任期对企业财务欺诈的影响。艾伦和帕尼安（Allen and Panian，1982）指出，经理人任期与管理层权力之间存在着显著的相关关系，经理人任期越长，其权力越大，董事会的独立性也就越弱，这为经理人采取财务造假的行为创造了条件。赫马琳和斯巴赫（Hermalin and Weisbach，1998）的实证结论则支持了上述论断。

第二，除了经理人任期的绝对值，还有研究关注了高管团队内部任期异质性对企业财务信息质量的影响。艾永芳等（2017）以 CEO 与 CFO 任期交错为视角，考察了二者任期交错的公司治理效果。该研究认为，CEO 与 CFO 任期交错可以提高企业财务信息质量。由于 CEO 与股东之间往往存在利益冲突，所以 CEO 出于自身职业生涯以及薪酬契约等因素的考虑，有动机通过操纵财务数据来粉饰自己的业绩（Bergstresser and Philippon，2006）。然而，CEO 的这种动机需要主管财务的 CFO 的配合才能实现。CFO 作为企业财务制度但是这种利己动机需要 CFO 积极配合才能实现。但作为企业财务负责人，虽然 CFO 是 CEO 下属，但其在财务报表的编制和财务信息披露方面的权力甚至大于 CEO（Jiang et al.，2010）。因此，CEO 与 CFO 之间的关系就直接对企业的财务信息质量有影响。根据社会认同理论的观点，具有相同经历、知识背景的个人容易产生认同感；反之，经历不同、知识背景不同的个人就不容易产生认同感，也就不容易形成相互信任的关系。而高管们的年龄、任期以及受教育程度都是价值观、世界观和人生观的载体，上述背景特征的差异，就必然带来高管们的认同感缺失，从而不利于信任关系的形成（Zenger and Lawrence，1989；Jackson et al.，1991；Katz，1982）。CEO 与 CFO 任期交错恰好会导致二者之间的不信任，同时也会避免二者合谋关系的形成，因此具有一定的公司治理效应。在这种情况下，如果 CEO 出于自身利益诉求，提出粉饰财务数据的要求时，CFO 的配合意愿就会下降，从而抑制财务欺诈的发生。但是当 CEO 和 CFO 任期相同时，他们的交流频率高而且凝聚力较强，所以很容易达成一致意见，从而合谋隐瞒财务信息的机会增大，进而加剧了财务欺诈。艾永芳和佟孟华（2019）以 CEO 与 CFO 任期交错为视角，考察其对企业过度投资的影响，也得出了相似的结论。此外，还有学者以董事长与 CEO 任期交错为视角，探讨了该现象的公司治理效应。艾永芳和佟孟华（2017）认为，为了避免 CEO 的代理行为，股东通过雇用董事来对 CEO 进行监督和激励，但这种制度设计只有在董事长与 CEO 之间表现为监督与被监督的关系时才能发挥治理效果。当董事长与 CEO 任期一致时，两者共同的经历会加剧认同感的形成，如此合谋关系将代替监督关系，在这种情况下，董事长与 CEO 出于共同利益的考虑，很可能会合谋粉饰财务数据。反之，当董事长与 CEO 任期交错时，两者不容易形成认同感，也就不易形成合谋关系，如此，董事长就可以最大限度地发挥对 CEO 的监督职能，从而缓解 CEO 粉饰财务数据的行为。

第三，杨薇和姚涛（2006）从风险偏好角度考察了高管团队平均年龄对财务舞弊的影响。该研究将财务舞弊行为视为一种风险行为，不同年龄的高管会因风险态度不同而对财务舞弊采取不同的策略。随着年龄的增长，人们更多地依据经验来做出决策，通常考虑问题更加全面，并会充分考虑潜在风险的负面影响，所以不太会轻易采取风险较大的行为，因此就会尽量避免财务舞弊这种高风险操作。反之，年轻人涉世不深，往往对风险预期不足，偏好冒险，所以如果高管团队比较年轻则这类公司比较容易发生财务欺诈行为。还有其他研究考察了高管团队内部年龄差异对企业财务信息质量的影响。艾永芳等（2017）就发现 CEO 与 CFO 在年龄上的差异会抑制二者形成合谋关系，从而避免虚假财务信息的披露。艾永芳（2020）则探讨了高管团队上下级逆向年龄关系的公司治理效果，该研究认为，"年轻领导－年长下属"这种上下级年龄关系虽然不利于 CEO 权威的确立，但却抑制了因 CEO 权力过大导致的代理成本，即当 CEO 相对于其他高管比较年轻时，CEO 的自利动机将因下属的潜在反对而被扼杀在摇篮里，从而避免财务欺诈的发生。

第四，彭和魏（Peng and Wei，2007）认为男性高管比女性高管更偏好风险，常常会因过度自信而导致投资失败，也更容易铤而走险进行财务舞弊。还有研究认为高管性别还会影响企业业绩，通常女性高管的引入会提升企业业绩（任颋和王峥，2010），从而可以避免企业陷入财务困境，减少了进行财务欺诈的动机（杨薇和姚涛，2006）。杨星（2013）则认为女性高管的引入可以提升企业内部控制效率，这也在一定程度上抑制了企业财务欺诈行为的发生。李小荣和刘行（2012）认为女性 CEO 和女性 CFO 可以提高企业财务信息质量的信息透明度，从而抑制企业股价崩盘风险。

第五，弗勒德等（Flood et al. ，1997）认为学历越高的人认知水平越高，知识积累越丰富、思维越谨慎，也就对风险的认知越全面和深刻，也会用更多的方法对风险进行预测和评估，并由此判断学历高的高管更倾向于规避风险，不易采取财务舞弊这种极端行为。还有研究从企业绩效角度考虑，发现高学历高管的引入可以提高财务绩效（林新奇和蒋瑞，2011），从而避免了粉饰财务数据的动机（杨薇和姚涛，2006）。

第六，高管学术经历对企业财务信息质量的影响。基于烙印理论对具有学术背景的高管的决策行为进行了分析，研究认为：一方面，学术经历塑造了高管更高的担当意识、社会责任和道德情操，提高了高管的自律品质（杜勇和周丽，2019），因此更加会兼顾各方利益，避免一味地攫取利益，从而避免财务舞弊行为；另一方面，学术经历极大地丰富了高管的专业知识，使高管对风险的态度更加理性，应对风险的方式更加灵活多样，因此不会轻易采取风险极高的财务舞弊行为（何瑛和韩梦婷，2021）。

第七，姜付秀等（2016）考察了具有财务背景的董秘对企业财务信息质量的影响。该研究认为，一方面，具有财务背景的董秘具有丰富的与财务相关的专业知识，能够有效地披露和传递企业的财务信息；另一方面，高管的财务经理使其更加了解财务信息与资本市场之间的因果关系（姜付秀等，2012）。因此，作为上市公司高管的董秘，他们的财务经历也使其熟悉信息披露以及投资者关系管理的基本原则与技巧。由于盈余信息的披露会对市场带来较大的影响，稍有不慎甚至可能会给企业带来负面影响。因此，董秘必须要把握盈余信息披露的时机与尺度。

（四）关于财务欺诈成因的其他研究

企业的一些行为会从多个角度对企业的财务信息质量产生影响。艾永芳等（2017）考察了公司战略定位对企业财务欺诈的影响。该研究认为：首先，相对于防御型战略，进攻型战略的增长方式表现出高速且波动性大的特点。进攻型战略企业追求产品创新和开拓新市场的战略定位决定了该类企业的增长方式通常表现为高速性和高波动性（Miles et al. ，1978）。相对而言，防御型战略企业的增长具有缓慢性和递进性的特点。通常来讲，企业高管的薪酬是与企业业绩挂钩的，企业业绩优异，高管则会获得优厚的报酬，反之，如果企业业绩不佳，高管不但薪酬待遇会受到影响，职位甚至都保不住。因此，出于薪酬或是职位考虑，企业高管有动机人为操纵盈利水平，进行虚假财务披露（Bell and Carcello，2000）。显然，相对于防御型战略企业的高管而言，进攻型战略企业的高管所面临的企业增长方式更加不稳定，因此，出于自身利益考虑进行财务欺诈的动机也就越强。其次，较高的外部融资需求是进攻型战略企业发生财务欺诈的主要原因之一。进攻型战略企业通常会涉猎多个不同的产品领域，需要将大量资金投入在不同类别的产品研发上（Miles et al.，1978）。由于进攻型战略企业各个项目研发周期较长，其经营性现金流和投资回报率都比较低（Hambrick，1983），因此，更容易陷入财务危机（Ittner et al.，1997）。所以进攻型企业通常需要大量的外部融资。与此同时，防御型战略企业所关注的产品领域比较狭窄，只在自己比较熟悉的范围内生产和研发，所以更加重视提高效率和降低成本，因此这种公司战略通常不需要太多外部融资（Miles et al.，1978）。总之，进攻型战略企业相对于防御型战略企业来讲，通常外部融资需求较多。当面临大量外部融资需求时，为了获得足够多外部融资或以较低的成本获取融资，企业通常会有较强动机去粉饰财务信息（Dechow et al.，1996）。据此可以判断，与防御型战略企业相比，进攻型战略企业更有动机隐瞒财务信息。最后，进攻型战略公司与防御型战略公司由于战略定位不同，导致两类公司的公司治理和内部控制的目标也不同。公司治理和内部控制的目标不同，必然导致不同的内部监督效率，从而发生财务欺诈的概率也就不同了。具体来讲，进攻型战略公司通过不断创新立足于市场，这种战略定位注定了该类企业的人员流动性比较强，导致该类公司组织结构不稳定（Miles et al.，1978）。同时，为了适应企业在多个产品领域同时发展，进攻型战略企业的组织结构趋于分散化，因此如何促使各个部门间的协调发展是这类公司面临的首要问题。鉴于此，进攻型战略企业在公司治理结构的构建和内部控制制度的制定上均重视各个部门间的协调，而忽略了监督。与之相对应，防御型战略企业由于产品线比较单一，因此组织结构比较稳定，管理模式趋于集中化，协调机制也比较简单（Miles et al.，1978）。因此防御型战略企业的公司治理结构和内部控制更加注重监督效率。而低效率的监督机制（Dechow et al.，1996）、内部控制缺失（Loebbecke et al.，1989）等因素为高管隐瞒公司信息提供了机会，大大降低了企业信息的透明度，从而也为财务欺诈创造了条件。由此可以判断，同防御型战略企业相比，进攻型战略企业更有可能发生财务欺诈风险。

第二节　数字金融相关研究

一、数字金融赋能实体经济的内在机理的相关研究

现有相关研究在探讨数字金融对实体经济的赋能作用时，多从数字金融的普惠性角度去分析，认为以大数据、云计算和区块链为基础的数字金融可以从根本上克服以往金融机构与小微企业之间信息不对称的问题，为小微企业获取融资提供了新的渠道，实现了金融的普惠性，从而在一定程度上促进了实体经济的发展。

黄益平和黄卓（2018）指出，在中国普惠金融难做，主要是因为其客户群体特别是小微企业和低收入人群往往是分布散、规模小、硬信息少、抵押资产缺乏，服务这些群体的最大障碍是获客成本高、风险控制难。而数字金融可以通过场景、数据和金融创新产品来补足传统金融服务的短板，充分发挥"成本低、速度快、覆盖广"的优势，降低金融服务门槛和服务成本，改善中小微企业的融资环境，更有效地服务普惠金融主体。

王馨（2015）基于长尾理论分析了互联网金融对小微企业融资难问题的解决。该研究认为，在金融市场上，广大小微企业是金融需求的长尾客户，在信息技术条件有限的情况下，传统银行无法对这类企业进行甄别，加上供给不足造成的信贷配给问题，小微企业往往被正规金融体系排除在外。然而，互联网金融则可在大数据等新技术的支持下，以极低的成本甄别出有潜力的小微企业，并为其提供融资，从而弥补了正规金融系统的供给缺口，实现了金融资源的合理配置。

二、数字金融对区域经济的影响

汪亚楠等（2020）对数字金融赋能实体经济的内在机理和影响效果进行了理论分析和实证检验。研究发现，数字金融发展越好的地区，实体经济发展越好，而且这种促进作用是源自数字金融对区域科技创新水平的促经作用。

进一步地，该研究还发现，数字金融的覆盖广度和使用深度对区域实体经济的发展的促进作用更为显著，但数字化程度则不显著。同时，数字金融对实体经济的促进作用在东部地区更加明显。该研究证明了数字金融可以在一定程度上改善区域经济发展"脱实向虚"的局面。

钱海章等（2020）利用工具变量法、双重差分法以及中介效应检验等计量方法，在控制内生性问题的条件下，实证检验了数字金融发展对区域经济的影响机制和效果。研究发现，区域数字金融的发展可以有效地促进区域经济的发展，而且这种作用在城镇化率低和物质资本高的地区表现得更为显著。相应的内在机制表明，促进创新和创业都是数字金融赋能实体经济的重要途径。

王如玉和周诚君（2020）考察了数字金融对城市生产率的影响，研究发现数字金融发展越好的地区城市生产效率越高。内在机制检验结果表明上述正面作用的影响路径可以分解为三个方面。其一，数字金融提高了区域金融效率，从而提升了当地生产总量和生产效率；其二，与数字金融相伴随的在线消费和在线支付打破了消费活动的地域限制，大大降低了诸如搜寻成本、议价成本等交易成本，提高了生产性企业的销售速度，这在一定程度上提高了区域生产效率；其三，数字金融的发展有利于降低金融成本，从而降低了企业总体生产成本，减缓了制造业企业回流欧美国家，在一定程度上保护了区域经济生产效率。

宇超逸等（2020）研究了数字金融对经济发展质量的影响。研究发现，数字金融可以提高经济增长质量，而在传统金融系统发展落后的地区效果更明显。该研究认为，数字金融可以弥补传统金融系统的服务盲区，解决了金融发展落后地区的金融供给不足的问题，从而协调了城乡经济发展步伐，提高了经济增长质量。该研究还发现，数字金融虽然在短期内存在一定风险，但在长期却可以降低金融风险。

三、数字金融对创业影响的相关研究

许多研究探讨了数字普惠金融的发展对创业的影响。谢绚丽等（2018）发现区域数字金融的发展可以促进创业。该研究认为，制约人们创业的主要原因是资金不足问题。由于个人或中小企业缺乏经营记录，与资金提供者存

在严重的信息不对称问题，使他们在融资过程中存在非常高的交易成本，如议价成本、搜寻成本以及合同成本，因此这类个人和企业面临着严峻的融资难问题。中国传统金融体系的不健全则加剧了创业者的融资难问题。中小企业主要依靠股权融资和债务融资这两种渠道来获取资金。股权融资渠道主要包括证券市场和私募股权融资。由于我国证券市场发展相对滞后，准入门槛过高，导致中小企业往往被排除在外；而资本市场上缺乏投资退出机制，致使私募股权投资规模发展受限。所以中小企业难以通过股权融资方式获取资金。此外，在债务融资方面，银行是该渠道的主要金融供给者。在信息不对称的条件下，抵押物往往是银行提供融资的必需品，但中小企业往往缺乏适于抵押的固定资产，这就使中小企业也很难从银行系统获取债务融资。然而，以信息技术为基础的数字金融可以减少信息不对称，从而解决中小企业融资的问题，进而可以促进创业。

何婧和李庆海（2019）以底层农户为研究对象，考察了数字金融发展对农户创业行为的影响。研究发现，数字金融的发展可以促使农户创业，且分别从缓解信贷约束、提升信息可得性以及增强社会信任性三个角度分析并检验了这一影响的内在机制。该研究还发现，数字金融对非农创业和生存性创业的影响更为显著，对缺乏人力资本、物质资本和社会资本的贫困人口的创业行为的效果更明显。即数字金融的使用弥补了正规金融体系的不足，使以往不能从传统金融系统中获取融资的长尾群体获得了必要的资金，体现了其对普惠金融方针的贡献。

张勋等（2019）探讨了数据金融对居民创业行为的影响。该研究认为信贷约束是普通居民创业的重要障碍，金融发展可以有效提高资源的配置效率，解决潜在创业者的资金需求问题。而以大数据、云计算、区块链以及人工智能等数字技术为基础的数字金融的发展，可以大幅提高金融服务的触达能力，提升资源的配置效率，缓解潜在的创业者的融资约束问题，从而促进创业。然而，该研究的实证结果显示，基于全样本的回归结果中，数字金融对居民创业的影响并不显著，但在分组回归结果中发现，数字金融对城镇居民的创业没有显著影响，对农村居民的创业行为有显著的促进作用。该研究对此做出的解释是，信贷约束为居民是否选择创业的重要前提之一，城镇居民一直在传统金融的服务范围内，所以由数字金融的发展带来的额外的金融供给对城镇居民的贷款获取没有显著影响，所以也就不会对这类人群的创业行为产生影响；与此同时，一直以来我国金融发展并不均衡，农村金融发展长期滞后于城镇，因此农村居民长期处在信贷约束的环境中，而数字金融在大数据、云计算以及人工智能的支持下，可以将金融服务延展到长尾群体，如此农村居民的信贷约束问题得以解决，从而提升了创业的意愿。该研究支持了数字金融普惠性的特点。

尹志超等（2019）考察了移动支付对创业的影响。该研究认为，创业同就业相比有更高的资金要求，许多潜在创业者都面临着原始积累不足，同时信贷约束的问题，所以资金要求和信贷约束是制约潜在创业者创业的重要因素。个人存在信贷约束的原因在于，我国金融业发展比较落后，银行系统缺乏关于个人的征信系统，针对个人的信贷市场存在严重的道德风险和逆向选择问题。而随着移动支付的发展，在线交易行为日益普遍，在大数据以及云计算等数字技术的支持下，人们的交易记录被各个电商平台数据化并存储，平台基于这些交易数据进行大数据分析，并以此为依据向有意向创业的个体发放小额贷款。这便从根本上解决了个人征信记录不足的问题，为贷款发放提供了依据，从而缓解了个人信贷约束问题，进而可以促进个人创业。同时，该研究的实证结果显示，移动支付可以显著促进创业，而且这种促进作用在农村地区家庭、西部地区家庭以及四五线城市家庭更明显。该研究对此的解释是，上述地区传统基础设施不健全，影响了传统金融的触达能力，使得这些地区的家庭的信贷约束问题更严重，而移动支付突破了空间的限制，提升了金融服务的触达能力。

冯大威等（2020）探讨了数字金融对个人创业的内在机制。该研究认为，资金不足问题是个体创业的重要门槛。随着数字金融的发展，一方面，在数字技术的支持下，数字金融的发展弥补了传统金融不能触达的范围，提高了个体信贷可得性，在一定程度上缓解了潜在创业者的资金问题；另一方面，数字金融的发展增加了整个金融系统的信贷供给，使得市场利率下降，从而降低了资金成本，使得创业的整体成本降低，收入提升，增加了个体选择创业的概率。该研究的实证结果表明，数字金融的发展确实可以提高个体选择创业的概率。异质性分析结果显示，数字金融对个体创业的影响主要作用在"自雇型"创业和"生存型"创业，而对"雇主型"创业和"机会型"创业的影响并不显著，并对此给出解释，即后两类创业对资金要求更高，目前的数字金融发展还无法满足其资金要求。此外，该研究也发现，数字金融对个体创业的影响主要在低收入群体和社群无银行的群体，再一次证明了数字金融的普惠性特点。

四、数字金融对创新影响的研究

万佳彧等（2020）通过将北京大学数字普惠金融指数与上市公司相匹配，从企业融资约束视角考察了数字金融发展对企业技术创新的影响。研究发现，数字金融的发展可以通过缓解企业融资约束问题来促进企业创新，而且这种传导机制在中小企业和民营企业中更为显著。该研究的结论也证实了数字金融有利于长尾群体获得金融支持的结论。唐松等（2020）则从传统金融系统的"属性错配""领域错配""阶段错配"等问题出发，认为数字金融的发展和使用可以有效校正上述问题，从而促进整个金融系统对全社会的普惠性服务。该研究发现，数字金融可以通过解决企业"融资难""融资贵"问题，帮助企业去杠杆，稳定财务状况的方式来促进企业技术创新。与此同时，该研究还发现数字金融对企业的上述作用机制在传统金融禀赋较差的地区表现得更加明显。该研究支持了数字金融可以弥补传统金融服务盲区的观点。

聂秀华（2020）考察了数字金融对中小企业创新的影响。该研究认为，数字金融可以通过缓解中小企业融资约束来促进技术创新。首先，数字金融拓宽了中小企业的融资渠道，降低了金融服务的门槛。传统银行业通过大规模铺设物理网点的方式来拓宽金融服务的触达力，成本比较高，所以无法将服务延伸到长尾客户，因此中小企业常常被传统银行业拒之门外。而数字金融以数字化技术为基础，通过移动终端就能将金融服务提供给客户，这就可以以较低的成本服务长尾客户，拓宽了中小企业的融资渠道，在一定程度上缓解融资约束，提升了创新投入。其次，数字金融可以降低中小企业的融资成本。一方面，传统银行业为了避免债务人违约，通常要对贷款客户进行长时间的审核，这在一定程度上增加了中小企业的时间成本；另一方面，为了使服务能够触达到中小企业，传统银行业以物理网点覆盖率为手段，这与数字时代人们对高质量、精细化的金融需求相矛盾，传统银行为此要付出巨额成本。相对而言，数字金融以数字技术为基础，可以大大降低信贷审核成本，并能缓解借贷双方的信息不对称，降低违约风险，从而降低利率。如此，数字金融就保证了中小企业能够以更低的融资成本获取资金，间接地提高创新的潜在收益，提高了企业创新的主观能动性。最后，数字金融的发展可以基于大数据构建征信体系，提高融资效率。数字金融通过大数据技术分析客户在线上交易、社交平台中留下的海量数据，形成完善的征信体系，有效缓解了接待双方的信息不对称问题，从而降低了信贷交易过程中的道德风险和逆向选择问题，提高了融资效率，从而缓解了中小企业的融资约束问题，进而提高了企业的创新投入。该研究的实证结果显示，数字金融的发展可以提高中小企业的创新投入，而且这种作用是通过缓解企业所面临的融资约束来实现的。该研究还发现，上述促进作用在制度环境好以及经济发达地区的效果更明显。

谢雪燕和朱晓阳（2021）以新三板企业为研究对象，考察了数字金融发展对中小企业创新的影响。该研究认为，数字金融从三个方面促进了中小企业技术创新。第一，数字金融加速了电子商务的发展，提高了中小企业的盈利能力，从而促进了其创新。该路径的逻辑是，企业提高绩效的主要影响因素包括：产品和服务有无机会被销售、企业的经营成本如何、产品的市场竞争力如何。数字金融通过促进线上消费信贷、加速供应链金融发展使得电子商务实现突飞猛进的发展。电子商务中的平台可以帮助中小企业树立信誉，使中小企业能够获得与大企业一样的市场机会，提高了销售收入。电子商务又促进了企业信息化改造，有效降低了管理成本。如此企业获取竞争力的主要方式就是创新，从而提高了企业的创新意识，促进了企业创新。第二，数字金融推动了消费需求，促进了消费需求的多样性和升级，提高了中小企业的销售收入，促进了企业创新。由于数字金融能够使金融服务拓展至长尾群体，使以前被传统金融排除在外的低收入群体、农村群体、偏远地区群体享受到金融红利，消费金融得到迅猛发展。得到消费金融支持的长尾群体为实现自身效用最大化，会大幅增加商品和服务的消费，从而使企业销售收入大幅提升。此外，长尾客户的多样化需求在数字技术的支持下，也可被企业精确捕捉，极大地丰富了企业的创新想法。第三，数字金融缓解了中小企业的融资约束问题，从而提高了企业的研发投入。中小企业因可以用于抵押的固定资产太低，从而限制了自身的融资规模，而以大数据、云计算以及人工智能为技术基础的数字经济可以通过对海量数据的大数据分析来建立征信体系，从而从根本上解决了中小企业因抵押品不足导致的信贷约束问题。此外，数字金融可以提升贷款审批速度为中小企业节省了时间成本，同时，数字金融还带来了营运成本的降低，使中小企业可以以较低利率获取贷款。总之，数字金融通过降低融资门槛以及融资成本的方式缓解了中小企业的融资约束问题，从而提升了其创新水平。该研究的实证结果显示，整体上数字金融的发展促进了中小企业技术创新。内在机制的回归结果表明，数字金融通过提升企业盈利能力、缓解融资约束、提高研发投入而使中小企业的创新水平提升。

贾俊生和刘玉婷（2021）以上证 A 股中的中小板以及创业板企业为研究对象，考察了数字金融对中小企业技术创新的影响机制。该研究认为，数字金融对中小企业技术创新的影响主要通过三条途径来实现。第一，数字金融降低了信贷门槛，拓宽了中小企业的融资渠道。中小微企业因各种因素的限制，一直被传统银行业排除在服务范围之外，使得这些企业一直处在信贷被约束的困境当中，没有足够资金进行研发投入。数字金融将数字技术与金融结合重塑了金融系统商业模式，大幅降低了信贷门槛，使中小企业可以获取充足信贷资金的支持，从而解决了创新投入不足的问题。第二，数字金融较强的数据收集和处理能力使得信贷审批和评估成本大幅降低，提高了金融的支持效率。在大数据、云计算和人工智能等数字技术的支持下，数字金融的信息识别和筛选能力大幅提升，风险评估也更为精准，如此便提高了金融供给的效率，从而缓解了企业的信贷约束问题。第三，数字金融针对海量数据的计算能力，可以缓解信息不对称，从而缓解信贷约束。数字金融可以利用大数据、云计算以及人工智能等数字技术对目标信贷客户的行为进行数据化，并对这些数据进行分析，挖掘出与信贷风险相关的有价值的信息，构建基于海量数据的征信体系，如此便从根本上缓解了中小企业所面临的信贷约束问题。综上所述，该研究认为，数字金融对企业所面临的融资约束问题的化解是其促进中小企业技术创新的内在原因。该研究的实证结果显示，数字金融的发展确实促进了中小企业的技术创新。同时该研究还发现，当企业高管具有政治背景时，将会削弱数字金融对企业创新的正面影响。原因在于，一方面，具有政治背景的高管可以利用其政治资源帮助企业获取融资，因此数字金融对这类企业的金融支持作用将不那么明显；另一方面，通过政治关联获取的融资往往会被用于政府关系的维护上，会挤占创新投入。此外，该研究还发现，具有技术研发背景的高管可以增强数字金融对企业技术创新的促进效果。原因在于，技术出身的高管对企业的产品的市场需求和研发方向都有较为深刻认识，当数字金融为企业提供充足的资金时，在这类高管指引下，企业的研发投入将更有效率，从而进一步促进创新。

赵晓鸽等（2021）从缓解金融错配角度探讨了数字普惠金融对企业创新的影响。该研究认为，以银行业为主导的我国传统金融体系存在着信息不对称、欠发达地区金融供给不足、企业融资成本高的问题。而数字技术与金融的融合所催生出来的数字金融可以很好地缓解金融市场的信息不对称问题，提高了金融服务的触达能力，降低了企业的融资成本。数字金融可以从两方面促进企业技术创新。一方面，数字金融提升来传统金融系统的服务能力和动力，重塑了传统金融系统的运营模式。在数字技术的支持下，针对长尾客户的服务，传统金融正从标准化转变为个性化，如此便提升了金融服务的异质性，避免了同质性竞争；基于海量数据的大数据分析，改善了传统金融的定价模式，也提高了风险关系效率，从而倒逼传统银行业转型，减少了金融资源错配，缓解了企业面临的融资约束。另一方面，数字金融提升了传统金融体系的供给效率。传统金融系统在成本和技术的制约下，其服务范围难以触及长尾客户，导致长尾客户一直被金融系统拒之门外。数字金融则可通过大数据、云计算以及人工智能等数字技术手段重塑传统金融系统的服务模式，降低金融服务的门槛，从而拓宽了企业的融资渠道，在一定程度上缓解了融资约束，进而促进了企业创新。同时，该研究认为数字金融可以通过缓解金融错配问题来促进企业创新。金融错配不利于企业创新，而金融系统内的信息不对称是导致金融错配的主要原因。数字金融提升了银企之间的信息不对称，提高了金融的匹配能力，从而提高了金融资源的配置效率，缓解了企业融资约束，进而提升了企业的创新投入。该研究的实证结果显示，数字金融的发展确实促进了企业创新。同时，数字金融缓解了传统金融系统中存在的金融错配问题，从而激励了企业创新。相对于东部发达地区，上述作用在西部欠发达地区表现得更加明显，体现数字金融的普惠性特征。此外，上述积极作用在国有企业中更为显著，说明数字金融在一定程度上消减了国有企业的创新惰性。

杨君等（2021）通过将中国中小微企业调查（CMES）数据与数字普惠金融指数相匹配，考察了数字金融对中小微企业技术创新的影响。该研究认为，中小微企业创新不足的主要原因在于传统金融难以为中小微企业提供充足的金融服务，并具体表现在三个方面。第一，传统金融偏向于支持资产雄厚的大规模企业，对于资产规模单薄并处于成长期的中小微企业存在严重的金融歧视问题，致使这些企业难以获得充足的信贷支持，抑制了创新。第二，传统金融系统中普遍存在的信息不对称问题使信贷风险的评估异常困难，出于避免违约风险考虑，银行倾向于将贷款投放给具有政府背景的国有企业，而非国有企业则处于被歧视的行列。第三，通过铺设物理网点的方式来提高金融服务覆盖率大大制约了传统金融服务的物理穿透力，使处于偏远地区的中小微企业难以获取正规的金融服务。而数字金融的发展则缓解了上述问题。一方面，在大数据、云计算以及人工智能等数字技术的支持下，数字金融有效缓解了信息不对称，提高了中小微企业获取正规金融服务的可能，也减少了金融错配问题；另一方面，数字金融通过商业模式创新、产品服务创新和组织架构创新，不断延伸金融服务范围和服务触角，可有效弥补传统金融的地理穿透性短板，从而成为传统金融的有力补充，共同促进小微企业技术创新。该研究的实证结果显示，数字金融的发展确实促进了中小微企业的创新，但对企业研发投入的影响更强，对创新产出影响有限。同时，上述作用在微型企业中表现的更强。影响机制的检验结果表明，数字金融可以分别通过缓解企业融资约束，避免金融错配以及弥补传统金融短板来促进中小微企业创新。该研究的主要贡献在于：第一，在研究样本的选择上，没有采用上市公司数据，采用了中国中小微企业调查（CMES）数据，填补了相关研究领域的空白。第二，该研究通过细化企业创新指标，说明了数字金融对企业创新的支持只在资金来源端，而不在资金使用端的现实。

杨先明和杨娟（2021）年以中国 A 股上市公司中的中小板和创业板企业为研究对象，对数字金融促进中小企业创新的内在机制进行了理论分析和实证检验。该研究认为，数字金融的发展对中小企业创新的促进作用主要表现为三个方面。第一，数字金融的发展改善了中小企业的流动性。由于中小企业缺乏用以承载"硬实力"的财务报表和抵押品，因此长期被传统金融系统拒之门外。数字金融的发展则从根本上解决了上述难题。在大数据、云计算和机器学习的支持下，数字金融可以广泛收集和深入分析关于潜在信贷客户的行为结构化和消费结构化数据，通过构建多维度的信用评价体系，充分了解企业的硬实力和软实力，缓解银企之间的信息不对称，解决信贷供给不足的问题，从而促进了企业的研发投入。第二，数字金融的发展可以有效降低中小企业的融资成本。传统金融体系存在着信息搜集困难，信贷审批流程烦琐等问题，使得信息成本和交易成本极高。大数据以及云计算在金融体系的应用，大幅降低了金融系统的信息搜集成本。通过对海量数据的分析，可构建更为全面和高效的信用评价体系，提高了金融系统的资金定价效率，降低了风险溢价和企业的融资成本。第三，数字金融可以提高中小企业营业收入。在移动互联网、人工智能、生物识别、信息加密、数字证书等技术驱动下，数字金融打破了传统支付瓶颈，催生"微信""支付宝"等安全、高效的第三方支付工具以及智能化支付方式，为个人消费以及企业经营、销售活动提供了便利，并缓解了居民消费的流动性不足问题，从而拉动了居民消费，增加了企业销售收入，为企业积累了内源性资金，从而促进了创新。该研究的实证结果显示，数字金融对中小企业创新有显著的激励作用，并且具有持续性。同时，与数字金融的使用深度相比，覆盖广度的作用效果更为明显。另外，数字金融对企业发明专利的影响程度要大于对实用新型专利和外观设计型专利。最后，数字金融对中小企业创新的影响程度具有非线性特征，表现为先增强后减弱的特点。

汪亚楠等（2020）考察了数字金融对城市创新水平的影响。研究发现，数字金融有利于城市创新水平的提升，原因在于：第一，数字金融的发展提高了地区金融可得性，缓解了企业的流动性约束，从而有效提升了当地创新水平；第二，数字金融利用大数据、云计算以及人工智能等技术，有效降低了金融机构与企业之间的信息不对称程度，从而消除了金融机构为创新型企业提供融资的后顾之忧，进而解决了企业的融资约束问题，促进了企业创新，最终提高了城市整体创新水平。

五、数字金融对传统金融系统的影响

沈悦和郭品（2015）从技术溢出角度出发，探讨了互联网金融对传统银行业全要素生产率的影响。该研究认为，根据技术溢出理论，互联网金融对传统银行业的全要素生产率的影响可通过如下四条路径来实现：第一，互联网金融企业所应用的先进数字技术可以对传统银行业产生示范效应。传统银行通过学习和模仿互联网金融企业先进的服务理念进行商业模式创新，从而提升了自身的全要素生产率。第二，互联网金融加剧了银行业竞争，倒逼传统银行业进行技术升级。随着 2013 年余额宝的问世，吸引了大量原本属于银行存款的资金，给银行负债业务带来了巨大冲击。同时，微信、支付宝等支付工具的普及打破了传统银行在支付结算上的垄断地位，严重影响着银行业的中间业务规模。互联网金融公司利用大数据、云计算、人工智能等数字技术完全突破了信贷市场信息不对称的困境，正在占领传统银行触及不到的中小微企业信贷市场，大有与传统银行分庭抗礼的势头。在这种情况下，传统银行为了保住市场份额，不得不进行数字化改造，以提升全要素生产率。第三，企业之间的人员流动也可能带来传统银行的数字化升级。一方面，作为数字技术的载体，人才从互联网公司投身到传统银行业，必然能推进其商业模式的数字化改造；另一方面，银行优秀的人才也可能流入互联网金融企业，造成互联网金融企业与银行之间竞争力的此消彼长，这会倒逼银行进行数字化改造。在上述两方面作用下，银行的全要素生产率会得到一定提升。第四，互联网金融公司与传统银行的合作也会促进后者的数字化改造，从而提升全要素生产率。互联网金融企业所掌握的数字技术与银行的客户数据相结合，必然会提升银行业的全要素生产率。此外，该研究还认为技术溢出取决于吸收能力，而吸收能力则与银行的规模、组织结构以及产权性质相关。而大型商业银行、股份制银行以及城市商业银行会因经营模式、产权结构以及资源禀赋的差异而对互联网金融技术具有不同的吸收能力。首先，大型商业银行虽然具有规模优势，但因其产权不明、公司治理水平差的特点，不利于吸收互联网金融技术。一方面，国有大型商业银行的垄断地位和预算软约束不利于示范效应和竞争效应的有效释放；另一方面，大型国有商业银行的人事管理制度僵化，官僚主义盛行，在抑制人才流入的同时还加速了人才流出，从而互联网金融技术的人才流动效应难以发挥。其次，对于股份制商业银行而言，其具有一定规模优势，内部治理相对完善，而且不具有预算软约束。互联网金融技术的溢出效应可以通过竞争效应、示范效应、人才流动效应以及合作效应得到最大限度的发挥。最后，对于城市商业银行而言，其规模较小，客户资源有限，面临严峻的竞争环境，当面对互联网金融的冲击后，其进行转型升级的意愿更加强烈，示范效应、竞争效应和合作效应更为显著，于是互联网金融对城市商业银行的技术溢出效应更为显著。该研究的实证结果显示，互联网金融通过技术溢出效应推动了商业银行的全要素生产率。不同类型的商业银行因为对互联网金融技术的吸收能力不同，技术溢出对这些银行的全要素生产率的促进效果也不同。其中，股份制商业银行的影响最明显，城市商业银行次之，大型国有银行最弱。

顾海峰和杨立翔（2018）探讨了互联网金融对银行风险承担的内在机理，并进行了实证分析。该研究认为，互联网金融对银行风险承担的影响存在两条路径：一是，银行改变风险偏好，主动提高风险承担水平；二是，通过技术溢出被动提升风险承担。从银行的风险偏好讲，一方面，互联网理财的兴起挤占了传统银行的存款份额，银行业或为了争夺存款份额，或为了维持既有存款份额，不得不提高存款利率；另一方面，互联网金融利用数字技术降低了信息获取成本，使贷款审批流程更加简化，降低了交易成本，极大地冲击了传统银行的资产业务，银行在外来竞争的压力下不得不降低贷款利率以维持市场份额。在存款利率高涨，贷款利率减低的夹击下，银行利润出现大幅下滑，当利润下降到一定程度时，将迫使银行改变风险偏好，主动提高风险承担，以谋取生存和发展。从互联网金融技术溢出带来的被动提升风险承担角度讲，就银行被动风险承担而言，互联网金融技术向传统金融服务的扩散助力银行提升经营效率、优化治理机制，从而降低管理费用。互联网金融推动了传统银行业服务模式创新，提高了银行的服务效率。大数据、云计算以及人工智能等数字技术的引进，有助于缓解银企之间的信息不对称，提高了银行贷款风险识别能力和风险评估模型的精准度，提高了银行管理信贷风险的能力。贷款流程的透明化有效压制银行经理人进行风险转移和业绩操纵的动机，有助于缓解薪酬激励下银行高管的道德风险所引发的银行主观信用风险。该研究的实证结果显示，互联网金融对银行风险承担的影响表现为边际递增的单门限效应，银行资本充足率越高，其风险承担对互联网金融冲击的反应越敏感。

封思贤和郭仁静（2019）探讨了数字金融对银行业竞争的影响。该研究认为数字金融对银行业的负债业务、资产业务以及中间业务都有极大冲击，并正在改变着传统银行业的竞争格局。第一，数字金融加剧了商业银行传统业务的竞争。首先，数字金融加剧了银行业在负债端的竞争强度。互联网理财的普及大幅挤占了传统银行的存款份额，使负债端的竞争日趋激烈。一方面，银行为争取剩余的存款份额被动开启了更为激烈的竞争；另一方面，为了维持住原有的存款份额，银行之间不得不被动提高存款利率，推进了利率市场化，加剧了负债业务的竞争。其次，数字金融加剧了银行业在资产端的竞争。数字金融以数字技术为支持，具有覆盖面广、成本低以及效率高的特征，为广大中小微客户提供着高效的金融服务，从而挤占了传统银行业的资产份额。最后，数字金融加剧了银行业在中间业务端的竞争。移动支付的兴起和普及打破了传统商业银行在支付结算方面的垄断地位，加剧了银行的中间业务竞争。第二，数字金融使银行业的竞争格局发生了巨大变化，由之前的同质化竞争转变为差异化竞争，由产品和服务竞争转变为商业模式竞争。为了应对数字金融的巨大冲击，许多传统商业银行已经开始推进数字化转型，试图在大数据、云计算、人工智能以及区块链等领域探索新的业务模式。第三，数字金融的发展加剧了传统银行业的竞争，也推进了传统银行业与金融科技公司合作。许多大银行已经与百度、阿里巴巴、腾讯以及京东进行合作，试图将自身的数据和客户资源与科技公司的数据分析技术进行互换，以实现数字化转型。在这一过程中，具有客户和数据优势的大银行将率先完成数字化改造，并获得竞争优势，而没有数据和客户优势的中小银行则面临着合作无门的窘迫境地，在竞争中劣势尽显。该研究的实证结果显示，数字金融的发展加剧了传统商业银行的竞争。而且该研究还发现，数字金融冲击着传统银行的盈利能力。

段永琴和何伦志（2021）探讨了数字金融对传统银行贷款利率市场化的影响。该研究认为数字金融从两个方面促进了传统银行贷款的利率市场化。第一，新兴数字金融对贷款市场的挤占推动了贷款利率市场化。一直以来中国的银行贷款市场存在两大特点，即垄断程度高和利率惯性锚定基准利率。在这种特征的作用下，传统银行之间形成了获取固定贷款利率的合谋定价，由于央行基准利率与市场利率之间相关性不大，所以银行贷款利率对于市场利率的变化也不敏感。但随着数字金融的发展，其覆盖广泛、成本低廉以及效率高的特点吸引了大量中小企业和个人的贷款需求，大大挤占了传统银行的信贷份额，打破了传统银行在信贷市场的垄断地位，倒逼银行做出改变。在此背景下，银行不得不提高自身对市场利率的敏感度，将数字金融市场的资金价格纳入其定价系统，并将其作为自身定价决策的参变函数，从而加速了贷款利率的市场化进程。第二，数字金融迫使传统银行改变风险定价的方式。虽然从理论上讲确定风险补偿是利率定价的核心，但在缺乏历史数据和技术有限的条件下，传统银行一直难以准确对风险补偿进行精确测算。然而，数字金融的发展使大数据、云计算、人工智能等数字技术被应用于金融领域，大大降低了数据获取的成本，提高了数据的广度和深度，为风险补偿的测度提供了有力的技术支持。当风险补偿被精准测定后，自然能够推进利率的市场化。该研究的实证结果显示，数字金融的发展确实促进了银行贷款利率的市场化水平，而且大数据等数字技术通过提高银行贷款定价的技术水平，是贷款利率市场化的核心动力。

六、数字金融对企业公司治理的影响

吴非等（2020）考察了数字金融对企业股价崩盘的影响。该研究认为，数字金融可以从两个方面抑制股价崩盘风险。第一，数字金融可以缓解信息不对称，从而减少企业管理者信息操纵的行为，进而抑制股价崩盘风险。股价崩盘的重要原因之一就是信息不对称所导致的坏消息"窖藏"行为。企业管理者出于各种目的有隐瞒坏消息的动机，在信息不对称的情况下，就会将坏消息隐瞒，当这些坏消息积累到一定程度无法继续隐瞒时便会集中释放，从而导致股价崩盘。数字金融可利用数字技术快捷高效地以低成本获取关于上市公司的信息，提高信息的流转度和真实性，降低了信息不对称程度和不透明程度，使得管理者操纵信息的行为难以实施，从而避免了坏消息"窖藏"，进而抑制了股价崩盘。第二，数字金融的发展提高了整个金融市场的资源配置效率，改善了企业的融资环境。融资约束也是企业隐瞒坏消息的动机之一，其也会导致股价崩盘。企业为了以更低的成本获取更多的融资规模有动机隐瞒坏消息，这些坏消息积累到一定程度被集中释放后就会发生股价崩盘。数字金融的发展，不仅丰富了企业的融资渠道，也改变了整个金融系统的竞争格局，催生了诸多新的金融产品和服务模式，缓解了企业所面临的融资约束问题，进而削弱了企业管理者隐瞒坏消息的动机，使坏消息被及时释放，缓解了企业股价崩盘风险。该研究的实证结果显示，数字金融确实可以抑制股价崩盘风险，但这种抑制作用会随着股价崩盘风险的积累而减弱。而且数字金融的不同维度对股价崩盘的抑制作用也不同，相对于数字金融的覆盖广度，数字金融使用深度的作用更显著。

王娟和朱卫未（2020）通过将北京大学数字普惠金融指数与我国 A 股上

市公司进行匹配，考察了数字金融对企业非效率投资的影响。该研究认为，数字金融可以抑制我国企业的非效率投资行为，原因在于：第一，数字金融纾解了传统金融系统资源错配和供给不足的问题，丰富了企业的融资渠道，扩大了企业资源利用边界。这提升了企业资金宽裕的预期，降低了预防性资金的比重，解决了资金冗余问题，此外，在企业面对净现值为正的投资项目时，不至于因为资金不足而放弃，保证了企业价值提升的机会不被错过。第二，数字金融以数字技术为内驱力，有效降低了信息不对称程度，使企业快速准确地识别市场变化和发展趋势，扩大了企业的生产边界。在机制分析上，该研究分别从研发投入、杠杆率以及财务稳定性三个角度论证了数字金融抑制企业非效率投资的内在机理。首先，数字金融可以提高企业的研发投入水平，使技术创新成为企业增长的核心驱动力，提高了企业的收入增长质量。一方面，数字金融以其技术优势，降低了信贷审批成本，提高了金融服务的触达能力，拓宽了企业的融资渠道，使企业能够快速地以较低成本获得融资，因此，在面对优质的投资项目时，不受资金不足的约束。另一方面，数字金融的数字技术帮助企业提高了信息获取能力，使企业随之掌握市场技术的演变信息，刺激了企业加大研发投入。其次，数字金融由于拓宽了企业融资渠道，使企业保持了资金宽松的预期，使整个产业链资金融通更为顺畅，使企业没必要通过加杠杆来获取融资，从而降低了企业杠杆率。而杠杆率高企往往会导致企业陷入财务困境，扰乱投资决策。最后，数字金融由于可以降低企业杠杆率，从而保证企业财务稳定性，所以保证了企业投资决策的理性，抑制了非效率投资。该研究还发现，数字金融对企业非效率投资的影响，在民营企业和高科技企业中作用效果更为显著。原因在于，数字金融缓解了一直被传统金融系统歧视的民营企业的融资约束问题，同时，数字金融以其数字技术提升了信贷风险评估模型精准度，提高了利率与风险的匹配度，使具有高风险的研发投入项目能够获取充足融资。另外，该研究发现，数字金融对企业非效率投资的影响主要表现在对投资不足的抑制上，说明数字金融的金融服务触达力使其发挥作用的主要方面。

林爱杰等（2021）考察了数字金融对企业杠杆率的影响。该研究认为，数字金融从两方面影响着企业杠杆率。第一，数字金融的支付手段比传统银行的电汇、支票以及现金等支付工具更加快捷和方面，提高了企业的资金周转率，有利于提高企业的经营业绩，从而降低了杠杆率。移动支付和电子货币的交易成本非常低，结算速度非常快，不仅在个人用户中得到普及，企业与企业之间的交易也逐渐采取在线支付的方式来完成。移动支付和电子货币大有代替电汇、支票的势头。与此同时，支持移动支付的电商平台也在支持在线交易、互联网理财以及网络借贷等金融活动，用户在接受这些服务的同时也留下了关于交易记录及其行为特征的海量数据，数字金融公司可以利用大数据、云计算等数字技术对这些数据进行挖掘，从而提炼出各个交易主体的信用信息，解决了线上交易的信息不对称问题。如此将提高企业交易过程中的信用交易的占比，避免了现金支付给下游企业带来的资金压力，从而降低了下游企业的杠杆率。所以从整个产业链角度讲，数字金融的支付功能降低了企业杠杆率。第二，大数据、云计算以及人工智能等数字技术的应用降低了信贷市场中的信息不对称程度，提高了信贷风险评估模型的精准度，降低了信贷过程中的交易成本，提高了信贷审批速度，在一定程度上缓解了企业所面临的融资约束问题。数字金融借助数字技术不仅能够准确获取代表企业硬信息的财务数据以及抵押品状态信息，还可以获取多维度的关于潜在借款人软信息。而这些软信息通过硬化后，所构建的信贷风险评估模型被证明更加有效。因此，一方面，许多因为缺乏硬信息被传统金融系统拒之门外的企业或个人被纳入数字金融体系内，数字金融为这些企业拓宽了融资渠道；另一方面，在大数据等数字技术的支持下，由于信贷风险模型更加高效，所以数字金融的信贷过程交易成本更低，审批速度更快，因此降低了企业的融资成本。总之，数字金融在数字技术的加持下缓解了企业的融资约束问题，使企业处于资金宽松的预期，从而提升其对信用交易的容忍度，从而减低了企业杠杆率。此外，该研究还认为，数字金融项下的众筹平台，作为一种股权融资渠道也为企业提供了大量融资，这在一定程度上降低了企业杠杆率。该研究的实证结果显示，数字金融的发展，降低了企业总杠杆率和短期杠杆率，对长期杠杆率没有影响，且提高了杠杆期限。另外，数字金融对企业杠杆率的上述影响在民营企业、中小企业、中部省份企业以及高技术行业企业中的效果显著，在国有企业、大型企业、非中部地区企业以及传统行业企业中不显著，体现了数字金融的普惠性特征。

第三节 关于股价崩盘的理论研究

一、股价崩盘的定义

关于股价崩盘的定义，学术界有两种说法：一种是基于市场层面的股市暴跌风险，另一种是基于个股层面的特定崩盘风险。

基于市场层面的股市暴跌被定义为，在无任何预兆的情况下，股票指数在短时间内大幅度下跌。现有相关研究发现这种类型的股价崩盘存在三方面特征：第一，股票价格在没有任何坏消息的情况下，出现巨幅下跌（Fernch and Roll，1986；Cutler et al.，1989）；第二，股票价格变动具有非对称性，即通常股价暴跌幅度要大于暴涨幅度；第三，股价崩盘具有传染性，少数个股的暴跌会引发整个市场的暴跌，而且可以在不同市场之间传染（Hong and Stein，2003；Yuan，2005）。

关注个股股价崩盘风险的学者认为，管理层与股东之间的代理冲突是造成股价崩盘风险的重要原因（Jin and Myers，2006；Bleck and Liu，2007；Hutton et al.，2009）。他们认为，公司管理者出于薪酬契约、职业生涯以及商业帝国构建等私人利益考虑，有动机隐瞒坏消息，当坏消息积累到一定程度之后，公司高管将没有动机或能力去隐瞒坏消息，此时坏消息被集中公开，导致股价大跌，这就是股价崩盘。

二、基于市场层面的股价崩盘风险

针对市场层面股价崩盘风险成因的研究，始于20世纪七八十年代，学者们提出了若干理论模型试图解释前文所述的股价崩盘所表现出来的特征。这些理论模型本质上分为两大类，一类是以理性预期均衡模型为理论基础，另一类是以打破理性人假设的行为金融学为基础。理性预期均衡模型又按市场信息是否完备分为完全信息理性预期均衡模型和不完全信息理性预期均衡模型。在此基础上又进一步衍生出多种不同的理论模型，我们将逐一加以梳理和评述。

（一）理性预期均衡模型

1. 完全信息理性预期均衡模型

完全信息理性预期均衡模型中，比较有代表性的是杠杆效应假说和波动率反馈假说，二者都试图解释股价波动非对称性这一特征。

布莱克（Black，1976）和克里斯蒂（Christie，1982）都支持杠杆效应假说，他们认为，股价的下跌会导致企业财务杠杆的上升，从而加剧了企业财务风险，进一步增加了股价波动率，最终导致股价暴跌。虽然该假说有一定的理论说服力，但很快遭到部分学者的诟病。施沃特（Schwert，1989）认为，杠杆效应假说不具备实际操作性，例如，对于高频数据而言，股价的下跌很难在短时间内通过影响企业财务杠杆而加剧股价波动率，从而导致股价崩盘。贝卡尔特和吴（Bekaert and Wu，2000）也支持施沃特（Schwert，1989）的说法。

因此，波动率反馈假说应运而生，该假说的支持者认为，波动率的增加会提升股票的风险溢价，在预期现金流不变的情况下，这会导致股价崩盘（Pindyck，1984；French et al.，1987）。具体地，当市场受到新消息的冲击时，市场波动率会上升，这会导致风险溢价的上升，因此，如果是好消息，风险溢价的增加会部分地抵消好消息带来的股价上涨；相反，如果是坏消息，坏消息所导致的股价下跌与较高的风险溢价相互叠加则会使股价发生暴跌。这便解释了为何市场收益率总表现为负偏，以及为何发生暴跌的频率高于暴涨频率的原因。然而，波动率反馈模型同样有其局限性，虽然其成功解释了市场收益率非对称性，但却无法解释股市暴跌的无信息支撑和传染性特征（陈国进等，2008）。

完全信息理性预期均衡模型的一个重要缺陷是该模型假设市场上的信息是完备的，每个交易者都通过相同的信息进行投资决策，显然这种假设是不切实际的。因此，学者们尝试打破完备信息的假设，构建了不完全信息理性预期均衡模型来解释股价崩盘风险。

2. 不完全信息理性预期均衡模型

学者们在利用不完全信息理性预期均衡模型研究股价崩盘的过程中，形成了两种假说，即知情交易者隐藏信息集中释放假说和非知情交易者推动假说。

（1）知情交易者隐藏信息集中释放假说。

罗默（Romer，1993）首先提出导致股价崩盘的原因是隐藏信息集中释放所致。他认为，市场中的交易者并不能完全知悉其他交易者所掌握信息的质量的优劣。一方面，有信息优势的交易者往往会低估自身所掌握信息的质量，过分看重市场价格；另一方面，在信息上有劣势的交易者也有可能过分相信自己所掌握的信息。如此，股票价格便不能及时并准确地反映私人信息，一些私人信息被隐藏并积累起来。随着交易的不断进行，交易者所掌握的私人信息的质量得以被验证，一旦被隐藏的是负面信息，那么便会导致股价崩盘。

李（Lee，1998）则利用序贯交易模型解释了因信息隐藏所导致的股价崩盘。他认为，对于知情交易者而言，其每一笔交易都可以视为一种信息的传递，会导致非知情交易者的跟风交易。如果知情交易者收到坏消息便卖出一定数量的股票，非知情交易者的跟风行为会导致价差增加，这无形中增加了知情交易者的交易成本，因此知情交易者通常会隐瞒坏消息，随着交易的不断进行，坏消息被不断积累。当坏消息被积累到一定程度时，即便市场受到一个小事件的冲击，被积累起来的隐藏信息也会被集中释放，便会导致股价崩盘。

高等（Cao et al.，2002）研究了由交易成本导致的信息隐藏而引发的股价剧烈波动。研究发现，市场上总有一些知情交易者因为交易成本而被阻挡在市场之外，形成"观望者"，这便导致一些私人信息无法被市场价格及时反映，造成信息隐藏。随着交易进行，这些"观望者"逐渐证实其私人信息的准确性，便参与到市场中去，如此，即便是一些较小的信息冲击，也可能导致被积累起来的隐藏信息被集中释放导致股价暴涨或暴跌。

（2）非知情交易者推动假说。

加伏特和利兰（Gennotte and Leland，1990）通过构建模型试图解释为什么在没有重大利空的情况下会发生股价崩盘。该研究假设市场中存在非知情交易者、掌握完备信息的知情交易者以及掌握部分供给信息的部分知情交易者。知情交易者根据所掌握的私人信息进行交易，另外两种交易者则根据市场价格来判断知情交易者所掌握的信息，从而作出交易决策。交易过程中，诸如止损或投资组合保险策略等对冲策略的执行会导致一定程度的供给冲击。

然而，非知情交易者并不分辨这些供给冲击是因为交易策略还是真有重大利空所致，因此市场流动性减少，导致股价崩盘。

袁（Yuan，2005）、马林和奥利弗（Marin and Oliver，2008）所构建的模型则更加具体。袁（Yuan，2005）分析了贷款约束情况下，非知情交易者如何推动股价崩盘。他认为，在无信贷约束的情况下，知情交易者可以随时将所知悉的信息反映在交易价格上，不会出现信息隐藏。然而，当存在贷款约束时，知情交易者可能会因为资金不足不得不抛售一部分股票，造成价格波动，而这种波动并不能反映知情交易者所知悉的全部信息。这种情况下，如果出现供给冲击，非知情交易者并不知晓供给冲击是来自真正的坏消息还是知情交易者的资金需求，不愿及时接盘，导致股价暴跌。马林和奥利弗（Marin and Oliver，2008）的模型关注内部持股人与股价崩盘风险之间的关系。他们认为，内部持股人在卖空限制、管理层限售以及控股地位的约束下，无法依据自己所掌握的信息彻底卖掉自己的股票，导致非知情交易者放大对坏消息的预期，造成大规模抛售，形成股价崩盘。

不完全信息理性预期均衡模型在解释股价崩盘的成因上，较完全信息理性预期均衡模型更有说服力。然而其先天的缺陷使其在现实应用中受到局限。例如，它的理性人假设、同质性假设等都造成实证上的困难，而且无法解释许多"金融异象"（刘力等，2007）。

（二）基于行为金融学的股价崩盘的理论研究

利用行为金融学解释股价崩盘成因的代表性理论是宏和斯坦因（Hong and Stein，2003）提出的投资者异质信念模型。宏和斯坦因（Hong and Stein，2003）假设对于股票的价格，投资者们并不会产生同质性预期，而是彼此间存在抑制信念，即有的乐观有的悲观。他们认为投资者异质信念与卖空限制可以解释为何没有重大利空的情况下会发生股价暴跌，为何股价暴跌程度强与暴涨程度以及为何暴跌会发生传染现象。

具体地，假设市场中存在乐观投资者 A、悲观投资者 B 以及套利者。在时期1，市场受到信息冲击，A 因为乐观进入市场，由于存在卖空限制，持悲观态度的 B 无法进入市场，其所掌握的坏消息被隐藏，于是市场价格只反映了 A 以及套利者所掌握的信息。到时期2时，如果 A 继续接受好消息，那么其会继续持有或买入股票，B 仍在市场之外，他的信息继续被隐藏；反之，如果 A 获得坏消息，他会卖出股票，若 B 能成为支持卖家，则 B 所掌握的信息得以释放，然而，如果 B 不接盘，则套利者会认为 B 所掌握的坏消息比他们预期要坏，于是也会抛售股票，导致股价崩盘。可见，股价崩盘并非由于重大利空所致，而是由于一个较小的利空冲击触发了被积累起来的众多坏消息的集中释放所致。此外，由于卖空限制的存在，好消息可以随时反映在股价中，但坏消息的释放却往往具有滞后性，因此解释了为何股价暴跌程度总大于暴涨幅度的现象。最后，如果一只股票的信息可以影响另一只股票的信息，则当投资者收到关于前者的坏消息后，同样也会抛售后者，导致二者共同崩盘，这便解释了股价崩盘的传染性。

显然，相较于理性预期模型下的诸多理论模型，基于投资者异质信念的行为金融学模型可以更好地解释股价崩盘的成因。然而，该模型的正确性却因为异质信念无法直接度量而难以被实证研究所证实。虽然一些学者用诸如交易量以及换手率等变量间接度量投资者异质信念，但是由于度量误差的存在使实证结论并不一致。例如，一些实证研究的结论支持宏和斯坦因（Hong and Stein，2003）的观点（Chen et al.，2001；Griffin et al.，2005；Brooks and Katsaris，2005；Marin and Oliver，2008），但徐（Xu，2007）的研究则不支持其观点。实证结论的分歧使宏和斯坦因（Hong and Stein，2003）的模型在实际应用中大打折扣。

（三）关于市场层面理论模型的评述

上述诸理论模型的贡献在于，这些理论模型的建立与演进，极大地丰富了股价崩盘风险成因的研究领域，不仅为今后该领域的研究提供了理论依据，而且也为政策制定者提供了理论参考。

另外，上述诸理论模型也有局限性。上述理论模型以市场层面的股价崩盘为落脚点，其中绝大部分是以个股信息不透明为假设前提，试图构建良好的交易制度来缓解股价崩盘风险。例如，支持宏和斯坦因（Hong and Stein，2003）的观点的学者提出的卖空交易制度，这无可非议。然而，尽管良好的交易制度可以在一定程度上缓解股价崩盘，但却不能从根本上杜绝股价崩盘。

实际上个股的信息透明度并非完全一致，公司治理水平高的企业一定比公司治理水平低的企业信息透明度更高。只有通过提高企业公司治理水平，提升企业信息透明度，才能从根本上解决负面信息"窖藏"的问题，才能最终解决股价崩盘问题。于是以金和梅尔斯（Jin and Myers，2006）为核心的基于公司层面的股价特定崩盘风险的研究应运而生。

三、基于公司层面的股价特定崩盘风险

金和梅尔斯（Jin and Myers，2006）认为，由于管理人与股东之间的委托代理冲突的存在，管理者出于个人利益诉求通常会隐瞒坏消息，当坏消息积累到一定程度时，经理人会放弃或没有能力继续隐瞒坏消息，导致坏消息集中释放，造成股价大跌。布莱克和刘（Bleck and Liu，2007）则认为，企业管理者出于构建商业帝国的目的，会故意隐瞒关于投资项目的坏消息，使得投资者和股东无法在早期知晓项目的净现值为负，导致过度投资，直到项目亏损信息被积累到一定程度时，便被集中释放造成股价崩盘。赫顿等（Hutton et al.，2009）则证明了信息透明度对股价崩盘风险的影响，发现信息透明度越低的企业，其股价越容易发生股价崩盘风险。

以上研究作为研究个股特定崩盘风险的理论基石，其核心思想是，企业管理者的代理动机所导致的信息"窖藏"是引发股价崩盘风险的根本原因。其建立在理性人假设之上，属于理性人预期模型范畴。虽然上述理论为近年来股价崩盘风险的研究作出了巨大贡献，但是其在实际应用中仍存在一定的局限性，即一些被证明委托代理问题比较低的企业，其股价崩盘风险也非常高，就这一现象而言，上述理论无法解释。金等（Kim et al.，2016）则打破理性人假设预期，用行为金融学理论成功解释了上述"异象"。金等（Kim et al.，2016）认为，即便经理人不存在私心，一切以股东利益最大化为己任，也可能因过度自信导致股价崩盘。他们认为，过度自信的高管通常会高估自己的管理能力，低估项目的潜在风险，因此常常投资一些净现值为负的项目，为了防止股东干扰项目的运行，在项目存续期内，高管也会隐瞒一些关于项目的信息，当项目最终被证明是失败后，积累的坏消息被集中释放，导致股价崩盘。金等（Kim et al.，2016）的管理者过度自信假说弥合了委托代理假说的不足，完善了基于个股特定崩盘风险的理论基础。

四、对两类理论模型的比较分析

（一）理论架构上的比较分析

基于市场层面的理论模型与基于公司层面的理论模型具有共同之处，即两类模型均认为信息隐藏是导致股价崩盘风险的根本原因。然而，两类模型在信息隐藏的原因上却存在分歧。一方面，基于市场层面的理论模型认为，信息隐藏现象的发生是由于股票市场中不同交易者之间的信息不对称以及一些不合理的交易制度共同作用所致，该类理论模型均隐含着一个假设，即所有上市公司的信息都是不透明或部分透明的。另一方面，基于公司层面的理论模型则认为，不同企业之间在信息透明度上本就存在差异，认为企业管理者的信息隐瞒行为是导致股价崩盘风险的根本原因。

（二）政策导向上的差异

由于基于市场层面的理论模型认为信息隐藏现象形成于股票交易过程中，因此，这类模型通常倾向于建立完善的市场交易机制，如提倡卖空机制和更低的交易费用等。相对而言，由于基于公司层面的理论模型更关注企业管理者的信息管理行为，因此完善的公司治理机制及有效的市场监督机制是该类模型所倡导的。

（三）实证应用上的难易

由于基于市场层面的理论模型所涉及的影响因素难以用统计指标直接量化，因此无论是模型的实证检验还是应用均难以进行。相对而言，由于基于公司层面的理论模型中涉及的企业信息透明度、代理成本以及管理者自信程度等因素均有比较成熟的量化指标，因此模型检验的认可度比较高。同时，由于企业数据的可得性强，因此基于公司层面的理论模型的实证研究成果比较丰富。

第四节　关于股价崩盘风险的实证分析

由于基于市场层面的理论模型的实证分析比较匮乏，因此本章重点关注基于公司层面的理论模型的实证研究成果。

自金和梅尔斯（Jin and Myers，2006）的"管理者代理－信息窖藏"理论提出后，中外学术界涌现出大量文献，试图探索公司层面的股价崩盘风险的成因与解决办法。我们按照对股价崩盘风险的影响方向将股价崩盘风险的影响因素分为两类，即加剧企业股价崩盘风险的因素和缓解企业股价崩盘风险的因素。

一、加剧股价崩盘风险的影响因素

现有研究发现，能够加剧股价崩盘风险的因素可以分为四类：一是与高管自身利益相关的一些直接诱因；二是与管理者代理行为相关的一些企业行为；三是企业公司治理行为；四是一些外部环境的影响。

（一）与高管自身利益相关的直接诱因

期权激励（Kim and Zhang，2011）、高管额外津贴（Xu et al.，2014）、政治动机（Piotroski et al.，2015；林川和杨柏，2018）、高管忙碌与否（朱晓艳和徐飞，2021）、高管权力（邹燕等，2021）、高管舆情危机（王虹和何佳，2020）等直接诱因因素会促使高管隐瞒公司财务信息，增加股价暴跌风险。

（二）与管理者代理行为相关的企业行为

公司避税计划（Kim et al.，2011；江轩宇，2013）、会计信息的隐瞒（施先旺等，2014）、企业投资效率（江轩宇和许年行，2015；田昆儒和孙瑜，2015）、现金流操控行为（周冬华和赖升东，2016）、财务重述行为（谢盛纹和廖佳，2017）、上市公司违规行为（沈华玉和吴晓晖，2017）、并购商誉（庄明明等，2021；王文姣等，2017）、高溢价并购（曾春华等，2017；赵立彬等，2021）、企业的影子银行行为（司登奎等，2021）、内部控制缺陷（胡洁琼等，2021）、商誉（张丹妮和周泽将，2021）、多元化经营（徐业坤等，2020）、"互联网＋"行为（赵璨等，2020）、银行理财产品发行（周边等，2020）、期望绩效反馈（彭博和王满，2020）、公司过高的研发投入（周璐和张晓美，2020）、公司风险承担水平（田高良等，2020）、过高的短期债务（何鑫萍，2018）以及激进的公司战略定位（佟孟华等，2017）等与企业管理者代理行为相关的企业行为会加剧企业股票崩盘的风险。

（三）企业的公司治理问题

家族董事席位过多（刘星等，2021）、高管薪酬（李健欣等，2021）、高管集体减持行为（易志高等，2019）、董事会断裂（梁上坤等，2020）、员工外部薪酬差距（黄小宝等，2020）、企业集团集权（王克祥和田鑫，2020）、官员晋升压力（李健欣等，2020）。

（四）外部环境影响

美国政策不确定性（张本照等，2021）、影子银行（马勇等，2019）、投资者过度关注（江婕等，2020）、保险资金持股（夏常源等 2020；郝芳静等，2020）、地方官员任期调整（张烨宇等，2020）、分析师推荐评级（张丹妮和刘春林，2020）、经济政策不确定性（梁琪等，2020）、商业模式创新（史亚雅和杨德明，2020）、地方经济增长目标过高（任晓怡等，2020）、行业锦标赛激励（邓鸣茂等，2020）、国际贸易网络传染（徐飞等，2018）、机构抱团持股（张本照和张玺，2017；吴晓晖等，2018）、客户股价崩盘（彭旋和王雄元，2018）。

二、可缓解企业股价崩盘风险的因素

良好的公司治理结构、合理的公司内部控制制度以及良好的外部监督环境等因素可以抑制股价崩盘风险。本章将这些治理因素分为四类，即公司内部治理、外部治理、内部管理者或外部监督者的人口统计学特征以及其他因素。

（一）公司内部治理涉及的影响因素

大股东持股（王化成等，2015；邹燕等，2020）、独立董事独立性（梁权熙和曾海舰，2016）、稳健的会计政策（Kim and Zhang，2016；张多蕾和张娆，2020）、经营现金流透明度（曾爱民等，2020）、董事高管责任保险（胡国柳和宛晴，2015）、外资持股（吴德军，2015）、高质量的公司内控信息披露（叶康涛等，2015；肖土盛等，2017）、较好的盈余质量（郑建明等，2018）、员工持股计划（姚树洁和付璠洁，2021）、非控股股东网络权力（田昆儒和游竹君，2021）、股票回购（李炳念等，2021）、扶贫行为（杨国成和王智敏，2021）、高水平的内部控制（王贞洁和徐静，2020）、实际控制人所有权（顾小龙和刘婷，2020）、非执行董事独立性（胡珺等，2020）、董事会异质性（苏坤，2020）、外资股东退出威胁（林川，2020）、员工股权激励（于雅萍等，2020）、企业政治关联（袁军和潘慧峰，2018）、其他综合收益的披露（田昆儒和田雪丰，2018）。

（二）外部治理因素

非投机性机构投资者（An and Zhang，2013）、高水平的市场化进程（施先旺等，2014）、国际财务报告（IFRS）的强制实施（DeFond et al.，2015）、审计收费（万东灿，2015）、媒体报告（罗进辉和杜兴强，2014；康进军等，2021）、税收征管（江轩宇，2013；刘春和孙亮，2015）、投资者保护（王化成等，2014；张宏亮和王靖宇，2018）、退市制度的实行（林乐和郑登津，2016）、社会信任（刘宝华等，2016）、社会审计监管（马可哪呐等，2016）、政府审计（褚剑和方军雄，2017）、去杠杆政策（楚有为，2021）、机构投资者异质信息能力（尹海员和朱旭，2019）、社会信任氛围（苏坤，2019）、私募股权投资（王晶晶和刘沛，2020）、放松利率管制（鄢翔和耀友福，2020）、儒家文化熏陶（徐细雄等，2020）、证监会随机抽查制度（汶海等，2020）、完善的法治环境（李江辉，2018；陈嘉琪和冯丽君，2020）、基于中小股东的互联网舆论监督（朱孟楠等，2020）、基金公司实地调研（董永琦等，2019）。

（三）企业内部管理者或外部监督者的人口统计学特征

女性CEO（李小荣和刘行，2012）、审计师行业专长（江轩宇和尹志红，2013）、宗教信仰（Callen and Fang，2015）、审计师声誉（吴克平和黎来芳，2016）、高管经营能力（郑雅心，2021）、高管学术资历（鲁桂华和潘柳芸，2021；何瑛和韩梦婷，2021）、媒体背景独立董事（郑宇新等，2019）、名人董事（吴先聪和管巍，2019）、纵向兼任高管（曾晓和韩金红，2020）、高管从军经历（曹雅楠和蓝紫文，2020）、女性审计师（黄宏斌和尚文华，

2019)、学术性独立董事（杜剑和于芝麦，2019）、CEO 兼任董秘（彭情和郑宇新，2018）以及有财务背景的独立董事（董红晔，2016）、董事网络（周军等，2018）。

（四）其他因素

企业创新（孙艳梅等，2019）、国际化经营模式（林川和张思璨，2019）、管理层语义（杨七中等，2019）、年报语调（周波等，2019）、社会责任报告的正面语调（黄萍萍和李四海，2020）。

| 第三章 |

杠杆率、短债长用与企业财务欺诈

本章将杠杆率和短债长用纳入同一分析框架，以企业财务欺诈行为视角，以 2001~2018 年中国非金融上市公司财务数据为样本，考察了杠杆率与短债长用对财务欺诈行为的影响。

第一节　理论分析及假设提出

一、杠杆率对企业财务欺诈的影响

债务融资会从两个方面对企业财务欺诈行为产生影响。一方面，债务契约的签署加强了企业的外部监督，会减少企业财务造假的机会。具体地，债权人为了保护自身利益会和债务人签订限制性条款，例如，要求债务人维持一定的资产负债率、现金持有水平，甚至对债务人的投资行为也有限制。一旦债务人违背了契约条款，债权人便可依据契约对债务人实施惩罚。如此便形成了债权人对债务人的监督机制，这在一定程度上加强了企业的外部治理强度，提高了企业进行财务欺诈的成本，从而抑制了财务欺诈。另一方面，过度负债问题在中国企业中普遍存在，当企业债务负担过重时，债务契约的治理效应会消失，甚至会增加企业进行财务造假的动机，从而加剧财务欺诈。随着企业负债规模的扩大，债权人对企业行为的约束将更加严苛。过高的资产负债率加剧了债权人与企业之间的代理冲突。债权人出于降低违约风险考虑，会对企业的资金运用提出更为苛刻限制性条款，例如，增加容易成为抵押品的固定资产的投资。而这种限制性条款的强行植入，加剧了企业非效率投资的同时也阻碍了企业创新，最终抑制了企业价值提升。如此，企业便面临着既要谋求发展，又要满足债权人严苛要求的两难局面。在这种情况下，通过粉饰财务数据的方式来应对债权人的要求便成为高杠杆企业的无奈之举。

更重要的是中国企业普遍存在着信息透明度低的问题，这就容易形成债权人与债务人之间的信息不对称（陆正飞等，2008）。在这种情况下，债权人很难对债务人的行为进行监督，债务契约的外部治理效应便很难发挥。此外，从企业内部治理角度讲，过度负债的企业很容易因现金持有不足而面临财务困境。这将导致资信评级下降，进而造成融资约束和融资成本上升（林晚发和刘颖斐，2018）。为了应对财务困境，以较低成本获取融资将成为整个企业内部各个职能部门关注的焦点。在这种情况下，部门间的协调受到空前重视，而内部监督则被忽略。迫切的再融资需求和低效率的内部监督则为高管隐瞒公司信息提供了机会。这将进一步加剧债权人与债务人之间的信息不对称，债务契约的外部治理效应的发挥将难上加难。这无疑增加了其进行财务造假的机会。

总之，在企业杠杆率整体较高以及信息不对称普遍存在的条件下，在投资活动受限以及财务困境风险的双重困扰下，高负债企业面临的严苛的债务契约不但不会减少企业进行财务造假的机会，还会增强其进行财务造假的动机，最终加剧了企业财务欺诈。

基于上述分析，本章提出以下假设：

H1：高杠杆率会加剧企业进行财务欺诈的可能性。

二、短债长用对企业财务欺诈的影响

除了高杠杆率，中国企业的资本结构还存在着债务与资产期限错配问题，主要表现为，企业普遍利用短期负债为长期投资项目融资，即短债长用。一方面，由于资本市场发展相对滞后，中国企业的融资渠道较为单一，主要通过银行贷款进行融资；另一方面，银行出于控制信贷风险、流动性风险管理以及避免企业的道德风险等因素考虑，更倾向于向企业发放短期贷款（马红等，2018）。在上述两方面因素的作用下，短债长用成为中国企业融资结构的重要特征（白云霞等，2016），甚至有相当一部分企业始终没有长期贷款，需要不断滚动短期债务以支持长期投资（胡援成和刘明艳，2011；钟凯等，2016；钟宁桦等，2016）。

根据债务期限结构理论，短债长用会加剧债务人与债权人之间的代理冲突，并催生债务人的流动性风险。一方面，长期投资盈利速度较为缓慢，甚至相当长时间内都表现为现金净流出，这就导致企业长期处于资金短缺状态；另一方面，如以短期负债为主，每年都要还本付息，放大了偿债压力。两方面作用的叠加便会加剧企业的流动性风险，甚至导致资金链断裂而破产。为了避免上述情况的发生，如何获取外部融资成为企业长期面临的迫切问题。由于企业财务数据是银行等金融机构发放贷款的重要参考指标，因此粉饰财务数据成为企业以较低的成本获取外部融资的"必要"手段。即短债长用所造成的企业长期资金短缺是企业进行财务造假的主要动机之一。

基于上述分析，本章提出以下假设：

H2：短债长用会加剧企业财务欺诈。

三、杠杆率与短债长用的交互效应

在上述分析的基础上，杠杆率与短债长用之间的相互作用很可能会影响二者对财务欺诈的影响，从而产生交互效应。然而二者对企业财务欺诈的交互效应的影响方向却并不确定。一种情况是，在企业杠杆率一定的情况下，如果债务结构中短期负债比例过高，就会放大企业每年的还债压力，从而加剧流动性风险，催生新的融资需求，加大了企业粉饰财务数据的动机。从这个角度讲，杠杆率与短债长用的交互效应会加剧企业财务欺诈行为。

另一种情况是，对于存在短债长用的企业，如果不断保持高杠杆率，则说明其能不断获得融资，使经营得以持续，那么随着长期投资项目盈利能力的显现，企业将步入正常轨道，流动性也可以得到改善，便可以缓解财务欺诈动机。相反，如果这类企业突然受到去杠杆政策的外部冲击，流动性压力会骤然提升，从而加剧破产风险。为了应对潜在破产风险，企业不得不通过操纵财务数据来赢得资金提供方的认可，以获取外部融资。基于此，杠杆率与短债长用的交互效应会缓解企业财务欺诈的行为。

那么二者的交互效应对财务欺诈产生的作用究竟如何就是个实证问题，有待检验。

基于上述分析，本章提出以下假设：

H3：杠杆率与短债长用的交互效应会加剧财务欺诈。

H4：杠杆率与短债长用的交互效应会缓解财务欺诈。

第二节 研究设计

一、研究样本及数据来源

本章选取2001～2018年中国A股上市公司为研究样本，原因在于，上市公司数据比工业企业数据更加全面，更新也更为及时；同时，相较于一般企业，中国上市公司的杠杆率和短债长用问题比较严重（钟宁桦等，2016）。在剔除金融类企业和存在缺失值的样本后，共获得16328个样本。本章数据全部来自国泰安数据库（CSMAR），保证了数据的一致性。为了避免极端值对回归结果的影响，本章对所有连续性变量进行了缩尾（winsorize）处理。

二、变量选取

（一）核心解释变量

本章共涉及两个核心解释变量，即企业杠杆率和短债长用。其中，参照刘晓光和刘元春（2019）的做法，选取企业资产负债率（lev）为杠杆率的度量变量。对于短债长用（sl1）这一指标，借鉴钟凯等（2016）基于资金缺口构建短债长投的做法来计算：

$$
\begin{aligned}
短债长用 = \; & 购建固定资产等投资活动现金支出 - (长期借款本期增加额 \\
& + 本期权益增加额 + 经营活动现金净流量 \\
& + 出售固定资产现金流入)
\end{aligned}
$$

该指标取值越大代表企业短债长用问题越严重。另外，出于稳健性考虑，本章还参照刘晓光和刘元春（2019）的做法，利用企业短期负债占比与流动资产占比之差来构建短债长用指标（sl2）。

（二）财务欺诈

借鉴艾永芳等（2017）的做法，将企业违规数据库中被标记为"虚列资产""虚构利润""虚假陈述""推迟披露""重大遗漏"等违规行为作为财务欺诈样本，并通过构建虚拟变量的方式来定义财务欺诈指标（fdum）。如果某公司的财务数据披露行为在某年度至少存在上述五种情况之一，并至少被证券交易所、银保监会或财政部等部门中的一个认定为违规披露，则 fdum 取值为1，否则为0。

此外，我们还依据企业违规行为被惩罚级别来构建变量 fdeg，具体构建过程为：如果某公司在某年度未因财务欺诈被惩罚，则 fdeg 赋值为0；如果仅有高管受罚但企业未受罚或惩罚类型为"其他"，则赋值为1；如果惩罚类型为批评或谴责，赋值为2；如果被惩罚类型为警告、罚款或没收非法所得，则赋值为3。如果在某一年度，某公司因多种违规行为被惩罚，以惩罚程度最高的为准。

（三）控制变量

借鉴已有文献的做法（艾永芳等，2017），本章选取如下指标为控制变量：总资产收益率（roa）；企业规模（size），企业年末总资产加1取对数；大股东持股比例（first），企业第一大股东持股比例；账面市值比（btm），年末总资产与年末总市值的比值；产权性质（soe），企业实际控制人为国有产权取值为1，否则为0；董事长与CEO是否两职合一（dual），如果董事长与CEO为同一人取1，否则取0；董事会规模（dsize），董事会人数；所选会计师事务所是否为四大会计师事务所之一（big4），如果企业聘请的会计师事务所为国际四大会计师事务所之一，则取值为 1，否则取 0。

（四）模型构建

首先，本章利用模型（3-1）来检验假设 H1 和假设 H2。

$$fraud_{i,t} = \beta_0 + \beta_1 lev_{i,t-1} + \beta_2 sl_{i,t-1} + \beta_k \sum_k controls_{i,t-1}^k + yeardum + inddum + \varepsilon_{i,t}$$

$$(3-1)$$

其中，$fraud$ 代表财务欺诈，本章分别用 $fdum$ 和 $fdeg$ 来度量。lev 为企业杠杆率，如果假设 H1 成立，那么其回归系数 $\beta_1 > 0$。sl 为企业短债长用程度，若假设 H2 成立，则其回归系数 $\beta_2 > 0$。$controls$ 为控制变量集。$yeardum$ 和 $inddum$ 代表年度固定效应和行业固定效应。ε 为随机扰动项。此外，为了在一定程度上克服内生性问题，上述模型中的所有解释变量均采用滞后一期。

其次，为了检验杠杆率与短债长用对财务欺诈的交互效应，本章在模型（3-1）的基础上，引入交互项 $lev \times sl$，构建了模型（3-2）。如果假设 H3 成立，则该交互项的回归系数 $\beta_3 > 0$；反之，如果假设 H4 成立，则有 $\beta_3 < 0$。

$$fraud_{i,t} = \beta_0 + \beta_1 lev_{i,t-1} + \beta_2 sl_{i,t-1} + \beta_3 lev \times sl_{i,t-1} + \beta_k \sum_k controls_{i,t-1}^k$$
$$+ yeardum + inddum + \varepsilon_{i,t}$$

$$(3-2)$$

第三节 实证结果

一、主要变量的描述性统计结果

表 3-1 给出了主要变量的描述性统计结果。其中，$fdum$ 的均值为 0.113，说明所选样本企业中存在财务欺诈行为的占 11.3%，标准差为 0.316，说明所选样本中不同企业之间财务违规差异较大，适合做比较分析。$sl1$ 的均值为 -0.064，与现有研究相差不大。lev 的均值为 0.483，标准差为 0.247，最大值与最小值相差 1.206，说明中国非金融上市公司的杠杆率较高，而且

不同企业之间差别较大，因此本书对中国企业杠杆率的研究非常具有现实意义。另外，其他变量的描述性统计结果均在合理范围内。

表 3 - 1 　　　　　　　　　　主要变量的描述性统计结果

变量	样本数	均值	标准差	最小值	最大值
fdum	16328	0. 113	0. 316	0. 000	1. 000
fdeg	16328	0. 155	0. 522	0. 000	3. 000
sl1	16328	− 0. 064	0. 165	− 0. 729	0. 646
lev	16328	0. 483	0. 247	0. 037	1. 243
roa	16328	0. 058	0. 072	− 0. 307	0. 374
size	16328	21. 838	1. 303	18. 719	26. 285
first	16328	36. 802	15. 698	7. 340	80. 250
btm	16328	0. 640	0. 250	0. 000	6. 546
soe	16328	0. 530	0. 499	0. 000	1. 000
dual	16328	0. 206	0. 405	0. 000	1. 000
dsize	16328	9. 030	1. 878	0. 000	19. 000
big4	16328	0. 039	0. 194	0. 000	1. 000

二、回归分析结果

（一）杠杆率与短债长用对企业财务欺诈影响的基础回归结果

表 3 - 2 第（1）（2）列汇报了杠杆率和短债长用对财务欺诈影响的基础回归结果。结果显示，无论以 *fdum* 还是 *fdeg* 作为被解释变量，*lev* 的回归系数均在 1% 的水平上显著为正，说明高杠杆是导致企业财务欺诈问题的重要影响因素，该结果符合本章假设 H1 的预期，并呼应了陆正飞等（2008）以及李增福等（2011）的研究结论，即在中国以银行为代表的债权人并不能及时识别和制止企业的财务欺诈行为，与高杠杆相伴的严苛的债务契约不但没有正面的外部治理效应，还催生了企业进行财务造假的动机，加剧了财务欺诈问题。

表 3 - 2 回归分析结果

变量	基础回归		交互项回归		稳健性检验	
	(1) $fdum_t$	(2) $fdeg_t$	(3) $fdum_t$	(4) $fdeg_t$	(5) $fdum_t$	(6) $fdeg_t$
$sl1_{t-1}$	0.755 *** (4.27)	0.843 *** (4.38)	1.367 *** (4.68)	1.341 *** (4.26)		
$sl1 \times lev_{t-1}$			- 0.904 *** (- 2.85)	- 0.716 ** (- 2.21)		
$sl2_{t-1}$					0.972 *** (5.19)	0.871 *** (4.36)
$sl2 \times lev_{t-1}$					- 1.481 *** (- 7.55)	- 1.428 *** (- 6.82)
lev_{t-1}	1.037 *** (9.70)	1.071 *** (9.54)	1.063 *** (9.88)	1.096 *** (9.79)	1.323 *** (7.50)	1.445 *** (7.58)
roa_{t-1}	- 0.002 (- 0.09)	- 0.000 (- 0.02)	- 0.016 (- 0.64)	- 0.011 (- 0.47)	- 0.044 (- 1.45)	- 0.042 (- 1.43)
$size_{t-1}$	0.297 *** (- 9.14)	0.266 *** (- 7.88)	0.296 *** (- 9.16)	0.265 *** (- 7.91)	- 0.393 *** (- 11.84)	- 0.365 *** (- 10.61)
$first_{t-1}$	0.009 *** (- 4.82)	0.008 *** (- 4.16)	0.009 *** (- 4.74)	0.008 *** (- 4.10)	- 0.009 *** (- 4.52)	- 0.008 *** (- 3.92)
btm_{t-1}	0.832 *** (4.78)	0.857 *** (4.64)	0.787 *** (4.66)	0.820 *** (4.57)	0.816 *** (4.93)	0.849 *** (4.89)
soe_t	0.200 *** (- 3.31)	- 0.135 ** (- 2.11)	0.200 *** (- 3.31)	- 0.135 ** (- 2.11)	- 0.231 *** (- 3.89)	- 0.164 *** (- 2.61)
$dual_{t-1}$	0.088 (1.34)	0.152 ** (2.21)	0.095 (1.45)	0.158 ** (2.29)	0.123 * (1.90)	0.189 *** (2.75)
$dsize_{t-1}$	0.016 (0.97)	0.012 (0.72)	0.016 (0.95)	0.012 (0.71)	0.019 (1.17)	0.016 (0.95)
$big4_{t-1}$	- 0.159 (- 0.98)	- 0.280 (- 1.60)	- 0.158 (- 0.97)	- 0.278 (- 1.59)	- 0.115 (- 0.70)	- 0.227 (- 1.29)

续表

变量	基础回归		交互项回归		稳健性检验	
	(1) $fdum_t$	(2) $fdeg_t$	(3) $fdum_t$	(4) $fdeg_t$	(5) $fdum_t$	(6) $fdeg_t$
常数项	1.774 *** (−2.58)		1.782 *** (−2.59)		5.767 *** (8.50)	
年度	控制	控制	控制	控制	控制	控制
行业	控制	控制	控制	控制	控制	控制
样本数	16281	16328	16281	16328	16281	16328
R^2	0.06	0.05	0.06	0.05	0.06	0.05

注：括号内为 Z 值，*** 、** 、* 分别表示在 1%、5%、10% 的水平上显著。

此外，当分别以 $fdum$ 和 $fdeg$ 作为被解释变量时，$sl1$ 的回归系数分别为 0.755 和 0.843，均在 1% 的水平上显著，说明企业短债长用与财务欺诈问题存在显著的负相关关系。结合本章假设 H2 的理论分析，可以在一定程度上判断，企业短债长用问题确实是中国企业进行财务欺诈的重要诱因之一。

（二）杠杆率与短债长用对企业财务欺诈的交互影响的回归结果

在上述分析的基础上，我们进一步将杠杆率与短债长用的交互项引入回归模型，以检验二者对企业财务欺诈的交互作用。表 3 - 2 第（3）（4）列给出了回归结果。结果显示，lev 和 $sl1$ 的回归系数依然显著为正，即二者均加剧了企业财务欺诈问题。对于本章重点关注的交叉项，其回归系数均为负，且分别在 1% 和 5% 的水平上显著，说明杠杆率与短债长用之间确实存在交互效应，当短债长用水平不变时，杠杆率的提高可以在一定水平上缓解企业财务欺诈问题。该结果支持假设 H4 的论断，与现有研究的理论思想相悖（刘晓光和刘元春，2019）。针对这一回归结果，我们认为，虽出乎意料，但在情理之中。我们的解释是，"债务 - 投资"是中国大部分企业的投融资模式，高杠杆率与短债长用问题并存现象非常普遍。企业利用短期债务获得的资金进行长期投资，但大部分长期投资在短期内均表现为现金净流出，因此企业每年需要通过借新债还旧债的方式为长期投资提供源源不断的资金支持。在此过程中，实际上企业与银行形成了"利益共同体"。在企业所投资的长期项目没有产生净现金流入的情况下，如果银行不向企业提供新债务，那么就会导致旧债务的违约，从而加剧银行的不良贷款率，而该指标是银行业重要的考核指标，所以银行通常会与企业形成"默契"，通过新债与旧债的循环，来保证考核达标。在这种情况下，企业进行财务造假的动机并不强。反之，如果银行在外部冲击的作用下（如国家去杠杆政策的推行），提高对企业的贷款审批标准，或添加更为苛刻的限制性条款，那么就会打破既有的平衡，使企业面临资金短缺，甚至财务困境，此时为了获得融资，企业将增强财务欺诈的动机，从而加剧财务欺诈问题。

（三）稳健性检验

1. 运用短债长用的其他代理变量进行回归分析

对于短债长用的衡量指标，由于学界还没有统计标准，因此在基准指标之外，本章还借鉴刘晓光和刘元春（2019）的思想，利用企业资产负债表中短期债务占比与流动资产占比的差值（$sl2$）来度量企业短债长用。从指标性质看，该指标基于存量指标得出，恰好与本章的流量指标形成互补，从而实现指标衡量上的稳健性。表3-2第（5）（6）列给出了回归结果。结果显示，$sl2$ 与 lev 的回归系数仍然显著为正，同时交互项 $sl2 \times lev$ 的回归系数依然显著为负，与前文结果一致。这说明，短债长用和高杠杆率都是企业进行财务欺诈的重要诱因，同时，在短债长用程度一定的情况下，增加杠杆率可以在一定程度上抑制企业财务欺诈问题，但盲目去杠杆却会加剧该问题。总之，本章实证结果是稳健的。

2. 内生性讨论

对于本章实证结果的另外一个担心是由于反向因果关系导致的内生性问题。为此，本章除了企业产权性质，所有解释变量均选择滞后一期，在一定程度上克服了该问题。尽管如此，我们还采用工具变量法重新对前文的回归模型进行检验，以便更大限度地避免反向因果关系的影响。然而，完美的工具变量要求既能影响企业短债长用及其与杠杆率的交互项，又与企业财务欺诈无关，这在财务分析中很难实现。不过，已有研究指出，当无法找到随时间变化的有效外生变量时，可以利用解释变量的滞后期变量作为工具变量（Desbordes and Vicard, 2009）。因此，本章选择滞后1~2期的企业短债长用及其与杠杆率的交互项作为工具变量进行回归。从工具变量的效果看,第一阶段回归中各解释变量的回归系数均显著,且 F 值分别为 87.01 和 220.73,说明不存在弱工具变量问题。第二阶段的回归结果如表 3-3 所示。结果显示,$sl1$ 和 lev 回归系数显著为正,二者交互项的回归系数显著为负,与前文结果一致,说明本章实证结果并非因反向因果关系所致。

表 3-3 基于工具变量法的回归结果

变量	(1) $fdum_t$	(2) $fdeg_t$
$sl1_{t-1}$	0.860 *** (4.30)	1.236 *** (4.05)
$sl1 \times lev_{t-1}$	-0.687 *** (-3.88)	-0.693 ** (-2.57)
lev_{t-1}	0.078 *** (3.09)	0.127 *** (3.32)
roa_{t-1}	0.003 (0.13)	0.026 (0.63)
$size_{t-1}$	-0.016 ** (-2.47)	-0.016 * (-1.65)
$first_{t-1}$	-0.033 *** (-5.07)	-0.035 *** (-3.46)
btm_{t-1}	-0.036 * (-1.80)	-0.064 ** (-2.09)
soe_t	0.019 ** (2.42)	0.032 *** (2.65)
$dual_{t-1}$	0.002 (1.22)	0.001 (0.25)
$dsize_{t-1}$	-0.012 (-0.73)	-0.047 * (-1.83)
$big4_{t-1}$	0.480 *** (4.38)	0.545 *** (3.26)

续表

变量	(1) $fdum_t$	(2) $fdeg_t$
常数项	0.860 *** (4.30)	1.236 *** (4.05)
年度	控制	控制
行业	控制	控制
样本数	12542	12542
R^2	0.10	0.06

注：括号内为 Z 值，*** 、 ** 、 * 分别表示在 1% 、5% 、10% 的水平上显著。

三、基于企业规模的异质性分析

杠杆率及短债长用对企业财务欺诈的影响可能受到其他因素的影响，从而表现出一定的异质性。本章主要关注不同企业规模对上述机制的影响。相对于小规模企业，大规模企业通常具有较高的资信评级，融资渠道也比较丰富，因此在借贷交易中具有较强的议价能力。并且为了降低融资成本，大企业通常会主动选择利率较低的短期融资，而不是被动所为。所以我们判断，相对于小规模企业，在大规模企业中，杠杆率和短债长用对企业财务欺诈的影响程度更小。为了检验上述论断，我们先将样本数据按企业规模分成三等份，其中企业规模最大的组定义为大规模企业组，企业规模最小的组为小规模企业组，然后分别在大规模企业组和小规模企业组进行模型（3-2）的回归检验，回归结果见表 3-4。

表 3-4　　　　　　　　企业规模对回归结果的影响

变量	大规模企业组		小规模企业组	
	(1) $fdum_t$	(2) $fdeg_t$	(3) $fdum_t$	(4) $fdeg_t$
$sl1_{t-1}$	0.087 (0.09)	0.402 (0.46)	1.688 *** (4.33)	1.524 *** (3.55)
$sl1 \times lev_{t-1}$	-0.544 (-0.36)	-0.894 (-0.69)	-0.992 *** (-2.78)	-0.680 * (-1.79)

续表

变量	大规模企业组		小规模企业组	
	(1) $fdum_t$	(2) $fdeg_t$	(3) $fdum_t$	(4) $fdeg_t$
lev_{t-1}	1.691 *** (4.93)	1.701 *** (4.91)	0.749 *** (5.16)	0.757 *** (4.89)
roa_{t-1}	−1.659 (−1.63)	−1.651 (−1.51)	−0.004 (−0.17)	−0.000 (−0.02)
$size_{t-1}$	−0.447 *** (−7.03)	−0.441 *** (−6.31)	−0.134 (−1.25)	−0.068 (−0.61)
$first_{t-1}$	−0.008 ** (−2.46)	−0.007 ** (−2.17)	−0.010 *** (−2.82)	−0.009 ** (−2.34)
btm_{t-1}	0.862 ** (2.56)	1.013 ** (2.33)	0.447 (1.43)	0.122 (0.37)
soe_t	−0.341 *** (−3.27)	−0.235 ** (−2.16)	0.095 (0.88)	0.139 (1.21)
$dual_{t-1}$	−0.086 (−0.59)	−0.114 (−0.74)	0.123 (1.18)	0.228 ** (2.08)
$dsize_{t-1}$	0.032 (1.24)	0.027 (0.99)	−0.015 (−0.51)	−0.012 (−0.38)
$big4_{t-1}$	0.090 (0.44)	−0.044 (−0.20)	−0.328 (−0.83)	−0.437 (−0.94)
常数项	7.858 *** (5.51)		0.540 (0.25)	
年度	控制	控制	控制	控制
行业	控制	控制	控制	控制
样本数	6014	6260	4425	4532
R^2	0.08	0.08	0.07	0.07

注：括号内为 Z 值，*** 、** 、* 分别表示在1%、5%、10%的水平上显著。

由表 3 - 4 可知，$sl1$ 和 $sl1 \times lev$ 的回归系数在小规模企业组中依然显著，而且符号与前文一致，但在大规模企业组中不显著。这说明，短债长用问题只会对小规模企业的财务欺诈行为产生影响，而不会影响大规模企业。正因为在大规模企业中短债长用不会影响企业财务欺诈，所以短债长用与杠杆率也不存在交互效应。这与上述理论分析结论一致。然而，*lev* 的回归系数无论在大规模企业组还是在小规模企业组中均显著。这说明过度负债导致的高杠杆率对任何企业都有负面影响。针对此结论的解释是，对于任何企业，当杠杆率过高时都会面临财务困境，为了应对不利局面，都有向外界释放利好信号的需求，如此便加剧了财务造假的动机。另外，从回归结果上看，由于在大规模企业中，短债长用的影响效果并不明显，所以杠杆率对财务欺诈的影响机制相对简单。由此可以推断，去杠杆政策在大规模企业中容易产生较好的政策效果，相对而言，在小规模企业中，杠杆率与短债长用对财务欺诈复杂的作用机制使得去杠杆政策难以发挥预期的正面效果。

第四节　本　章　小　结

通过将企业杠杆率与短债长用纳入同一分析框架，利用中国 A 股上市公司 2001～2018 年的财务数据，本章考察了杠杆率与短债长用对企业财务欺诈行为的影响。研究发现，较高的杠杆率和短债长用问题都会加剧企业财务欺诈的发生；此外，二者对财务欺诈有交互作用，但作用效果表现为抑制。异质性分析表明，短债长用对企业财务欺诈的影响只在小规模企业中显著，在大规模企业中不显著；但是，杠杆率对企业财务欺诈的影响不受企业规模的影响，在任何企业中都表现为前者对后者的加剧作用。以上发现呼应了刘晓光和刘元春（2019）的研究结论，为中国企业债务问题的研究提供的新的分析视角。本章的研究发现说明，债务问题对企业的影响，不仅表现在整体规模上，还表现在债务结构上，尤其是杠杆率与短债长用的交互效应更加值得关注。这些发现恰好与当前的杠杆政策相吻合。

结合本章研究结论，我们提出以下政策建议：

第一，去杠杆政策的制定和实施要综合考虑整体杠杆水平和企业债务结构不合理的问题。由于短债长用问题在中国企业中比较普遍，而且对企业的经营非常不利，因此应坚持"增加企业中长期融资"的政策方针。

第二，由于杠杆率与短债长用对企业财务欺诈的影响机制的复杂程度在不同规模企业中存在差异，所以我们应该继续坚持和深化货币政策实施的灵活性。对于大企业而言，可以采取去杠杆政策；但对于中小微企业，不能盲目地去杠杆，应通过窗口指导，调整企业债务结构，适当增加中长期债务规模。

第四章

数字金融能抑制企业财务欺诈吗？

本章将以 2011～2018 年我国 A 股上市公司为样本，借助北京大学数字金融研究中心编制的数字普惠金融指数，考察数字金融对企业财务欺诈的影响机制及效果。

第一节　理论分析及假设提出

一、数字金融通过弱化财务报表在信贷审批过程中的重要性来抑制财务欺诈

从企业进行财务欺诈的动机角度讲，外部融资需求也是企业进行财务欺诈的重要动机之一（Richardson et al. , 2003）。在技术和成本的约束下，传统金融机构的信用评估模型只注重借款人的收入、信用记录以及资产等财务信息，因此作为这些关键信息载体的财务报表成为银行等传统金融机构判断是否为潜在授信对象提供贷款的重要参考依据。由于在授信过程中，针对企业的内部信息，企业相对于银行具有信息优势，所以企

业为了以较低的成本融入足够规模的资金就有动机和机会进行财务造假。

数字金融机构的信用评估模式与传统金融机构完全不同。数字金融机构利用大数据、云计算以及人工智能等数字技术对借款人在互联网上留下的关于个人行为偏好以及交易记录等数据进行挖掘，可以提炼出极具商业价值的信息，从而构建极为精准的信贷评估模型，如此便大大降低了借贷双方之间的信息不对称，有效控制了信贷风险。曾鹏志等（2019）就发现，借款人在网贷平台上披露的软信息越多就越容易获得贷款。王会娟和廖理（2014）发现网贷平台中的信用认证机制可以有效揭示信用风险，借款人的信用评级直接影响着授信额度和成本。也就是说，在数字技术的支持下，关于潜在借款人的海量软信息数据已经成为构建信用评估模型的主要依据，数字金融机构对企业提供的财务报表数据的依赖性正在降低。因此，企业管理者因为融资需求而进行财务造假的动机被削弱了。

与此同时，数字金融机构利用数字技术对潜在借款人海量软信息数据的分析还可以成为企业财务报表数据的佐证材料，从而提高了针对企业管理者的外部监督效率，减少了企业管理者进行财务造假的机会。数字金融机构可以利用大数据技术分析与目标企业处于同一产业链的其他企业的运营数据以及企业管理者和员工在互联网上留存的行为数据，从而构建关于企业业绩的评估模型。这便大幅降低了企业内外部的信息不对称程度，大大提升了数字金融机构判断企业财务数据真伪的能力，在这种情况下，企业管理者进行财务欺诈的机会更少了。

基于以上分析，本章提出以下假设：

H1：数字金融可以抑制企业财务欺诈。

二、数字金融通过缓解企业所面临的融资约束抑制企业财务欺诈

潜在融资客户的资产规模、盈利能力等硬实力是传统金融机构判断是否为其提供融资的主要依据。在技术和成本的约束下，传统金融机构很难通过财务报表以外的其他渠道对企业进行更为全面和深入的了解，而企业作为信息优势的一方，有动机通过粉饰财务数据的方式来提升融资规模和降低融资成本。随着时间的推移，财务舞弊行为将被金融机构所知晓，因此会陷入逆向选择，许多优质企业被"错杀"，造成整个金融市场陷入金融错配的困境，

融资约束问题由此产生。而陷入融资约束的企业还会进一步粉饰财务数据以期待获取融资，如此便陷入恶性循环当中。企业内外部信息不对称是融资约束问题产生的根本原因（Jin et al.，2019），而数字金融则能通过缓解信息不对称来纾解融资约束问题，从而缓解企业的财务欺诈行为。随着线上生活的普及，企业和个人的交易记录和日常行为会留存于互联网并形成海量数据，数字金融机构利用大数据、云计算等数字技术可以从这些数据中挖掘出极富价值的信息，并用以评估潜在融资者的信用水平，从而提高了信贷风险管理能力，为一直被传统金融系统排除在外的企业提供融资，降低了金融服务的门槛。总之，在数字技术的支持下，数字金融机构能够挖掘更全面的企业信息，缓解信息不对称程度，降低信贷过程中的交易成本，扩大金融服务的覆盖面，纾解了企业所面临的融资约束问题，从而减少了企业采取财务欺诈行为的动机。基于此，本章提出以下假设：

H2：数字金融通过缓解企业所面临的融资约束问题来抑制企业财务欺诈。

三、数字金融通过降低企业杠杆率来抑制企业财务欺诈

债务契约与企业财务欺诈之间的关系早已被学者们关注（Dechow and Skinner，2000）。当企业杠杆率非常高时，债务契约的苛刻要求会促使企业管理者产生粉饰财务数据的动机，因此这类公司往往伴随着较高的财务欺诈发生率（Richardson et al.，2003）。数字金融能够从三个方面缓解企业的高杠杆压力，从而抑制财务欺诈。第一，依循前文逻辑，数字金融可以纾解企业的融资约束问题，这便使企业处于资金宽裕的预期当中，会提高企业之间的信用交易，提高了资金周转率，从整个产业链层面看会降低杠杆率。第二，数字金融中的股权众筹为企业提供了股权融资，提高了资产负债表中所有者权益的占比，也会使企业杠杆率降低。第三，数字金融项下的互联网理财，提高了企业闲置资金的额外收益，也在一定程度上降低了企业杠杆率。随着企业杠杆率的降低，企业所承受的债务压力也将减轻，从而缓解了进行财务欺诈的动机。基于此，本章提出以下假设：

H3：数字金融通过降低企业杠杆率来抑制企业财务欺诈行为。

四、数字金融通过缓解短债长用来抑制企业财务欺诈

中国企业的资本结构还存在债务与资产期限错配问题，主要表现为，企业普遍利用短期负债为长期投资项目融资，即短债长用。一方面，由于资本市场发展相对滞后，中国企业的融资渠道较为单一，主要通过银行贷款进行融资；另一方面，银行出于控制信贷风险、流动性风险管理以及避免企业的道德风险等因素考虑，更倾向于向企业发放短期贷款（马红等，2018）。在上述两个方面因素的作用下，短债长用成为中国企业融资结构的重要特征（白云霞等，2016），甚至有相当一部分企业始终没有长期贷款，需要不断滚动短期债务以支持长期投资（胡援成和刘明艳，2011；钟凯等，2016；钟宁桦等，2016）。

根据债务期限结构理论，短债长用会加剧债务人与债权人之间的代理冲突，并催生债务人的流动性风险（Myers，1977；Diamond，1991；Guedes and Opler，1996；Demarzo and Fishman，2007）。一方面，长期投资盈利速度较为缓慢，甚至相当长时间内都表现为现金净流出，这就导致企业长期处于资金短缺状态；另一方面，如以短期负债为主，每年都要还本付息，放大了偿债压力。两个方面的作用叠加便会加剧企业的流动性风险，甚至导致资金链断裂而破产（Acharya et al.，2011；Gopalan et al.，2014）。为了避免上述情况的发生，如何获取外部融资成为企业长期面临的迫切问题。由于企业财务数据是银行等金融机构发放贷款的重要参考指标，因此粉饰财务数据成为企业以较低的成本获取外部融资的"必要"手段。即短债长用所造成的企业长期资金短缺是企业进行财务造假的主要动机之一。

随着数字金融的发展，数字金融机构可以借助数字技术升级信息评估模型，提高风险管理能力，基于企业及其管理者的行为信息，可以有效甄别企业的真实经营状况，从而丰富企业融资渠道，降低融资成本，进而有效缓解投资与负债的期限错配的问题。如此，短债长用问题将得以解决，缓解了企业每年还本付息的压力，也减少了企业管理者被迫财务造假的行为。总之，数字金融可以通过缓解企业短债长用问题来抑制财务欺诈。

基于上述分析，本章提出以下假设：

H4：数字金融可以通过缓解企业短债长用来抑制财务欺诈。

第二节 研究设计

一、研究样本及数据来源

本章以我国 A 股上市公司为研究对象。样本区间为 2011～2018 年，原因在于数字普惠金融指数于 2011 年开始编制并更新到 2018 年。在剔除了金融类企业、被标记为 ST 的企业以及相关数据存在缺失的样本后，共获得 14321 个公司－年度观测值。其中，用来度量数字金融发展水平的"数字普惠金融指数"来自北京大学数字金融研究中心，地区层面的相关数据分别来自历年《中国统计年鉴》，企业财务数据均来自国泰安数据库（CSMAR）。为了避免极端值对实证结果的影响，对相关数据进行了缩尾（winsorize）处理或对数化处理。

二、变量选取

（一）数字金融

北京大学数字金融研究中心联合蚂蚁金服收集了海量数字金融数据，并从 2011 年起，每年公布数字普惠金融指数，数据涵盖了我国省域、市域以及县域层面，为我国数字金融的研究提供了可靠的数据支持。借鉴已有相关研究的做法（唐松等，2020），本章选取 2011～2018 年市域层面的数字普惠金融指数的对数值（dig）作为数字金融发展水平的核心度量指标。同时，在稳健性检验部分我们还分别采用数字普惠金融的覆盖广度（bre）和使用深度（dep）来度量数字金融发展水平，以保证实证结果的稳健性。

（二）财务欺诈

借鉴艾永芳等（2017）的做法，将企业违规数据库中被标记为"虚列资产""虚构利润""虚假陈述""推迟披露""重大遗漏"等违规行为作为财务欺诈样本，并通过构建虚拟变量的方式来定义财务欺诈指标（*fdum*）。如果某公司的财务数据披露行为在某年度至少存在上述五种情况之一，并至少被证券交易所、银保监会或财政部等部门中的一个认定为违规披露，则 *fdum* 取值为 1，否则为 0。

此外，我们还依据企业违规行为被惩罚级别来构建变量 *fdeg*，具体构建过程为：如果某公司在某年度未因财务欺诈被惩罚，则 *fdeg* 赋值为 0；如果仅有高管受罚但企业未受罚或惩罚类型为"其他"，则赋值为 1；如果惩罚类型为批评或谴责，赋值为 2；如果被惩罚类型为警告、罚款或没收非法所得，则赋值为 3。如果在某一年度，某公司因多种违规行为被惩罚，以惩罚程度最高的为准。

（三）中介变量

本章共涉及三个中介变量：融资约束、企业财务杠杆和短债长用。针对融资约束的度量，虽然企业的融资约束程度无法直接获得，但可以利用企业各项数据构建。本章参考姜付秀等（2016）的做法，通过构建 WW 指数（*ww*）来度量企业的融资约束程度，该指标越大，代表企业面临越大的融资约束困境。对于企业财务杠杆，本章利用企业资产负债率（*lev*）来度量。对于短债长用这一指标，参照刘晓光和刘元春（2019）的做法，利用企业短期负债占比与流动资产占比之差来构建短债长用指标（*sl*）。

（四）控制变量

为了避免其他可能对企业财务欺诈产生作用的因素的影响，在回归模型中，我们还引入了企业层面以及地区层面的控制变量。企业层面包括：企业规模（*size*），企业年末总资产加 1 取对数；总资产收益率（*roa*）；账面市值比（*btm*），年末总资产与年末总市值的比值；产权性质（*soe*），企业实际控制人为国有产权取值为 1，否则为 0；大股东持股比例（*first*），企业第一大股东持股比例；董事长与 CEO 是否两职合一（*dual*），如果董事长与 CEO 为同一人取 1，否则取 0；企业上市年限（*ipo*）；所选会计师事务所是否为四大会计师事务所之一（*big*4），如果企业聘请的会计师事务所为国际四大会计师事务所之一，则取值为 1，否则取 0。地区层面的包括：地区经济发展水平（*mgdp*），采用可比价计算的市域人均 GDP 来度量（单位为万元）；地区金融发展水平（*fdindex*）。

三、模型构建

（1）本章利用模型（4-1）来检验假设 H1。

$$fraud_{i,j,t} = \beta_0 + \beta_1 df_{j,t} + \sum \beta_k controls_{i,j,t} + yeardum + inddum + \varepsilon_{i,j,t}$$

$$(4-1)$$

其中，下标 i、j、t 分别代表企业、城市和年份。*fraud* 代表财务欺诈，本章分别用 *fdum* 和 *fdeg* 来度量。*df* 为区域数字金融发展水平，本章用北京大学数字金融研究中心所编制的"数字普惠金融指数"来度量。如果假设 H1 成立，那么其回归系数 $\beta_1 < 0$。*controls* 为控制变量集。*yeardum* 和 *inddum* 代表年度固定效应和行业固定效应。ε 为随机扰动项。

（2）为了检验假设 H2，本章构建了模型（4-2）和模型（4-3）。

$$ww_{i,j,t} = \beta_0 + \beta_2 df_{j,t} + \sum \beta_k controls_{i,j,t} + yeardum + inddum + \varepsilon_{i,j,t}$$

$$(4-2)$$

$$fruad_{i,j,t} = \beta_0 + \beta_3 df_{j,t} + \beta_4 ww_{i,j,t} + \sum \beta_k controls_{i,j,t} + yeardum + inddum + \varepsilon_{i,j,t}$$

$$(4-3)$$

其中，模型（4-2）检验了数字金融对企业融资约束的缓解作用。如果数字金融可以缓解企业融资约束，则参数 $\beta_2 < 0$。模型（4-3）检验了企业融资约束对企业财务欺诈的影响。按照本章理论分析的预期，应该有 $\beta_4 > 0$。

（3）本章通过构建模型（4-4）和模型（4-5）来检验假设 H3。

$$lev_{i,j,t} = \beta_0 + \beta_5 df_{j,t} + \sum \beta_k controls_{i,j,t} + yeardum + inddum + \varepsilon_{i,j,t}$$

$$(4-4)$$

$$fruad_{i,j,t} = \beta_0 + \beta_6 df_{j,t} + \beta_7 lev_{i,j,t} + \sum \beta_k controls_{i,j,t} + yeardum + inddum + \varepsilon_{i,j,t}$$

$$(4-5)$$

其中，模型（4-4）检验了数字金融对企业财务杠杆的影响。根据本章理论分析部分的推断，应该有 $\beta_5 < 0$。模型（4-5）检验了企业财务杠杆对企业财务欺诈的影响。如果 $\beta_7 > 0$，则说明高杠杆率会加剧企业财务欺诈的发生。

（4）本章通过构建模型（4-6）和模型（4-7）来检验假设 H4。

$$sl_{i,j,t} = \beta_0 + \beta_8 df_{j,t} + \sum \beta_k controls_{i,j,t} + yeardum + inddum + \varepsilon_{i,j,t}$$
$$(4-6)$$

$$fruad_{i,j,t} = \beta_0 + \beta_9 df_{j,t} + \beta_{10} sl_{i,j,t} + \sum \beta_k controls_{i,j,t} + yeardum + inddum + \varepsilon_{i,j,t}$$
$$(4-7)$$

其中，模型（4-6）检验了数字金融对企业财务杠杆的影响。根据本章理论分析部分的推断，应该有 $\beta_8 < 0$。模型（4-7）检验了企业财务杠杆对企业财务欺诈的影响。如果 $\beta_{10} > 0$，则说明高杠杆率会加剧企业财务欺诈的发生。

第三节 回归结果分析

一、主要的变量的描述性统计结果

表4-1给出了主要变量的描述性统计结果。其中，fdum 的均值为 0.134，说明样本期内存在财务欺诈行为的企业占比为 13.4%，这意味着财务欺诈现象在我国上市公司中仍然比较普遍，本章对其成因的研究具有一定现实意义。另外，两个用以度量企业财务欺诈程度的标准差都比较大，同时，代表区域绿色金融发展水平的三个指标的标准差和最值差异也相对较大，说明本章所选样本比较适合做比较分析。此外，其他变量的描述性统计结果均在合理范围内。

表4-1　　　　　　　　主要变量的描述性统计结果

变量	样本数	均值	标准差	最小值	最大值
fdum	14321	0.134	0.341	0.000	1.000
fdeg	14312	0.226	0.598	0.000	3.000
dig	14321	5.189	0.410	3.103	5.717

续表

变量	样本数	均值	标准差	最小值	最大值
bre	14321	5.189	0.399	1.808	5.674
dep	14321	5.170	0.423	2.602	5.789
ww	13713	−0.033	0.040	−0.334	0.437
lev	14321	0.419	0.213	0.035	0.994
size	14321	22.106	1.325	19.033	26.553
roa	14321	0.045	0.062	−0.305	0.269
btm	14321	0.617	0.241	0.089	1.190
soe	14321	0.462	0.499	0.000	1.000
first	14321	35.208	15.029	7.440	80.250
dual	14321	0.282	0.450	0.000	1.000
ipo	14321	9.393	7.178	0.000	28.000
big4	14321	0.450	0.498	0.000	1.000
mgdp	14321	1.046	0.869	0.011	3.633
fdindex	14321	3.744	1.682	1.528	8.131

二、数字金融对企业财务欺诈影响的回归结果分析

(一) 基础回归结果

表 4-2 第（1）（2）列给出了数字金融对企业财务欺诈的基础回归结果。结果显示，在控制了其他可能对企业财务欺诈行为产生影响的因素后，当分别以 *fdum* 和 *fdeg* 为被解释变量，以数字普惠金融指数（*dig*）为解释变量时，*dig* 的回归系数分别为 −1.105 和 −0.967，并均在 1% 的水平上显著，说明数字金融确实可以抑制企业财务欺诈行为的发生，与本章假设 H1 的预期一致。

表 4 - 2　　　　　　数字金融对企业财务欺诈影响的回归结果

变量	基础回归		稳健性检验 1		稳健性检验 2	
	(1) $fdum_t$	(2) $fdeg_t$	(3) $fdum_t$	(4) $fdeg_t$	(5) $fdum_t$	(6) $fdeg_t$
dig_t	-1.105*** (-4.28)	-0.967** (-4.23)				
bre_t			-0.700*** (-4.18)	-0.538*** (-3.58)		
dep_t					-0.875*** (-4.55)	-1.086*** (-6.02)
lev_t	1.116*** (6.34)	0.920*** (5.60)	1.128*** (6.41)	0.932*** (5.67)	1.106*** (6.27)	0.900*** (5.46)
$size_t$	-0.076** (-2.38)	-0.068** (-2.27)	-0.077** (-2.39)	-0.068** (-2.27)	-0.079** (-2.25)	-0.071** (-2.36)
roa_t	-5.640*** (-11.21)	-6.173*** (-12.93)	-5.646*** (-11.22)	-6.183*** (-12.95)	-5.616*** (-11.67)	-6.133*** (-12.86)
btm_t	-0.271 (-1.64)	0.083 (0.54)	-0.270 (-1.63)	0.084 (0.55)	-0.262 (0.80)	0.094 (0.61)
soe_t	-0.531*** (-7.05)	-0.426*** (-6.09)	-0.523*** (-6.96)	-0.416*** (-5.97)	-0.544*** (-6.68)	-0.453*** (-6.43)
$first_t$	-0.008*** (-3.99)	-0.009*** (-5.21)	-0.008*** (-4.02)	-0.010*** (-5.23)	-0.009*** (-4.15)	-0.009*** (-5.17)
$dual_t$	0.026 (0.45)	0.086 (1.58)	0.026 (0.44)	0.085 (1.57)	0.027 (0.48)	0.088 (1.61)
ipo_t	0.017*** (3.09)	0.008 (1.54)	0.017*** (3.08)	0.008 (1.53)	0.017*** (3.15)	0.009 (1.63)
$big4_t$	-0.130** (-2.36)	-0.055 (-1.08)	-0.131** (-2.38)	-0.056 (-1.11)	-0.130** (-2.37)	-0.054 (-1.07)
$mgdp_t$	0.096*** (2.73)	0.084*** (2.60)	0.095*** (2.66)	0.074** (2.27)	0.059* (1.84)	0.064** (2.20)
$fdindex_t$	0.016 (0.88)	-0.030* (-1.76)	0.011 (0.61)	-0.037** (-2.18)	-0.015 (0.87)	-0.022 (-1.30)

续表

变量	基础回归		稳健性检验 1		稳健性检验 2	
	(1) $fdum_t$	(2) $fdeg_t$	(3) $fdum_t$	(4) $fdeg_t$	(5) $fdum_t$	(6) $fdeg_t$
常数项	5.367*** (4.33)		3.727*** (3.92)		5.849*** (5.29)	
样本数	14312	14321	14312	14321	14312	14321
R^2	0.061	0.053	0.061	0.053	0.052	0.054

注：括号内为 Z 值，***、**、* 分别表示在 1%、5%、10% 的水平上显著。

（二）稳健性检验

出于稳健性考虑，本章还分别采用数字普惠金融的覆盖广度（bre）和使用深度（dep）来度量数字金融发展水平，并重新进行回归估计。表 4-2 第（3）（4）（5）（6）列汇报了当分别以 bre 和 dep 为解释变量时的回归结果，结果显示 bre 和 dep 的回归系数均显著为负，说明无论是数字金融的覆盖广度还是使用深度都对企业财务欺诈均有抑制作用。同时，这一回归结果也表明本章实证结论与假设 H1 的预期是一致的，即数字金融可以缓解企业的财务欺诈行为。

（三）回归结果分析

上述基础回归和稳健性检验结果均支持本章假设 H1 的观点，即数字金融可以抑制企业财务欺诈。究其原因，有如下三种可能：第一，数字技术的应用通过降低企业内外部信息不对称，直接对企业财务欺诈行为起到了抑制作用。数字金融机构利用数字技术可以将企业财务报表以外的关于企业的许多软硬信息进行数据化，通过对这些数据的分析，可以提炼出极富商业价值的信息。基于这些信息，一方面，数字金融机构可以通过企业所提供的财务报表以外的其他途径了解企业最真实的财务状况和经营绩效，如此便弱化了财务报表在融资评估过程中的重要性，从而也减少了企业管理者进行财务欺诈的动机；另一方面，对这些财务报表以外的软硬信息的分析有助于数字金融机构对企业所提供财务报表真伪的鉴别，相当于完善了企业财务信息披露的外部监督环境，减少了企业管理者进行财务造假的机会。第二，数字金融通过缓解企业融资约束，减少了企业进行财务欺诈的动机，从而间接地缓解了企业财务欺诈行为的发生率。第三，数字金融通过降低企业杠杆率，减少了来自债务契约对企业的压力，从而间接地减少了企业进行财务欺诈的动机。那么数字金融对企业财务欺诈的影响机制究竟如何则有待进一步检验。

三、数字金融抑制企业财务欺诈的内在机制检验

（一）基于缓解融资约束的间接作用检验

表4-3给出了数字金融通过缓解企业所面临的融资约束对企业财务欺诈的间接抑制作用效果的回归分析结果。表4-3第（1）（4）（7）列结果显示，当采用WW指数（ww）来度量融资约束时，用以度量数字金融发展水平的三个指标的回归系数均显著为负，说明数字金融确实可以抑制企业所面临的融资约束问题；同时，第（2）（3）列、第（5）（6）列、第（8）（9）列结果显示，ww对两个代表企业财务欺诈程度指标的回归系数均显著为正，说明融资约束问题也确实加剧了企业财务欺诈的发生率。以上两组回归结果表明，融资约束确实是数字金融抑制企业财务欺诈的中介变量，也就是说，数字金融基于缓解融资约束对企业财务欺诈的间接影响路径是存在的。数字金融在数字技术的支持下：一方面，缓解了企业内外部信息不对称问题，提升了信贷风险的管理能力；另一方面，突破了物理空间限制，拓展了金融服务的覆盖范围。如此便丰富了企业获取融资的渠道，降低了的融资成本，从而缓解了融资约束问题，进而减少了企业进行财务欺诈的动机，最终抑制了财务欺诈的发生。

表4-3　　　　　　　　　　　基于融资约束的间接效应检验

变量	基于数字金融发展指数的回归结果			基于数字金融覆盖广度的回归结果			基于数字金融使用深度的回归结果		
	(1) ww_t	(2) $fdum_t$	(3) $fdeg_t$	(4) ww_t	(5) $fdum_t$	(6) $fdeg_t$	(7) ww_t	(8) $fdum_t$	(9) $fdeg_t$
dig_t	-0.009*** (-2.85)	-1.088*** (-4.16)	-1.015*** (-4.38)						
bre_t				-0.003* (-1.71)	-0.689*** (-4.09)	-0.552*** (-3.64)			

续表

变量	基于数字金融发展指数的回归结果			基于数字金融覆盖广度的回归结果			基于数字金融使用深度的回归结果		
	(1) ww_t	(2) $fdum_t$	(3) $fdeg_t$	(4) ww_t	(5) $fdum_t$	(6) $fdeg_t$	(7) ww_t	(8) $fdum_t$	(9) $fdeg_t$
dep_t							-0.009 ***	-0.821 ***	-1.110 ***
							(-3.68)	(-4.20)	(-6.05)
ww_t		3.452 ***	3.278 ***		3.494 ***	3.327 ***		3.433 ***	3.219 ***
		(3.92)	(3.99)		(3.96)	(4.04)		(3.89)	(3.92)
lev_t	0.008 ***	1.128 ***	0.936 ***	0.008 ***	1.139 ***	0.947 ***	0.008 ***	1.119 ***	0.917 ***
	(3.60)	(6.38)	(5.66)	(3.65)	(6.45)	(5.73)	(3.53)	(6.32)	(5.52)
$size_t$	-0.003 ***	-0.086 ***	-0.069 **	-0.003 ***	-0.086 ***	-0.069 **	-0.003 ***	-0.088 ***	-0.073 **
	(-7.17)	(-2.60)	(-2.26)	(-7.18)	(-2.60)	(-2.25)	(-7.22)	(-2.67)	(-2.36)
roa_t	-0.284 ***	-4.301 ***	-5.013 ***	-0.284 ***	-4.297 ***	-5.011 ***	-0.284 ***	-4.282 ***	-4.988 ***
	(-36.51)	(-7.77)	(-9.49)	(-36.55)	(-7.76)	(-9.49)	(-36.40)	(-7.74)	(-9.46)
btm_t	-0.019 ***	-0.094	0.197	-0.019 ***	-0.093	0.198	-0.019 ***	-0.084	0.207
	(-10.27)	(-0.56)	(1.25)	(-10.28)	(-0.55)	(1.25)	(-10.21)	(-0.50)	(1.31)
soe_t	0.001	-0.518 ***	-0.419 ***	0.001 *	-0.510 ***	-0.409 ***	0.001	-0.529 ***	-0.445 ***
	(1.63)	(-6.83)	(-5.91)	(1.77)	(-6.75)	(-5.79)	(1.36)	(-6.92)	(-6.24)
$first_t$	-0.000	-0.007 ***	-0.009 ***	-0.000	-0.007 ***	-0.009 ***	-0.000	-0.007 ***	-0.009 ***
	(-0.78)	(-3.71)	(-4.88)	(-0.81)	(-3.73)	(-4.90)	(-0.73)	(-3.71)	(-4.84)
$dual_t$	0.000	0.040	0.097 *	0.000	0.040	0.097 *	0.000	0.041	0.099 *
	(0.18)	(0.67)	(1.76)	(0.18)	(0.66)	(1.76)	(0.19)	(0.69)	(1.80)
ipo_t	0.001 ***	0.010 *	0.002	0.001 ***	0.010 *	0.002	0.001 ***	0.010 *	0.003
	(10.56)	(1.80)	(0.45)	(10.56)	(1.78)	(0.44)	(10.62)	(1.84)	(0.54)
$big4_t$	0.001	-0.138 **	-0.067	0.001	-0.139 **	-0.069	0.001	-0.139 **	-0.067
	(0.94)	(-2.49)	(-1.32)	(0.91)	(-2.51)	(-1.35)	(0.94)	(-2.52)	(-1.32)
$mgdp_t$	-0.001 *	0.096 ***	0.084 **	-0.001 **	0.094 ***	0.072 **	-0.001 **	0.057 *	0.062 **
	(-1.70)	(2.67)	(2.55)	(-2.30)	(2.62)	(2.18)	(-2.51)	(1.76)	(2.08)
$fdindex_t$	0.000 **	0.016	-0.027	0.000 *	0.011	-0.035 **	0.001 **	0.014	-0.019
	(2.30)	(0.87)	(-1.58)	(1.90)	(0.61)	(-2.03)	(2.57)	(0.79)	(-1.14)
常数项	0.081 ***	5.480 ***		0.060 ***	3.857 ***		0.082 ***	4.414 ***	
	(5.62)	(4.36)		(5.50)	(4.02)		(6.63)	(4.25)	
间接效应占比		2.81%	2.82%		1.50%	1.78%		3.63%	2.54%
样本数	13713	13704	13713	13713	13704	13713	13713	13704	13713
R^2	0.255	0.059	0.051	0.258	0.059	0.051	0.257	0.062	0.052

注：括号内为 Z 值，*** 、** 、* 分别表示在 1%、5%、10% 的水平上显著。

　　然而，表4－3中给出的基于融资约束的间接效应占比均不足4%，说明虽然数字金融通过缓解企业所面临的融资约束而对企业财务欺诈产生的间接作用是存在的，但这一作用的实际效果却并不显著。

（二）基于降低企业杠杆水平的间接作用检验

　　表4－4汇报了数字金融通过降低企业财务杠杆从而缓解债务契约压力对财务欺诈的间接作用效果的回归结果。第（1）（7）列结果显示，数字金融发展总指数和数字金融使用深度对企业财务杠杆的回归系数均显著为负，第（4）列结果显示数字金融覆盖广度对企业财务杠杆的回归系数为负，但在统计上不显著。这在一定程度上表明数字金融的发展可以降低企业杠杆率。同时，第（2）（3）列、第（5）（6）列、第（8）（9）列结果显示，企业杠杆率对企业财务欺诈发生率和严重程度均有促进作用，说明高杠杆带来的负债压力确实是造成企业财务欺诈的原因之一。上述两组回归结果说明，杠杆率是数字金融抑制企业财务欺诈的中介变量，即数字金融可以通过降低企业杠杆率来抑制企业财务欺诈，支持了本章假设H3。首先，数字金融缓解了企业所面临的融资约束问题，营造了宽松的融资环境，减少了企业之间的交易摩擦，提高了信用交易占比，从而降低了企业杠杆率。其次，数字金融项下的互联网众筹提高了企业融资结构中的股权融资占比，从而降低了杠杆率。最后，互联网理财提高了企业闲置资金的投资回报率，也在一定程度上降低了企业杠杆率。企业杠杆率的降低，减轻了企业负债压力，从而减少了进行财务欺诈的动机。

表4－4　　　　　　　　　基于企业财务杠杆的间接效应检验

变量	基于数字金融发展指数的回归结果			基于数字金融覆盖广度的回归结果			基于数字金融使用深度的回归结果		
	（1）lev	（2）fdum	（3）fdeg	（4）lev	（5）fdum	（6）fdeg	（7）lev	（8）fdum	（9）fdeg
dig_t	-0.041*** (-3.17)	-1.105*** (-4.28)	-0.967*** (-4.23)						
bra_t				-0.012 (-1.36)	-0.700*** (-4.18)	-0.538*** (-3.58)			
dep_t							-0.050*** (-4.86)	-0.875*** (-4.55)	-1.086*** (-6.02)

变量	基于数字金融发展指数的回归结果			基于数字金融覆盖广度的回归结果			基于数字金融使用深度的回归结果		
	(1) lev	(2) fdum	(3) fdeg	(4) lev	(5) fdum	(6) fdeg	(7) lev	(8) fdum	(9) fdeg
lev_t		1.116 *** (6.34)	0.920 *** (5.60)		1.128 *** (6.41)	0.932 *** (5.67)		1.106 *** (6.27)	0.900 *** (5.46)
$size_t$	0.075 *** (55.85)	− 0.076 ** (− 2.38)	− 0.068 ** (− 2.27)	0.075 *** (55.87)	− 0.077 ** (− 2.39)	− 0.068 ** (− 2.27)	0.075 *** − 55.68	− 0.078 ** (− 2.45)	− 0.071 ** (− 2.36)
roa_t	− 1.086 *** (− 36.81)	− 5.640 *** (− 11.21)	− 6.173 *** (− 12.93)	− 1.088 *** (− 36.84)	− 5.646 *** (− 11.22)	− 6.183 *** (− 12.95)	− 1.082 *** (− 36.67)	− 5.616 *** (− 11.17)	− 6.133 *** (− 12.86)
btm_t	− 0.005 (− 0.61)	− 0.271 (− 1.64)	0.083 (0.54)	− 0.005 (− 0.62)	− 0.270 (− 1.63)	0.084 (0.55)	− 0.004 (− 0.55)	− 0.262 (− 1.58)	0.094 (0.61)
soe_t	0.037 *** (10.79)	− 0.531 *** (− 7.05)	− 0.426 *** (− 6.09)	0.038 *** (11.00)	− 0.523 *** (− 6.96)	− 0.416 *** (− 5.97)	0.035 *** − 10.32	− 0.544 *** (− 7.16)	− 0.453 *** (− 6.43)
$first_t$	− 0.000 * (− 1.92)	− 0.008 *** (− 3.99)	− 0.009 *** (− 5.21)	− 0.000 * (− 1.95)	− 0.008 *** (− 4.02)	− 0.010 *** (− 5.23)	− 0.000 * (− 1.83)	− 0.008 *** (− 3.98)	− 0.009 *** (− 5.17)
$dual_t$	0.002 (0.87)	0.026 (0.45)	0.086 (1.58)	0.002 (0.87)	0.026 (0.44)	0.085 (1.57)	0.002 − 0.88	0.027 (0.46)	0.088 (1.61)
ipo_t	0.002 *** (8.86)	0.017 *** (3.09)	0.008 (1.54)	0.002 *** (8.87)	0.017 *** (3.08)	0.008 (1.53)	0.002 *** − 8.98	0.017 *** (3.15)	0.009 (1.63)
$big4_t$	− 0.005 * (− 1.78)	− 0.130 ** (− 2.36)	− 0.055 (− 1.08)	− 0.005 * (− 1.82)	− 0.131 ** (− 2.38)	− 0.056 (− 1.11)	− 0.005 * (− 1.77)	− 0.130 ** (− 2.37)	− 0.054 (− 1.07)
$mgdp_t$	0.005 *** (2.64)	0.096 *** (2.73)	0.084 *** (2.60)	0.003 * (1.74)	0.095 *** (2.66)	0.074 ** (2.27)	0.004 ** − 2.53	0.059 * (1.84)	0.064 ** (2.20)
$fdindex_t$	− 0.004 *** (− 5.31)	0.016 (0.88)	− 0.030 * (− 1.76)	− 0.005 *** (− 6.13)	0.011 (0.61)	− 0.037 ** (− 2.18)	− 0.004 *** (− 4.68)	0.015 (0.87)	− 0.022 (− 1.30)
常数项	− 1.012 *** (− 16.50)	5.367 *** (4.33)		− 1.131 *** (− 24.04)	3.727 *** (3.92)		− 0.970 *** (− 18.14)	4.452 *** (4.36)	
间接效应占比		3.98%	3.75%		1.90%	2.04%		5.94%	3.98%
样本数	14321	14312	14321	14321	14312	14321	14321	14312	14321
R^2	0.513	0.061	0.053	0.513	0.061	0.053	0.514	0.061	0.054

注：括号内为 Z 值，***、**、* 分别表示在 1%、5%、10% 的水平上显著。

与此同时，表 4-4 中所列示的数字金融基于企业杠杆率对企业财务欺诈的间接作用效果占比均不足 6%，这意味着，该影响路径的实际作用效果在经济上并不显著。

（三）基于短债长用的间接效应检验

表4-5汇报了数字金融通过缓解企业短债长用问题从而缓解短期偿债压力对财务欺诈的间接作用效果的回归结果。第（1）（4）（7）列结果显示，数字金融发展总指数、数字金融覆盖广度和数字金融使用深度对企业所面临的短债长用问题的回归系数均显著为负。这在一定程度上表明数字金融的发展可以缓解企业所面临的短债长用问题。同时，第（2）（3）列、第（5）（6）列、第（8）（9）列结果显示，短债长用对企业财务欺诈发生率和严重程度均有促进作用，说明短债长用带来的短期偿债压力确实是造成企业财务欺诈的原因之一。上述两组回归结果说明，短债长用是数字金融抑制企业财务欺诈的中介变量，即数字金融可以通过缓解短债长用问题来抑制企业财务欺诈，支持了本章假设H4。一方面，借助数字技术数字金融机构可以加深对目标企业的了解，充分识别企业投资结构和债务结构，并按实际情况为企业提供相应期限的融资，缓解了资金的期限错配问题。另一方面，数字金融缓解了企业所面临的融资约束问题，营造了宽松的融资环境，在一定程度上解决了企业投资与负债的期限错配问题。企业所面临的短债长用问题的解决，减轻了企业短期偿债压力，从而减少了进行财务欺诈的动机。

表4-5　　　　　　　　　基于企业短债长用的间接效应检验

变量	基于数字金融发展指数的回归结果			基于数字金融覆盖广度的回归结果			基于数字金融使用深度的回归结果		
	(1) sl	(2) $fdum$	(3) $fdeg$	(4) sl	(5) $fdum$	(6) $fdeg$	(7) sl	(8) $fdum$	(9) $fdeg$
dig_t	-0.062*** (-4.16)	-1.096*** (-4.20)	-1.019*** (-4.39)						
bra_t				-0.038*** (-3.66)	-0.664*** (-3.94)	-0.530*** (-3.49)			
dep_t							-0.030** (-2.30)	-0.896*** (-4.63)	-1.171*** (-6.44)
sl_t		0.767*** (5.75)	0.643*** (5.14)		0.773*** (5.79)	0.652*** (5.21)		0.778*** (5.84)	0.648*** (5.18)

续表

变量	基于数字金融发展指数的回归结果			基于数字金融覆盖广度的回归结果			基于数字金融使用深度的回归结果		
	(1) *sl*	(2) *fdum*	(3) *fdeg*	(4) *sl*	(5) *fdum*	(6) *fdeg*	(7) *sl*	(8) *fdum*	(9) *fdeg*
$size_t$	0.070 *** (38.27)	-0.058 * (-1.83)	-0.049 (-1.64)	0.070 *** (38.26)	-0.058 * (-1.81)	-0.049 (-1.63)	0.070 *** (38.17)	-0.062 * (-1.95)	-0.054 * (-1.82)
roa_t	-1.329 *** (-32.96)	-5.681 *** (-11.36)	-6.222 *** (-12.92)	-1.330 *** (-32.99)	-5.695 *** (-11.39)	-6.237 *** (-12.95)	-1.326 *** (-32.85)	-5.629 *** (-11.27)	-6.151 *** (-12.78)
btm_t	-0.014 (-1.28)	-0.170 (-1.01)	0.138 (0.88)	-0.014 (-1.27)	-0.169 (-1.00)	0.139 (0.88)	-0.012 (-1.14)	-0.161 (-0.95)	0.149 (0.94)
soe_t	0.015 *** (3.47)	-0.482 *** (-6.35)	-0.385 *** (-5.45)	0.016 *** (3.63)	-0.473 *** (-6.25)	-0.374 *** (-5.31)	0.016 *** (3.60)	-0.497 *** (-6.49)	-0.415 *** (-5.83)
$first_t$	-0.000 *** (-3.20)	-0.007 *** (-3.61)	-0.009 *** (-4.73)	-0.000 *** (-3.23)	-0.007 *** (-3.64)	-0.009 *** (-4.76)	-0.000 *** (-3.21)	-0.007 *** (-3.60)	-0.009 *** (-4.68)
$dual_t$	-0.002 (-0.45)	0.044 (0.73)	0.100 * (1.80)	-0.002 (-0.46)	0.043 (0.73)	0.100 * (1.80)	-0.002 (-0.51)	0.045 (0.75)	0.102 * (1.84)
ipo_t	0.005 *** (13.84)	0.012 ** (2.13)	0.004 (0.71)	0.005 *** (13.82)	0.012 ** (2.13)	0.004 (0.69)	0.005 *** (13.84)	0.012 ** (2.17)	0.004 (0.78)
$big4_t$	-0.002 (-0.63)	-0.146 *** (-2.62)	-0.072 (-1.41)	-0.002 (-0.65)	-0.147 *** (-2.65)	-0.074 (-1.44)	-0.003 (-0.75)	-0.146 *** (-2.63)	-0.071 (-1.39)
$mgdp_t$	-0.003 *** (-4.62)	0.097 *** (2.72)	0.086 *** (2.60)	-0.003 *** (-4.66)	0.093 *** (2.57)	0.072 ** (2.15)	-0.003 *** (-5.33)	0.061 * (1.88)	0.066 ** (2.21)
$fdindex_t$	-0.008 *** (-7.81)	0.018 (1.01)	-0.025 (-1.42)	-0.009 *** (-8.28)	0.013 (0.71)	-0.033 * (-1.90)	-0.009 *** (-8.40)	0.019 (1.05)	-0.015 (-0.88)
常数项	-1.445 *** (-20.00)	5.549 *** (4.41)		-1.545 *** (-26.85)	3.788 *** (3.93)		-1.574 *** (-23.45)	4.794 *** (4.60)	
间接效应占比		4.16%	3.77%		4.24%	4.47%		2.54%	1.63%
样本数	14291	13678	13687	14291	13678	13687	14291	13678	13687
R^2	0.513	0.061	0.053	0.513	0.061	0.053	0.514	0.061	0.054

注：括号内为 Z 值，*** 、** 、* 分别表示在 1%、5%、10% 的水平上显著。

与此同时，表 4-5 中所列示的数字金融基于缓解短债长用对企业财务欺诈的间接作用效果占比均不足 5%，这意味着，该影响路径的实际作用效果在经济上并不显著。

（四）数字金融抑制企业财务欺诈的影响路径讨论

基于表 4-2 至表 4-5 的回归结果，我们发现，一方面，数字金融对企业财务欺诈的影响路径共有四条：第一条，数字技术针对财务报表之外信息的大数据分析弱化了财务报表在信贷审批过程中的重要性，并可以对企业提供的财务报表的信息质量进行有效鉴别，直接减少了企业管理者进行财务欺诈的动机和机会；第二条，数字金融通过拓宽企业融资渠道和降低融资成本缓解了企业所面临的融资约束，从而抑制了财务欺诈；第三条，数字金融通过降低企业财务杠杆而对企业财务欺诈产生间接抑制作用；第四条，数字金融通过缓解企业所面临的短债长用问题而对企业财务欺诈产生间接抑制作用。另一方面，数字金融对企业财务欺诈产生抑制作用的三条间接作用路径虽然在统计上显著，但实际的经济意义并不明显。上述回归结果说明，数字金融对企业财务欺诈的抑制作用主要源于数字技术的应用从根本上颠覆了传统的信用评价体系，而不是通过对融资难问题的解决来发挥治理作用的。或者说，从根本上讲，数字金融机构借助大数据、云计算以及人工智能等数字技术打破了企业管理者对于企业信息的垄断地位，解决了一直困扰金融系统的信息不对称难题。数字金融机构不仅可以通过企业提供的财务报表来了解企业的运行状况，还可以通过数据化的企业及其管理者行为的软信息来了解企业，而且后者往往比前者更有助于信用评估，并能对其进行验证。如此一来，企业管理者所提供的财务报表在信贷审批过程中的作用便被弱化，同时财务造假行为也容易被识破，从而减少了企业管理者进行财务造假的动机和条件。与此同时，数字金融并不是解决了所有企业所面临的融资约束问题，而是借助数字技术提高了金融机构甄别企业品质的能力，使潜在的优质企业获得更多融资，而劣质企业则更难融到资金。因此，从融资约束角度讲，一方面，数字金融化解了优质企业所面临的融资难的问题，从而减少了其进行财务欺诈的动机；另一方面，也会使劣质企业融资更难，从而加剧其财务造假的动机，所以从总体上看，数字金融对企业融资约束的抑制作用就不够显著，也就难以通过此路径对财务欺诈行为产生抑制作用。而财务杠杆路径和短债长用路径与融资约束路径是一脉相承的，所以在此不再赘述。

四、数字金融对企业财务欺诈产生影响的异质性分析

(一)基于企业规模的异质性分析

我国传统的金融体系以银行等中介机构为主导,在信息技术有限的条件下,银企之间存在着严重的信息不对称问题。在有限成本的约束下,银行为了控制信贷风险,在其信贷审批模型中加重了对抵押品、财务报表以及信用记录等硬信息的关注,这难免会导致金融错配问题的出现。大规模企业因为抵押品充足便成为银行所青睐的对象,而小规模企业因为抵押品不足经常被银行歧视,为了获取融资,不得不通过粉饰财务数据来以假乱真,但长此以往,中小企业便被贴上了财务数据不实的标签,银行也只能对其采取逆向选择的策略,致使其陷入"融资难→财务欺诈→融资难"的恶性循环当中。然而,数字金融的发展似乎正在从更根本上解决上述问题。数字金融机构可以借助数字技术获取和分析财务报表以外的关于企业真实情况的软信息和硬信息,这些信息不仅可以替代财务报表,还可以对财务报表进行验证,如此便降低了金融机构与中小企业之间的信息不对称,使金融资源流入资源配置效率最高的企业中去,从而降低了中小企业进行财务欺诈的机会的动机。所以,本章认为数字金融对企业财务欺诈的抑制作用可能存在异质性,即在小规模企业中显著,在大规模企业中不显著。为了验证上述观点,本章将样本按企业规模的全样本均值划分为大规模企业组和小规模企业组,并重新进行回归分析,回归结果如表4-6至表4-8所示。

表4-6　　　　　基于企业规模的异质性分析结果(小规模企业回归结果)

变量	基于数字金融总指数的回归结果		基于数字金融覆盖面的回归结果		基于数字金融使用深度的回归结果	
	(1) $fdum_t$	(2) $fdeg_t$	(3) $fdum_t$	(4) $fdeg_t$	(5) $fdum_t$	(6) $fdeg_t$
dig_t	-1.179*** (-3.30)	-1.158*** (-3.71)				
bre_t			-0.801*** (-3.60)	-0.659*** (-3.29)		

续表

变量	基于数字金融总指数的回归结果		基于数字金融覆盖面的回归结果		基于数字金融使用深度的回归结果	
	(1) $fdum_t$	(2) $fdeg_t$	(3) $fdum_t$	(4) $fdeg_t$	(5) $fdum_t$	(6) $fdeg_t$
dep_t					−0.766 *** (−2.80)	−1.280 *** (−4.98)
lev_t	0.860 *** (3.70)	0.662 *** (3.05)	0.877 *** (3.77)	0.675 *** (3.11)	0.848 *** (3.64)	0.644 *** (2.96)
$size_t$	0.065 (0.77)	−0.006 (−0.08)	0.064 (0.77)	−0.007 (−0.08)	0.064 (0.76)	−0.007 (−0.09)
roa_t	−5.580 *** (−8.66)	−6.262 *** (−9.78)	−5.588 *** (−8.67)	−6.280 *** (−9.80)	−5.575 *** (−8.65)	−6.222 *** (−9.74)
btm_t	−0.668 ** (−2.48)	−0.063 (−0.26)	−0.661 ** (−2.45)	−0.057 (−0.24)	−0.656 ** (−2.44)	−0.049 (−0.20)
soe_t	−0.583 *** (−4.68)	−0.530 *** (−4.73)	−0.572 *** (−4.59)	−0.516 *** (−4.62)	−0.591 *** (−4.72)	−0.564 *** (−5.02)
$first_t$	−0.006 * (−1.96)	−0.007 ** (−2.33)	−0.006 ** (−1.96)	−0.007 ** (−2.34)	−0.006 ** (−1.98)	−0.007 ** (−2.32)
$dual_t$	0.062 (0.77)	0.073 (0.97)	0.061 (0.76)	0.072 (0.96)	0.063 (0.78)	0.076 (1.01)
ipo_t	0.036 *** (3.94)	0.032 *** (3.63)	0.036 *** (3.91)	0.032 *** (3.61)	0.037 *** (4.02)	0.033 *** (3.75)
$big4_t$	−0.143 * (−1.80)	−0.067 (−0.92)	−0.143 * (−1.80)	−0.069 (−0.95)	−0.146 * (−1.83)	−0.066 (−0.91)
$mgdp_t$	0.174 *** (3.61)	0.138 *** (3.07)	0.179 *** (3.72)	0.128 *** (2.84)	0.126 *** (2.85)	0.111 *** (2.71)
$fdindex_t$	0.023 (0.92)	−0.005 (−0.22)	0.020 (0.80)	−0.012 (−0.51)	0.017 (0.68)	0.001 (0.06)
常数项	3.050 (1.36)		1.517 (0.78)		1.370 (0.67)	
样本数	6688	6698	6688	6698	6688	6698
R^2	0.062	0.051	0.063	0.052	0.054	0.051

注：括号内为 Z 值，***、**、* 分别表示在1%、5%、10%的水平上显著。

表4-7 　　　　　　基于企业规模的异质性分析结果（大规模企业回归结果）

变量	基于数字金融总指数的回归结果		基于数字金融覆盖面的回归结果		基于数字金融使用深度的回归结果	
	(1) $fdum_t$	(2) $fdeg_t$	(3) $fdum_t$	(4) $fdeg_t$	(5) $fdum_t$	(6) $fdeg_t$
dig_t	-1.089*** (-2.83)	-0.985*** (-2.84)				
bre_t			-0.553** (-2.12)	-0.438* (-1.87)		
dep_t					-1.032*** (-3.61)	-1.103*** (-4.21)
lev_t	1.372*** (4.86)	1.268*** (4.73)	1.385*** (4.91)	1.284*** (4.80)	1.358*** (4.80)	1.242*** (4.62)
$size_t$	-0.286*** (-5.72)	-0.204*** (-4.54)	-0.286*** (-5.72)	-0.204*** (-4.54)	-0.291*** (-5.81)	-0.210*** (-4.67)
roa_t	-4.713*** (-5.43)	-5.489*** (-6.93)	-4.712*** (-5.43)	-5.483*** (-6.94)	-4.657*** (-5.36)	-5.435*** (-6.86)
btm_t	0.373 (1.53)	0.356 (1.57)	0.376 (1.54)	0.358 (1.58)	0.383 (1.57)	0.365 (1.61)
soe_t	-0.477*** (-4.97)	-0.344*** (-3.74)	-0.466*** (-4.88)	-0.333*** (-3.63)	-0.496*** (-5.12)	-0.370*** (-3.99)
$first_t$	-0.007*** (-2.68)	-0.010*** (-3.87)	-0.007*** (-2.71)	-0.010*** (-3.91)	-0.007*** (-2.64)	-0.010*** (-3.82)
$dual_t$	0.042 (0.47)	0.164** (1.99)	0.044 (0.49)	0.165** (2.01)	0.043 (0.47)	0.165** (2.00)
ipo_t	-0.013* (-1.89)	-0.020*** (-2.96)	-0.013* (-1.89)	-0.020*** (-2.98)	-0.013* (-1.89)	-0.020*** (-2.94)
$big4_t$	-0.117 (-1.51)	-0.058 (-0.81)	-0.118 (-1.53)	-0.060 (-0.83)	-0.117 (-1.51)	-0.059 (-0.82)
$mgdp_t$	0.014 (0.26)	0.023 (0.47)	-0.003 (-0.05)	0.001 (0.03)	-0.012 (-0.24)	0.007 (0.15)

续表

变量	基于数字金融总指数的回归结果		基于数字金融覆盖面的回归结果		基于数字金融使用深度的回归结果	
	(1) $fdum_t$	(2) $fdeg_t$	(3) $fdum_t$	(4) $fdeg_t$	(5) $fdum_t$	(6) $fdeg_t$
$fdindex_t$	0.023 (0.89)	-0.034 (-1.38)	0.014 (0.56)	-0.044* (-1.81)	0.028 (1.09)	-0.025 (-1.01)
常数项	9.424*** (4.99)		7.228*** (4.77)		9.268*** (5.85)	
样本数	6983	7015	6983	7015	6983	7015
R²	0.064	0.050	0.065	0.052	0.053	0.052

注：括号内为 Z 值，*** 、** 、* 分别表示在1%、5%、10%的水平上显著。

表4-8 基于企业规模的异质性分析结果（交互效应回归结果）

变量	基于数字金融总指数的回归结果		基于数字金融覆盖面的回归结果		基于数字金融使用深度的回归结果	
	(1) $fdum_t$	(2) $fdeg_t$	(3) $fdum_t$	(4) $fdeg_t$	(5) $fdum_t$	(6) $fdeg_t$
dig_t	-2.018* (-1.72)	-2.875*** (-2.78)				
$dig \times size_t$	0.041 (0.80)	0.083* (1.83)				
bre_t			-1.546 (-1.31)	-2.162** (-2.08)		
$bre \times size_t$			0.039 (0.74)	0.073 (1.57)		
dep_t					-2.013* (-1.88)	-3.270*** (-3.33)
$dep \times size_t$					0.052 (1.11)	0.096** (2.23)
lev_t	1.178*** (6.64)	0.991*** (5.97)	1.190*** (6.71)	1.002*** (6.04)	1.169*** (6.59)	0.973*** (5.84)

续表

变量	基于数字金融总指数的回归结果		基于数字金融覆盖面的回归结果		基于数字金融使用深度的回归结果	
	(1) $fdum_t$	(2) $fdeg_t$	(3) $fdum_t$	(4) $fdeg_t$	(5) $fdum_t$	(6) $fdeg_t$
$size_t$	-0.314 (-1.15)	-0.515 ** (-2.14)	-0.302 (-1.08)	-0.462 * (-1.88)	-0.374 (-1.50)	-0.580 ** (-2.56)
roa_t	-5.291 *** (-10.38)	-5.967 *** (-12.27)	-5.296 *** (-10.39)	-5.972 *** (-12.28)	-5.267 *** (-10.34)	-5.928 *** (-12.20)
btm_t	-0.153 (-0.90)	0.125 (0.79)	-0.150 (-0.88)	0.132 (0.84)	-0.144 (-0.85)	0.135 (0.86)
soe_t	-0.510 *** (-6.72)	-0.408 *** (-5.77)	-0.502 *** (-6.64)	-0.398 *** (-5.65)	-0.520 *** (-6.81)	-0.433 *** (-6.10)
$first_t$	-0.007 *** (-3.72)	-0.009 *** (-4.88)	-0.007 *** (-3.74)	-0.009 *** (-4.91)	-0.007 *** (-3.71)	-0.009 *** (-4.83)
$dual_t$	0.040 (0.66)	0.097 * (1.76)	0.039 (0.66)	0.097 * (1.76)	0.041 (0.69)	0.099 * (1.80)
ipo_t	0.012 ** (2.23)	0.004 (0.82)	0.013 ** (2.24)	0.004 (0.84)	0.013 ** (2.26)	0.005 (0.87)
$big4_t$	-0.139 ** (-2.51)	-0.071 (-1.39)	-0.140 ** (-2.53)	-0.072 (-1.42)	-0.140 ** (-2.53)	-0.071 (-1.39)
$mgdp_t$	0.093 *** (2.61)	0.082 ** (2.50)	0.091 ** (2.52)	0.069 ** (2.07)	0.055 * (1.68)	0.061 ** (2.04)
$fdindex_t$	0.017 (0.95)	-0.027 (-1.54)	0.012 (0.66)	-0.034 ** (-2.01)	0.016 (0.88)	-0.018 (-1.08)
常数项	10.554 * (1.72)		8.579 (1.39)		10.813 * (1.94)	
样本数	13704	13713	13704	13713	13704	13713
R^2	0.066	0.053	0.067	0.054	0.056	0.054

注：括号内为 Z 值，***、**、* 分别表示在1%、5%、10%的水平上显著。

首先，表4-6给出了基于小规模企业的回归结果。结果显示，三个代表区域数字金融发展水平的指标的回归系数均在1%的水平上显著为正，这说明数字金融确实抑制了小规模企业的财务欺诈问题。

其次，表4-7给出了基于大规模企业的回归结果。第（1）（2）列、第（5）（6）列结果显示，数字金融综合发展指数及数字金融使用深度的回归系数仍然在1%的水平上显著为负，同时，第（3）（4）列结果显示，数字金融覆盖广度的回归系数也为负，并在5%的水平上显著。这三组回归结果说明，数字金融也可以抑制大规模企业中存在的财务欺诈问题。

最后，表4-8给出了基于企业规模的交互效应回归结果。第（1）（3）（5）列结果显示，当以 $fdum$ 为被解释变量时，$dig \times size$、$bre \times size$ 以及 $dep \times size$ 的回归系数均不能通过统计显著性检验。同时，第（2）（4）（6）列结果显示，当以 $fdeg$ 为被解释变量时，$dig \times size$、$bre \times size$ 以及 $dep \times size$ 的回归系数均为正，且 $dig \times size$ 的显著性水平达到了10%，$dep \times size$ 的显著性水平达到了5%，$bre \times size$ 的显著性水平则接近10%。上述六组回归结果说明企业规模对数字金融对企业财务欺诈的抑制作用具有一定削弱作用，但作用并不稳健。

综合上述分组回归和交互效应检验结果，本书认为，数字金融对企业财务欺诈的抑制作用在企业规模上的异质性并不稳定，即该作用对不同规模的企业都有效果，而且对小规模企业的抑制作用也并不强于大规模企业，这一结果与上述理论分析不一致。这里可能的原因是，数字金融对企业财务欺诈的抑制作用并未源于对企业融资问题的解决，而主要在于数字技术的应用使基于企业及其管理者行为的大数据分析结果部分取代了财务报表在信用评估模型中的重要性，同时这些大数据分析结果也成为鉴别财务数据真伪的有效佐证材料，从而减少了企业管理者进行财务造假的动机和机会。而这些大数据都是随着企业及其管理者行为的发生自动生成的，与企业规模无关，因此，数字金融对企业财务欺诈的抑制作用也就不存在企业规模层面的异质性了。而这一结论实际上也在一定程度上印证了数字技术在数字金融抑制企业财务欺诈过程中的主导作用这一论断。

（二）基于企业产权性质的异质性分析

同民营企业相比，国有企业除了利润目标还担负着改善民生、解决就业的社会责任（迟铮，2018），因此一直以来都享受到来自政府和银行的政策与资金支持（万佳彧等，2020）。而民营企业由于面临着较为严重的信息不对称问题，在没有政府背书的情况下，很难从银行等金融机构获取融资。所以在我国传统的金融体系中存在着明显的金融歧视问题（罗来军等，2016），相比于国有企业，民营企业面临着严重的融资难的问题。与此同时，在信息不对称以及融资难的双重因素促使下，民营企业存在着强烈的财务造假的动机以及宽松的财务造假的环境，这就造成了在传统金融体系中民营企业财务欺诈相对普遍的现象。随着数字金融的发展，数字技术融入于金融服务，大大降低了金融机构与民营企业之间的信息不对称程度，财务报表在信贷审批过程中的作用被弱化，而且造假行为也容易被揭穿，所以财务造假不但不会使民营企业获取融资，还会阻断其融资来源，如此便降低了民营企业进行财务欺诈的动机和机会。而国有企业由于一直受到传统金融系统的青睐，因融资问题进行财务造假的动机并不强烈，所以数字金融对其财务造假行为的影响将不及民营企业。基于此，本章推测，数字金融对企业财务欺诈的影响效果在民营企业和国有企业之间存在异质性，其作用主要表现在民营企业中。为了验证这一观点，本章将样本按企业产权性质分为民营企业组和国有企业组，并分别进行了回归分析，并通过构造交互变量的方法进行了交互效应检验，检验结果如表4-9至表4-11所示。

表4-9　　　　　基于企业产权性质的异质性分析结果（民营企业回归结果）

变量	基于数字金融总指数的回归结果		基于数字金融覆盖面的回归结果		基于数字金融使用深度的回归结果	
	(1) $fdum_t$	(2) $fdeg_t$	(3) $fdum_t$	(4) $fdeg_t$	(5) $fdum_t$	(6) $fdeg_t$
dig_t	-1.100 *** (-3.15)	-0.989 *** (-3.10)				
bre_t			-0.606 *** (-2.71)	-0.483 ** (-2.30)		
dep_t					-1.221 *** (-4.60)	-1.382 *** (-5.47)

续表

变量	基于数字金融总指数的回归结果		基于数字金融覆盖面的回归结果		基于数字金融使用深度的回归结果	
	(1) $fdum_t$	(2) $fdeg_t$	(3) $fdum_t$	(4) $fdeg_t$	(5) $fdum_t$	(6) $fdeg_t$
lev_t	0.882 *** (3.89)	0.780 *** (3.68)	0.888 *** (3.92)	0.783 *** (3.69)	0.879 *** (3.87)	0.782 *** (3.68)
$size_t$	0.069 (1.42)	0.056 (1.19)	0.068 (1.40)	0.055 (1.17)	0.069 (1.42)	0.056 (1.19)
roa_t	−6.647 *** (−10.59)	−7.319 *** (−12.48)	−6.653 *** (−10.60)	−7.328 *** (−12.51)	−6.628 *** (−10.57)	−7.298 *** (−12.45)
btm_t	−0.407 * (−1.78)	0.027 (0.12)	−0.398 * (−1.74)	0.035 (0.17)	−0.404 * (−1.77)	0.025 (0.12)
$first_t$	−0.007 *** (−2.72)	−0.007 *** (−2.92)	−0.007 *** (−2.74)	−0.007 *** (−2.95)	−0.007 *** (−2.68)	−0.007 *** (−2.85)
$dual_t$	−0.036 (−0.51)	0.020 (0.31)	−0.036 (−0.51)	0.020 (0.30)	−0.037 (−0.53)	0.019 (0.30)
ipo_t	0.011 (1.35)	0.009 (1.18)	0.011 (1.37)	0.009 (1.19)	0.010 (1.29)	0.009 (1.10)
$big4_t$	−0.134 * (−1.93)	−0.101 (−1.55)	−0.137 ** (−1.97)	−0.103 (−1.59)	−0.132 * (−1.90)	−0.097 (−1.50)
$mgdp_t$	0.175 *** (4.14)	0.142 *** (3.66)	0.167 *** (3.90)	0.128 *** (3.24)	0.149 *** (3.92)	0.128 *** (3.68)
$fdindex_t$	0.035 (1.46)	0.011 (0.50)	0.028 (1.18)	0.003 (0.14)	0.044 * (1.88)	0.027 (1.21)
常数项	2.848 * (1.68)		0.840 (0.64)		3.353 ** (2.33)	
样本数	7725	7729	7725	7729	7725	7729
R^2	0.066	0.053	0.062	0.055	0.058	0.052

注：括号内为 Z 值，***、**、* 分别表示在1%、5%、10%的水平上显著。

表 4 - 10   基于企业产权性质的异质性分析结果（国有企业回归结果）

变量	基于数字金融总 指数的回归结果		基于数字金融 覆盖面的回归结果		基于数字金融使用 深度的回归结果	
	(1) $fdum_t$	(2) $fdeg_t$	(3) $fdum_t$	(4) $fdeg_t$	(5) $fdum_t$	(6) $fdeg_t$
dig_t	-0.817** (-1.96)	-0.864** (-2.41)				
bre_t			-0.613** (-2.36)	-0.487** (-2.16)		
dep_t					-0.189 (-0.57)	-0.793*** (-2.76)
lev_t	1.268*** (4.18)	0.982*** (3.47)	1.277*** (4.22)	0.996*** (3.53)	1.281*** (4.22)	0.955*** (3.35)
$size_t$	-0.274*** (-5.06)	-0.197*** (-4.11)	-0.275*** (-5.06)	-0.197*** (-4.11)	-0.273*** (-5.05)	-0.199*** (-4.16)
roa_t	-2.502** (-2.54)	-3.142*** (-3.32)	-2.494** (-2.53)	-3.146*** (-3.32)	-2.523** (-2.56)	-3.114*** (-3.30)
btm_t	0.391 (1.41)	0.498* (1.95)	0.395 (1.42)	0.496* (1.95)	0.385 (1.39)	0.502** (1.98)
$first_t$	-0.006* (-1.96)	-0.011*** (-3.49)	-0.006** (-1.96)	-0.011*** (-3.50)	-0.006** (-1.97)	-0.011*** (-3.52)
$dual_t$	0.269** (2.35)	0.293*** (2.81)	0.268** (2.34)	0.293*** (2.82)	0.273** (2.39)	0.298*** (2.86)
ipo_t	0.007 (0.85)	-0.005 (-0.71)	0.007 (0.83)	-0.005 (-0.71)	0.007 (0.90)	-0.004 (-0.61)
$big4_t$	-0.161* (-1.75)	-0.035 (-0.42)	-0.160* (-1.74)	-0.034 (-0.40)	-0.160* (-1.74)	-0.037 (-0.44)
$mgdp_t$	-0.139* (-1.78)	-0.092 (-1.28)	-0.131* (-1.71)	-0.106 (-1.49)	-0.202*** (-2.68)	-0.114* (-1.71)
$fdindex_t$	0.005 (0.16)	-0.058** (-2.11)	0.004 (0.15)	-0.063** (-2.34)	-0.008 (-0.27)	-0.057** (-2.11)
常数项	6.859*** (3.34)		6.062*** (3.86)		4.262** (2.43)	
样本数	5942	5984	5942	5984	5942	5984
R^2	0.068	0.051	0.062	0.057	0.055	0.050

注：括号内为 Z 值，*** 、** 、*分别表示在1%、5%、10%的水平上显著。

表4－11　　　　基于企业产权性质的异质性分析结果（交互效应回归结果）

变量	基于数字金融总指数的回归结果		基于数字金融覆盖面的回归结果		基于数字金融使用深度的回归结果	
	（1）$fdum_t$	（2）$fdeg_t$	（3）$fdum_t$	（4）$fdeg_t$	（5）$fdum_t$	（6）$fdeg_t$
dig_t	-1.031 *** （-3.81）	-1.045 *** （-4.33）				
$dig \times soe_t$	-0.131 （-1.01）	0.004 （0.03）				
bre_t			-0.578 *** （-3.20）	-0.528 *** （-3.25）		
$bre \times soe_t$			-0.205 （-1.55）	-0.058 （-0.50）		
dep_t					-0.827 *** （-3.94）	-1.175 *** （-5.99）
$dep \times soe_t$					-0.038 （-0.30）	0.062 （0.55）
lev_t	1.154 *** （6.50）	0.975 *** （5.88）	1.156 *** （6.51）	0.979 *** （5.90）	1.156 *** （6.50）	0.963 *** （5.78）
$size_t$	-0.102 *** （-3.08）	-0.082 *** （-2.67）	-0.102 *** （-3.10）	-0.083 *** （-2.70）	-0.103 *** （-3.12）	-0.085 *** （-2.75）
roa_t	-5.268 *** （-10.35）	-5.949 *** （-12.24）	-5.270 *** （-10.35）	-5.954 *** （-12.25）	-5.253 *** （-10.31）	-5.917 *** （-12.17）
btm_t	-0.123 （-0.72）	0.147 （0.93）	-0.112 （-0.66）	0.158 （1.00）	-0.128 （-0.75）	0.148 （0.94）
soe_t	0.166 （0.24）	-0.431 （-0.73）	0.551 （0.80）	-0.102 （-0.17）	-0.329 （-0.51）	-0.756 （-1.31）
$first_t$	-0.007 *** （-3.69）	-0.009 *** （-4.90）	-0.007 *** （-3.69）	-0.009 *** （-4.90）	-0.007 *** （-3.72）	-0.009 *** （-4.88）
$dual_t$	0.039 （0.66）	0.097 * （1.76）	0.038 （0.64）	0.097 * （1.75）	0.041 （0.68）	0.099 * （1.79）

续表

变量	基于数字金融总指数的回归结果		基于数字金融覆盖面的回归结果		基于数字金融使用深度的回归结果	
	(1) $fdum_t$	(2) $fdeg_t$	(3) $fdum_t$	(4) $fdeg_t$	(5) $fdum_t$	(6) $fdeg_t$
ipo_t	0.013** (2.38)	0.005 (0.92)	0.014** (2.42)	0.005 (0.96)	0.013** (2.36)	0.005 (0.95)
$big4_t$	−0.133** (−2.40)	−0.067 (−1.31)	−0.132** (−2.39)	−0.067 (−1.31)	−0.137** (−2.48)	−0.069 (−1.34)
$mgdp_t$	0.091** (2.53)	0.082** (2.49)	0.086** (2.37)	0.068** (2.04)	0.054* (1.66)	0.060** (2.01)
$fdindex_t$	0.018 (0.98)	−0.025 (−1.46)	0.013 (0.73)	−0.033* (−1.91)	0.016 (0.91)	−0.017 (−1.01)
常数项	5.458*** (4.17)		3.584*** (3.51)		4.680*** (4.24)	
样本数	13704	13713	13704	13713	13704	13713
R^2	0.069	0.054	0.068	0.052	0.055	0.051

注：括号内为 Z 值，***、**、* 分别表示在 1%、5%、10% 的水平上显著。

首先，表 4-9 给出了基于民营企业的回归结果。结果显示，三个代表区域数字金融发展水平的指标的回归系数均显著为正，这说明数字金融确实抑制了民营企业的财务欺诈问题。

其次，表 4-10 给出了基于国有企业的回归结果。结果显示，当以 $fdum$ 为被解释变量，以 dep 为解释变量时，回归系数不显著，其他各组回归结果中，代表区域数字金融发展水平的指标的回归结束均显著为负，这在很大程度上说明，数字金融可以抑制国有企业中存在的财务欺诈问题。

最后，表 4-11 给出了交互效应回归结果，结果显示 $dig \times soe$、$bre \times soe$、$dep \times soe$ 的回归系数均不能通过显著性检验。这说明数字金融对企业财务欺诈的影响在企业产权性质层面并不存在异质性。

综合上述回归结果，我们发现，数字金融对企业财务欺诈的影响在企业产权性质层面并不存在异质性，即上述作用在民营企业和国有企业中的作用效果都很显著，且不存在明显的差异。这一实证结果与上述理论分析相悖。本章认为可能的原因仍在于数字金融对企业财务欺诈的抑制作用不在于对企业融资问题的解决，而在于数字技术的应用带来的信用评估模型的升级。基于企业及其管理者行为的大数据会自动生成，与企业的产权性质无关，与企业自身的信息透明程度也都无关，从而数字金融对企业管理者的财务造假动机和机会的影响是不分企业类型的。

（三）基于企业外部融资需求的异质性分析

外部融资需求也是企业进行财务欺诈的重要动机之一（Richardson et al.，2003）。债务契约与企业财务欺诈之间的关系已经被学者们关注（Dechow and Skinner，2000）。具体来说，在债务契约中，债务人往往被债权人要求在约定期限内要保持一定的投资收益率或是流动性比率。如果债务人在约定期限内为达到契约中所要求的财务目标，那么将导致其自身蒙受更高的财务成本，甚至会失去融资渠道。可见，违反债务契约对企业管理者来讲是成本极高的事件（DeFond and Jiambalvo，1994）。因此，这些契约中的条款共同为管理者创造了增加报告收益的动机，尤其是在接近违反契约的情况下。理查森等（Richardson et al.，2003）因此推断当企业杠杆率非常高时，债务契约的苛刻要求会促使企业管理者产生粉饰财务数据的动机，因此这类公司往往伴随着较高的财务欺诈发生率。也就是说，较高外部融资需求带来的债务契约压力是催生企业管理者进行财务欺诈的重要诱因。如果在企业面临较高外部融资需求时，金融系统能够给予企业必要的资金供给就可以化解由此带来的财务造假动机。而数字金融的发展就可以通过拓宽企业的融资渠道，降低企业的融资成本，从而化解债务契约带来的压力，进而抑制企业的财务欺诈行为的发生。即在企业面临较高的外部融资需求时，数字金融可以通过缓解其引发的债务契约压力来抑制企业财务欺诈行为。鉴于此，本章通过构造数字金融发展水平与企业所面临的外部融资需求的交互变量来进行交互效应检验。其中，fd 代表企业所面临的外部融资压力，该指标越大，代表企业所面临的外部融资压力越大；反之，则越小。

表4-12给出了回归结果。结果显示，交互项 $dig \times fd$、$bre \times fd$、$dep \times fd$ 的回归系数均不显著，说明外部融资需求并不能影响数字金融对企业财务欺诈的抑制作用效果，与上述理论分析不一致。原因仍在于，数字金融对企业

财务欺诈的抑制作用并非源于前者对企业融资问题的解决，而在于数字技术的应用带来的金融评估模型的飞跃。数字金融机构借助数字技术对企业及其管理者行为的大数据分析弱化了财务报表在信用评审过程中的重要性，并成为鉴别财务数据真伪的有利佐证材料，从而减少管理者进行财务造假的动机和机会才是数字金融抑制企业财务欺诈的根本原因。

表4-12 基于外部融资的异质性分析结果（交互效应回归结果）

变量	基于数字金融总指数的回归结果		基于数字金融覆盖面的回归结果		基于数字金融使用深度的回归结果	
	(1) $fdum_t$	(2) $fdeg_t$	(3) $fdum_t$	(4) $fdeg_t$	(5) $fdum_t$	(6) $fdeg_t$
dig_t	-1.111*** (-4.24)	-1.045*** (-4.49)				
$dig \times fd_t$	0.118 (0.60)	0.164 (0.95)				
bre_t			-0.707*** (-4.17)	-0.575*** (-3.77)		
$bre \times fd_t$			0.144 (0.69)	0.182 (1.01)		
dep_t					-0.845*** (-4.31)	-1.138*** (-6.19)
$dep \times fd_t$					0.086 (0.49)	0.144 (0.90)
fd_t	-0.365 (-0.35)	-0.646 (-0.71)	-0.502 (-0.45)	-0.741 (-0.78)	-0.193 (-0.21)	-0.543 (-0.64)
lev_t	1.126*** (6.38)	0.934*** (5.66)	1.139*** (6.45)	0.947*** (5.74)	1.116*** (6.31)	0.913*** (5.51)
$size_t$	-0.105*** (-3.17)	-0.087*** (-2.82)	-0.105*** (-3.18)	-0.087*** (-2.82)	-0.107*** (-3.24)	-0.090*** (-2.92)
roa_t	-5.295*** (-10.37)	-5.948*** (-12.26)	-5.304*** (-10.39)	-5.962*** (-12.29)	-5.269*** (-10.32)	-5.906*** (-12.18)

续表

变量	基于数字金融总指数的回归结果		基于数字金融覆盖面的回归结果		基于数字金融使用深度的回归结果	
	(1) $fdum_t$	(2) $fdeg_t$	(3) $fdum_t$	(4) $fdeg_t$	(5) $fdum_t$	(6) $fdeg_t$
btm_t	-0.172 (-1.01)	0.130 (0.82)	-0.171 (-1.01)	0.130 (0.83)	-0.162 (-0.96)	0.140 (0.89)
soe_t	-0.501*** (-6.58)	-0.402*** (-5.67)	-0.492*** (-6.49)	-0.391*** (-5.54)	-0.511*** (-6.67)	-0.429*** (-6.01)
$first_t$	-0.007*** (-3.47)	-0.009*** (-4.67)	-0.007*** (-3.49)	-0.009*** (-4.70)	-0.007*** (-3.46)	-0.009*** (-4.64)
$dual_t$	0.034 (0.56)	0.092* (1.67)	0.033 (0.55)	0.092* (1.66)	0.035 (0.58)	0.094* (1.70)
ipo_t	0.015*** (2.70)	0.007 (1.31)	0.015*** (2.70)	0.007 (1.30)	0.015*** (2.76)	0.008 (1.40)
$big4_t$	-0.132** (-2.39)	-0.062 (-1.21)	-0.133** (-2.41)	-0.063 (-1.24)	-0.133** (-2.42)	-0.062 (-1.21)
$mgdp_t$	0.092** (2.57)	0.081** (2.47)	0.089** (2.49)	0.069** (2.06)	0.054* (1.65)	0.059** (1.99)
$fdindex_t$	0.017 (0.94)	-0.026 (-1.50)	0.012 (0.67)	-0.033** (-1.96)	0.015 (0.87)	-0.018 (-1.07)
常数项	5.926*** (4.69)		4.290*** (4.42)		4.850*** (4.64)	
样本数	13704	13713	13704	13713	13704	13713
R^2	0.066	0.053	0.067	0.054	0.056	0.054

注：括号内为 Z 值，***、**、* 分别表示在 1%、5%、10% 的水平上显著。

（四）基于大股东持股比例的异质性分析

股权集中度一直以来都是公司治理领域中的重要议题，尤其是第一大股东持股比例近年来成为研究热点。从公司治理角度讲，大股东对企业财务欺诈可能存在两种不同的影响效果。一方面，从第二类代理问题角度讲，当大股东持股比例达到一定程度时便成为公司的实际控制人，在大股东与小股东存在利益冲突时，大股东便会利用其对公司的掌控力侵害小股东的权益，即"大股东掏空"。具体到对财务欺诈的影响，大股东可以与高管合谋粉饰财务数据，使公司股价在短期内出现大幅增长，从而达到套现目的。与此同时，大股东也可能迫使高管向下操控盈余水平，使股价降低，从而以较低的价格将公司资产转移到利益相关方。因此，从第二类代理问题角度讲，大股东持股比例越高，其进行财务欺诈的动机就越强。另一方面，从第一类代理问题角度讲，随着大股东持股比例的上升，会出现大股东"监督效应"，可能会抑制财务欺诈。当第一大股东持股比例比较低时，企业股权比较分散，在这种情况下，对高管代理行为的监督便成为公共品，每个股东在"搭便车"的心理作用下，都不会主动去监督高管的代理行为，这便会为高管进行财务造假创造条件。反之，如果第一大股东持股比例较高，大股东就成为企业最终剩余索取权的主要受益人，同时，也将成为高管代理行为的最大受害者。在这种情况下，大股东出于对自身利益的考虑，会主动监督高管的行为，发挥"监督效应"，从而在一定程度上提高了高管粉饰财务数据的成本，抑制了财务欺诈。

在上述两种不同路径的作用下，在大股东持股比例较高的情况下，数字金融对企业财务欺诈的抑制作用将表现为不同的效果。一方面，如果考虑第二类代理问题，即大股东有掏空企业的动机，那么数字金融机构可以借助数字技术对大股东的行为进行数据化，形成海量数据，针对这些大数据的分析，将可准确识别大股东的掏空行为，从而实现了对大股东的有效监督，进而有效缓解了大股东授意下的财务欺诈行为。另一方面，从第一类代理问题角度讲，数字金融机构对企业高管代理行为的监督作用对大股东监督形成了替代，同时，大股东监督也会替代数字金融带来的外部监督作用，因此，二者的交互效应可能会弱化对高管的监督，从而虚弱对财务欺诈的抑制作用。那么究竟上述哪一种路径符合现实呢？鉴于此，本章通过构建交互变量的方式来验证上述论断。为了达到此目的，我们构建了交互项 $dig \times tdum$、$bre \times tdum$ 以及 $dep \times tdum$，其中哑变量 $tdum$ 代表企业股权集中度，如果企业大股东持股比例大于全样本均值，则 $tdum$ 取值为 1；反之，取值为 0。表 4-13 给出了回归结果。

表 4 - 13   基于大股东持股的异质性分析结果 (交互效应回归结果)

变量	基于数字金融总指数的回归结果		基于数字金融覆盖面的回归结果		基于数字金融使用深度的回归结果	
	(1) $fdum_t$	(2) $fdeg_t$	(3) $fdum_t$	(4) $fdeg_t$	(5) $fdum_t$	(6) $fdeg_t$
dig_t	-1.029 *** (-3.90)	-0.868 *** (-3.67)				
$dig \times tdum_t$	-0.187 (-1.47)	-0.351 *** (-3.11)				
bre_t			-0.615 *** (-3.53)	-0.399 ** (-2.49)		
$bre \times tdum_t$			-0.174 (-1.34)	-0.325 *** (-2.84)		
dep_t					-0.746 *** (-3.66)	-0.971 *** (-5.14)
$dep \times tdum_t$					-0.202 * (-1.66)	-0.317 *** (-2.90)
$tdum_t$	0.848 (1.28)	1.617 *** (2.77)	0.775 (1.15)	1.481 ** (2.51)	0.918 (1.45)	1.441 ** (2.55)
lev_t	1.173 *** (6.64)	0.992 *** (5.99)	1.184 *** (6.70)	1.001 *** (6.05)	1.164 *** (6.57)	0.970 *** (5.84)
$size_t$	-0.107 *** (-3.26)	-0.094 *** (-3.07)	-0.107 *** (-3.25)	-0.093 *** (-3.05)	-0.109 *** (-3.34)	-0.097 *** (-3.17)
roa_t	-5.335 *** (-10.50)	-5.982 *** (-12.32)	-5.350 *** (-10.53)	-6.007 *** (-12.37)	-5.303 *** (-10.44)	-5.940 *** (-12.25)
btm_t	-0.154 (-0.91)	0.148 (0.94)	-0.153 (-0.90)	0.147 (0.93)	-0.144 (-0.85)	0.158 (1.00)
soe_t	-0.535 *** (-7.04)	-0.432 *** (-6.11)	-0.526 *** (-6.95)	-0.422 *** (-5.98)	-0.545 *** (-7.13)	-0.459 *** (-6.45)
$dual_t$	0.039 (0.65)	0.100 * (1.81)	0.039 (0.64)	0.100 * (1.80)	0.041 (0.68)	0.103 * (1.86)
ipo_t	0.015 *** (2.64)	0.007 (1.31)	0.015 *** (2.63)	0.007 (1.29)	0.015 *** (2.70)	0.007 (1.40)

变量	基于数字金融总指数的回归结果		基于数字金融覆盖面的回归结果		基于数字金融使用深度的回归结果	
	(1) $fdum_t$	(2) $fdeg_t$	(3) $fdum_t$	(4) $fdeg_t$	(5) $fdum_t$	(6) $fdeg_t$
$big4_t$	−0.140 ** (−2.53)	−0.066 (−1.29)	−0.141 ** (−2.55)	−0.068 (−1.33)	−0.141 ** (−2.54)	−0.066 (−1.28)
$mgdp_t$	0.091 ** (2.53)	0.078 ** (2.36)	0.088 ** (2.43)	0.064 * (1.92)	0.052 (1.58)	0.056 * (1.89)
$fdindex_t$	0.016 (0.92)	−0.026 (−1.51)	0.011 (0.64)	−0.034 ** (−1.97)	0.015 (0.83)	−0.019 (−1.09)
常数项	5.363 *** (4.23)		3.688 *** (3.75)		4.229 *** (3.94)	
样本数	13695	13704	13695	13704	13695	13704
R^2	0.067	0.052	0.068	0.051	0.057	051

注：括号内为 Z 值，***、**、*分别表示在1%、5%、10%的水平上显著。

结果显示，首先，代表 $tdum$ 的回归系数均为正，而且当被解释变量为 $fdeg$ 时，该系数通过了 1% 的显著性水平。这说明从企业财务欺诈角度讲，大股东加剧了企业财务欺诈的发生率和恶劣程度，支持了第二类代理问题假说。同时，$dig \times tdum$、$bre \times tdum$ 以及 $dep \times tdum$ 的回归系数均为负，而且当被解释变量为 $fdeg$ 时，上述系数均通过了 1% 的显著性水平，当被解释变量为 $fdum$ 时，上述系数的显著性水平在 10% 左右。这说明，当企业大股东比例比较高时，数字金融对企业财务的抑制作用更显著。原因在于，数字金融机构可以借助数字技术对大股东的行为进行数据化，形成海量数据，针对这些大数据的分析，将可准确识别大股东的掏空行为，从而实现了对大股东的有效监督，进而有效缓解了大股东授意下的财务欺诈行为。

（五）基于两职合一的异质性分析结果

如果董事长与 CEO 由两个不同人担任定义为两职分离；反之，如果董事长与 CEO 由同一人担任则称为两职合一。CEO 的职责是负责企业的日常经营管理，并向董事会负责。董事长及董事会成员由股东大会任命，负责制定企业大政方针，并对高管进行监督。CEO 作为股东的代理人，本质上是替代股东行使对公司的管理权,相对于股东,CEO 等高管成员掌握着关于企业经营状况的更多信息,即 CEO 相对于股东具有信息优势。同时,对于公司的索取权,CEO 以薪酬的形式获取,而且为了对其进行激励,其薪酬结构往往与职位、企业规模挂钩,并可能以股权的形式发放;股东则以股利及资本利得的形式获得超额索取权,显然这里存在着一个潜在不对等关系,如此,二者之间可能存在利益不一致的情形。在信息不对称的情况下,出于薪酬、职位以及商业帝国构建等自利动机的考虑,很可能会故意隐瞒坏消息,形成财务欺诈。因此,股东为了监督 CEO 等高管的代理行为,便聘请了具有专业能力的人员负责监督 CEO。在以董事长为主导的董事会的监督下,可以化解 CEO 的代理行为,然而前提是董事长与 CEO 之间必须表现为监督与被监督的关系。如果董事长与 CEO 由同一人兼任,董事长的监督人职责必然丧失,甚至会因为加大 CEO 权力造成更为严重的代理问题,导致更为严重的财务欺诈行为。

对于由两职合一导致的企业财务欺诈,数字金融有其化解之道。数字金融机构可以借助数字技术对企业及其管理者的行为实现数据化,形成海量数据。基于这些数据的大数据分析,数字金融机构可以极为准确地了解企业的真实运营情况,从而对企业管理者提供的财务数据进行有效验证,加强了对管理者财务欺诈行为监督效力。即数字金融的发展提高了针对两者合一管理者代理行为的外部治理效力,可以极大地缓解这类管理者的财务造假行为。为了证明上述观点,我们构造了交互变量 $dig \times dual$、$bre \times dual$、$dep \times dual$,并进行了回归分析,分析结果如表 4-14 所示。

表 4-14　　　　基于两职合一的异质性分析结果（交互效应回归结果）

变量	基于数字金融总指数的回归结果		基于数字金融覆盖面的回归结果		基于数字金融使用深度的回归结果	
	(1) $fdum_t$	(2) $fdeg_t$	(3) $fdum_t$	(4) $fdeg_t$	(5) $fdum_t$	(6) $fdeg_t$
dig_t	-1.076 *** (-4.10)	-0.995 *** (-4.26)				
$dig \times dual_t$	-0.239 * (-1.72)	-0.286 ** (-2.35)				

续表

变量	基于数字金融总指数的回归结果		基于数字金融覆盖面的回归结果		基于数字金融使用深度的回归结果	
	(1) $fdum_t$	(2) $fdeg_t$	(3) $fdum_t$	(4) $fdeg_t$	(5) $fdum_t$	(6) $fdeg_t$
bre_t			-0.648^{***} (-3.74)	-0.509^{***} (-3.25)		
$bre \times dual_t$			-0.228 (-1.62)	-0.248^{**} (-1.99)		
dep_t					-0.803^{***} (-4.09)	-1.075^{***} (-5.96)
$dep \times dual_t$					-0.247^{*} (-1.84)	-0.322^{***} (-2.74)
$dual_t$	1.187^{***} (6.71)	0.998^{***} (6.02)	1.198^{***} (6.77)	1.006^{***} (6.08)	1.178^{***} (6.65)	0.981^{***} (5.90)
lev_t	-0.099^{***} (-3.01)	-0.082^{***} (-2.65)	-0.100^{***} (-3.02)	-0.082^{***} (-2.66)	-0.102^{***} (-3.09)	-0.085^{***} (-2.76)
$size_t$	-5.298^{***} (-10.40)	-5.962^{***} (-12.27)	-5.304^{***} (-10.41)	-5.973^{***} (-12.29)	-5.277^{***} (-10.36)	-5.926^{***} (-12.20)
roa_t	-0.158 (-0.93)	0.130 (0.82)	-0.155 (-0.91)	0.134 (0.85)	-0.148 (-0.87)	0.139 (0.88)
btm_t	-0.511^{***} (-6.74)	-0.410^{***} (-5.80)	-0.503^{***} (-6.65)	-0.400^{***} (-5.67)	-0.521^{***} (-6.83)	-0.436^{***} (-6.13)
$first_t$	-0.007^{***} (-3.71)	-0.009^{***} (-4.87)	-0.007^{***} (-3.73)	-0.009^{***} (-4.90)	-0.007^{***} (-3.70)	-0.009^{***} (-4.82)
soe_t	1.293^{*} (1.77)	1.585^{**} (2.50)	1.235^{*} (1.66)	1.386^{**} (2.13)	1.330^{*} (1.89)	1.772^{***} (2.89)
ipo_t	0.013^{**} (2.26)	0.005 (0.89)	0.013^{**} (2.27)	0.005 (0.89)	0.013^{**} (2.31)	0.005 (0.96)
$big4_t$	-0.140^{**} (-2.53)	-0.071 (-1.39)	-0.141^{**} (-2.54)	-0.071 (-1.40)	-0.141^{**} (-2.56)	-0.071 (-1.40)

续表

变量	基于数字金融总指数的回归结果		基于数字金融覆盖面的回归结果		基于数字金融使用深度的回归结果	
	(1) $fdum_t$	(2) $fdeg_t$	(3) $fdum_t$	(4) $fdeg_t$	(5) $fdum_t$	(6) $fdeg_t$
$mgdp_t$	0.096 *** (2.68)	0.085 *** (2.59)	0.094 *** (2.60)	0.073 ** (2.19)	0.055 * (1.70)	0.061 ** (2.05)
$fdindex_t$	0.018 (1.01)	− 0.025 (− 1.42)	0.013 (0.71)	− 0.033 * (− 1.91)	0.017 (0.95)	− 0.016 (− 0.97)
常数项	5.597 *** (4.43)		3.868 *** (3.93)		4.511 *** (4.32)	
样本数	13704	13713	13704	13713	13704	13713
R^2	0.068	0.053	0.061	0.055	0.059	051

注：括号内为 Z 值，*** 、** 、* 分别表示在 1%、5%、10% 的水平上显著。

结果显示，dual 的回归均显著为正，说明两职合一确实加剧了企业财务欺诈的发生率和程度。原因在于两职合一极度弱化了董事会制度的监督作用，致使 CEO 的代理行为不被监督，加剧了财务欺诈的发生率和恶劣程度。同时，dig × dual、bre × dual、dep × dual 的回归系数均为负，而且均比较显著，说明数字金融确实在一定程度上缓解了由两职合一引发的财务欺诈行为。原因在于，数字金融机构可以借助数字技术对企业及其管理者的行为实现数据化，形成海量数据。基于这些数据的大数据分析，数字金融机构可以极为准确地了解企业的真实运营情况，从而对企业管理者提供的财务数据进行有效验证，加强了对管理者财务欺诈行为监督效力。

第四节　本章小结

以 2011～2018 年我国 A 股上市公司为样本，借助北京大学数字金融研究中心编制的数字普惠金融指数，本章考察数字金融对企业财务欺诈的影响机制及效果。研究发现，数字金融可以抑制企业财务欺诈的发生。

从理论上讲，上述抑制作用可以分解为四个方面。第一，数字金融通过弱化财务报表在信贷审批过程中的重要性来抑制财务欺诈。数字金融机构利用大数据、云计算以及人工智能等数字技术对借款人在互联网上留下的关于个人行为偏好以及交易记录等数据进行挖掘，可以提炼出极具商业价值的信息，从而构建极为精准的信贷评估模型，如此便大大降低了借贷双方之间的信息不对称，有效控制了信贷风险。也就是说，在数字技术的支持下，关于潜在借款人的海量软信息数据已经成为构建信用评估模型的主要依据，数字金融机构对企业提供的财务报表数据的依赖性正在降低。因此，企业管理者因为融资需求而进行财务造假的动机被削弱了。与此同时，数字金融机构利用数字技术对潜在借款人海量软信息数据的分析还可以成为企业财务报表数据的佐证材料，从而提高了针对企业管理者的外部监督效率，减少了企业管理者进行财务造假的机会。数字金融机构可以利用大数据技术分析与目标企业处于同一产业链的其他企业的运营数据以及企业管理者和员工在互联网上留存的行为数据，从而构建关于企业业绩的评估模型。这便大幅降低了企业内外部的信息不对称程度，大大提升了数字金融机构判断企业财务数据真伪的能力，在这种情况下，企业管理者进行财务欺诈的机会更少了。第二，数字金融通过缓解企业所面临的融资约束抑制企业财务欺诈。数字金融能通过缓解信息不对称来纾解融资约束问题，从而缓解企业的财务欺诈行为。随着线上生活的普及，企业和个人的交易记录和日常行为会留存于互联网并形成海量数据，数字金融机构利用大数据、云计算等数字技术可以从这些数据中挖掘出极富价值的信息，并用以评估潜在融资者的信用水平，从而提高了信贷风险管理能力，为一直被传统金融系统排除在外的企业提供融资，降低了金融服务的门槛。总之，在数字技术的支持下，数字金融机构能够挖掘更全面的企业信息，缓解信息不对称程度，降低信贷过程中的交易成本，扩大金融服务的覆盖面，纾解了企业所面临的融资约束问题，从而减少了企业采取财务欺诈行为的动机。第三，数字金融通过降低企业杠杆率来抑制企业财务欺诈。数字金融能够从三个方面缓解企业的高杠杆压力，从而抑制财务欺诈。首先，依循前文逻辑，数字金融可以纾解企业的融资约束问题，这便使企业处于资金宽裕的预期当中，会提高企业之间的信用交易，提高了资金周转率，从整个产业链层面看会降低杠杆率。其次，数字金融中的股权众筹为企业提供了股权融资，提高了资产负债表中所有者权益的占比，也会使企业杠杆率降低。最后，数字金融项下的互联网理财，提高了企业闲置资金的额外收益，也在一定程度上降低了企业杠杆率。随着企业杠杆率的降低，企业所承受的债务企业的压力也将减轻，从而缓解了进行财务欺诈的动机。第四，数字金融通过缓解短债长用来抑制企业财务欺诈。数字金融机构可以借助数字技术升级信息评估模型，提高风险管理能力，基于企业及其管理者的行为信息，可以有效甄别企业的真实经营状况，从而丰富企业融资渠道，降低融资成本，进而有效缓解投资与负债的期限错配的问题。如此，短债长用问题将得以解决，缓解了企业每年还本付息的压力，也减少了企业管理者被迫财务造假的行为。

然而，实证结果却表明，数字金融对企业财务欺诈产生影响的三条间接路径虽然在统计上通过了显著性检验，但实际的经济意义却不明显。由此，我们判断数字金融对企业财务欺诈的抑制作用并非表现在其金融普惠性特征方面，而在于其所借助的数字技术对金融系统中信息不对称问题的解决。在数字经济时代，数字技术一方面弱化了财务报表在信用评估模型中的重要性，另一方面也提高了数字金融机构对财务报表真实性的鉴别能力，从而减少了企业进行财务欺诈的动机和机会，这是数字金融抑制企业财务欺诈的内在原因。

除此之外，与已有相关研究不同，我们并没有发现数字金融对企业的赋能作用在不同类型的企业中存在异质性，上述作用在不同规模的企业和不同产权性质的企业中都表现出了显著的积极作用。同时，相对于外部融资需求意愿不强烈的企业，外部融资需求强烈的企业也不会促进数字金融对企业财务欺诈的抑制作用。可见，无论从数字金融影响企业财务欺诈的内在机制，还是从前者对后者在不容情境下发挥作用的效果上看，都进一步印证了数字金融在抑制企业财务欺诈这一过程中，发挥主要作用的是数字技术的应用带来的全新的信息渠道对财务报表这一传统信息渠道的替代和验证有效弱化了企业管理者进行财务欺诈的动机和机会，从而抑制了财务欺诈。

我们还发现，股权集中度对于数字金融对企业财务欺诈的作用也有促进作用，即随着大股东持股比例的升高，数字金融对企业财务欺诈的抑制作用会加强。原因在于，数字金融机构可以借助数字技术对大股东的行为进行数据化，形成海量数据，针对这些大数据的分析，将可准确识别大股东的掏空行为，从而实现了对大股东的有效监督，进而有效缓解了大股东授意下的财务欺诈行为。最后，我们还发现，两职合一这种人事安排对数字金融对企业财务欺诈的抑制作用有调节效应，即当董事长与 CEO 为一人担任时，数字金融对企业财务欺诈的抑制作用更加明显。原因在于，数字金融机构可以借助数字技术对企业及其管理者的行为实现数据化，形成海量数据。基于这些数据的大数据分析，数字金融机构可以极为准确地了解企业的真实运营情况，从而对企业管理者提供的财务数据进行有效验证，加强了对管理者财务欺诈行为监督效力。

基于上述研究结论，本章得到如下启示：第一，数字金融机构可以借助数字技术有效缓解金融体系中一直难以克服的信息不对称问题，这是数字金融区别于传统金融的关键内核，是其提高金融供给效率核心动力，所以为了提升我国金融体系服务实体经济的效率，传统金融机构应尽快将数字技术引入企业各项业务当中。第二，从公司治理角度讲，数字技术应用于金融领域，实际上是提升了企业外部治理水平，从而提升了企业会计信息的质量，那么如果数字技术被企业管理者所应用是否会发挥重要的内部治理作用呢？这既是一个很有理论意义的研究方向，又是提高企业公司治理水平的潜在途径。

第五章

数字金融对企业盈余管理的影响

本章试图解决如下四个问题：第一，数字金融的发展能否抑制盈余管理？第二，数字金融能够影响哪类盈余管理？第三，数字金融影响盈余管理的内在机制是什么？第四，数字金融在什么条件下可以影响盈余管理？

有鉴于此，本章借助北京大学数字金融研究中心发布的我国城市数字普惠金融发展指数，以2011~2018年我国A股上市公司为研究对象，考察数字金融对企业盈余管理的影响。

第一节　理论分析及假设提出

一、数字金融对企业盈余管理的直接影响

从企业进行盈余管理的动机角度讲，外部融资需求也是企业进行盈余管理的重要动机之一（卢太平和张东旭，2014）。在技术和成本的约束下，传统金融机构的信用评估模型只注重借款人

的收入、信用记录以及资产等财务信息，因此作为这些关键信息载体的财务报表成为银行等传统金融机构判断是否为潜在授信对象提供贷款的重要参考依据。由于在授信过程中，针对企业的内部信息，企业相对于银行具有信息优势，所以企业为了以较低的成本融入足够规模的资金就有动机和机会进行盈余管理。

数字金融机构的信用评估模式与传统金融机构完全不同。数字金融机构利用大数据、云计算以及人工智能等数字技术对借款人在互联网上留下的关于个人行为偏好以及交易记录等数据进行挖掘，可以提炼出极具商业价值的信息，从而构建极为精准的信贷评估模型，如此便大大降低了借贷双方之间的信息不对称，有效控制了信贷风险。曾鹏志等（2019）就发现，借款人在网贷平台上披露的软信息越多就越容易获得贷款。王会娟和廖理（2014）发现网贷平台中的信用认证机制可以有效揭示信用风险，借款人的信用评级直接影响着授信额度和成本。也就是说，在数字技术的支持下，关于潜在借款人的海量软信息数据已经成为构建信用评估模型的主要依据，数字金融机构对企业提供的财务报表数据的依赖性正在降低。因此，企业管理者因为融资需求而进行盈余管理的动机被削弱了。

与此同时，数字金融机构利用数字技术对潜在借款人海量软信息数据的分析还可以成为企业财务报表数据的佐证材料，从而提高了针对企业管理者的外部监督效率，减少了企业管理者进行盈余管理的机会。数字金融机构可以利用大数据技术分析与目标企业处于同一产业链的其他企业的运营数据以及企业管理者和员工在互联网上留存的行为数据，从而构建关于企业业绩的评估模型。这便大幅降低了企业内外部的信息不对称程度，大大提升了数字金融机构判断企业财务数据真伪的能力，在这种情况下，企业管理者进行盈余管理的机会更少了。

基于以上分析，本章提出以下假设：

H1：数字金融可以抑制企业盈余管理。

二、基于企业杠杆率的数字金融抑制企业盈余管理的间接效应

当企业杠杆率非常高时，债务契约的苛刻要求会促使企业管理者产生粉饰财务数据的动机，因此这类公司往往伴随着较高的盈余管理发生率。数字

金融能够从三个方面缓解企业的高杠杆压力，从而抑制盈余管理。首先，数字金融股可以大幅降低金融机构与企业之间的信息不对程度，从而纾解企业的融资约束问题，这便使企业处于资金宽裕的预期当中，会提高企业之间的信用交易，提高了资金周转率，从整个产业链层面看会降低杠杆率。其次，数字金融中的股权众筹为企业提供了股权融资，提高了资产负债表中所有者权益的占比，也会使企业杠杆率降低。最后，数字金融项下的互联网理财，提高了企业闲置资金的额外收益，也在一定程度上降低了企业杠杆率。随着企业杠杆率的降低，企业所承受的债务企业的压力也将减轻，从而缓解了进行盈余管理的动机。基于以上分析，本章提出以下假设：

H2：数字金融通过降低企业杠杆率来抑制企业盈余管理行为。

三、数字金融通过缓解短债长用来抑制企业盈余管理

中国企业的资本结构还存在债务与资产期限错配问题，主要表现为，企业普遍利用短期负债为长期投资项目融资，即短债长用。一方面，由于资本市场发展相对滞后，中国企业的融资渠道较为单一，主要通过银行贷款进行融资。另一方面，银行出于控制信贷风险、流动性风险管理以及避免企业的道德风险等因素考虑，更倾向于向企业发放短期贷款（马红等，2018）。在上述两方面因素的作用下，短债长用成为中国企业融资结构的重要特征（白云霞等，2016），甚至有相当一部分企业始终没有长期贷款，需要不断滚动短期债务以支持长期投资（胡援成和刘明艳，2011；钟凯等，2016；钟宁桦等，2016）。当企业处于短债常用的状态时，由于投资回收期过长，负债期限相对较短，企业便会时刻处于还本付息和再融资的压力中，为了不断获取新的融资便会进行盈余管理。

随着数字金融的发展，数字金融机构可以借助数字技术升级信息评估模型，提高风险管理能力，基于企业及其管理者的行为信息，可以有效甄别企业的真实经营状况，从而丰富企业融资渠道，降低融资成本，进而有效缓解投资与负债的期限错配的问题。如此，短债长用问题将得以解决，缓解了企业每年还本付息的压力，也减少了企业管理者被迫盈余管理的行为。总之，数字金融可以通过缓解企业短债长用问题来抑制盈余管理。

基于上述分析，本章提出以下假设：

H3：数字金融可以通过缓解企业短债长用来抑制盈余管理。

第二节 研究设计

一、研究样本及数据来源

本章以我国 A 股上市公司为研究对象。样本区间为 2011～2018 年，原因在于数字普惠金融指数于 2011 年开始编制并更新到 2018 年。在剔除了金融类企业、被标记为 ST 的企业以及相关数据存在缺失的样本后，共获得 12074 个公司 – 年度观测值。其中，用来度量数字金融发展水平的"数字普惠金融指数"来自北京大学数字金融研究中心，地区层面的相关数据分别来自历年《中国统计年鉴》，企业财务数据均来自国泰安数据库（CSMAR）。为了避免极端值对实证结果的影响，对相关数据进行了缩尾（winsorize）处理或对数化处理。

二、变量选取

（一）数字金融

北京大学数字金融研究中心联合蚂蚁金服收集了海量数字金融数据，并从 2011 年起，每年公布"数字普惠金融指数"，数据涵盖了我国省域、市域以及县域层面，为我国数字金融的研究提供了可靠的数据支持。借鉴已有相关研究的做法（唐松等，2020），本章选取 2011～2018 年市域层面的数字普惠金融指数的对数值（*dig*）作为数字金融发展水平的核心度量指标。同时，在稳健性检验部分我们还分别采用数字普惠金融的覆盖广度（*bre*）和使用深度（*dep*）来度量数字金融发展水平，以保证实证结果的稳健性。

（二）盈余管理

为了避免使用单一操控应计模型导致计量上的缺陷，本章使用修正琼斯模型（Dechow et al.，1995）、陆建桥模型（陆建桥，1999）、DD 模型（Dechow and Dichev，2002）以及 McNicols 模型（McNichols，2002）四种方法计算公司的盈余管理水平。分别表示为 daj、dal、$dadd$ 以及 dam，这四个指标取值越大，代表企业盈余管理问题越严重。

（三）中介变量

本章共涉及两个中介变量：企业财务杠杆和短债长用。对于企业财务杠杆，本章利用企业资产负债率（lev）来度量。对于短债长用这一指标，参照刘晓光和刘元春（2019）的做法，利用企业短期负债占比与流动资产占比之差来构建短债长用指标（sl）。

（四）控制变量

为了避免其他可能对企业财务欺诈产生作用的因素的影响，在回归模型中，我们还引入了企业层面以及地区层面的控制变量。企业层面包括：企业规模（$size$），企业年末总资产加 1 取对数；总资产收益率（roa）；账面市值比（btm），年末总资产与年末总市值的比值；产权性质（soe），企业实际控制人为国有产权取值为 1，否则为 0；大股东持股比例（$first$），企业第一大股东持股比例；董事长与 CEO 是否两职合一（$dual$），如果董事长与 CEO 为同一人取 1，否则取 0；企业上市年限（ipo）；所选会计师事务所是否为国际四大会计师事务所之一（$big4$），如果企业聘请的会计师事务所为行业认可度四大会计师事务所之一，则取值为 1，否则取 0；董事会规模（$dsize$），为企业董事会人数。地区层面的包括：地区金融发展水平（$fdindex$）。

三、模型构建

首先，本章利用模型（5-1）来检验假设 H1。

$$da_{i,j,t} = \beta_0 + \beta_1 df_{j,t} + \sum \beta_k controls_{i,j,t} + yeardum + inddum + \varepsilon_{i,j,t}$$

$$(5-1)$$

其中，下标 i、j、t 分别代表企业、城市和年份。da 代表盈余管理，本章分别用 daj、dal、$dadd$ 以及 dam 度量。df 为区域数字金融发展水平，本章用北京大学数字金融研究中心所编制的数字普惠金融总指数来度量。如果假设 H1 成立，那么其回归系数 $\beta_1 < 0$。controls 为控制变量集。yeardum 和 inddum 代表年度固定效应和行业固定效应。ε 为随机扰动项。

其次，为了检验假设 H2，本章构建了模型（5-2）和模型（5-3）。

$$lev_{i,j,t} = \beta_0 + \beta_2 df_{j,t} + \sum \beta_k controls_{i,j,t} + yeardum + inddum + \varepsilon_{i,j,t}$$

$$(5-2)$$

$$da_{i,j,t} = \beta_0 + \beta_3 df_{j,t} + \beta_4 lev_{i,j,t} + \sum \beta_k controls_{i,j,t} + yeardum + inddum + \varepsilon_{i,j,t}$$

$$(5-3)$$

模型（5-2）检验了数字金融对企业杠杆率的缓解作用。如果数字金融可以缓解企业杠杆率，则参数 $\beta_2 < 0$。模型（5-3）检验了企业杠杆对企业盈余管理的影响。按照本章理论分析的预期，应该有 $\beta_4 > 0$。

最后，本章通过构建模型（5-4）和模型（5-5）来检验假设 H3。

$$sl_{i,j,t} = \beta_0 + \beta_5 df_{j,t} + \sum \beta_k controls_{i,j,t} + yeardum + inddum + \varepsilon_{i,j,t}$$

$$(5-4)$$

$$da_{i,j,t} = \beta_0 + \beta_6 df_{j,t} + \beta_7 lev_{i,j,t} + \sum \beta_k controls_{i,j,t} + yeardum + inddum + \varepsilon_{i,j,t}$$

$$(5-5)$$

其中，模型（5-4）检验了数字金融对企业短债长用的影响。根据本章理论分析部分的推断，应该有 $\beta_5 < 0$。模型（5-5）检验了企业短债长用对企业盈余管理的影响。如果 $\beta_7 > 0$，则说明短债长用会加剧企业盈余管理的发生。

第三节　回归结果分析

一、主要变量的描述性统计结果

表5-1 给出了主要变量的描述性统计结果。其中，daj、dal、dadd 以及 dam 的均值分别为 0.068、0.069、0.044 以及 0.039，标准差分别为 0.076、0.077、0.060 以及 0.055，说明样本期内企业之间的盈余管理水平差异较大。

另外，代表区域数字金融发展水平的三个指标的标准差也相对较大，说明不同城市之间的数字金融发展水平也存在显著差异。这意味着本章所选样本适合进行比较分析。此外，其他变量的描述性统计结果均在合理范围内。

表5-1 主要变量的描述性统计结果

变量	样本数	均值	标准差	最小值	最大值
daj	12074	0.068	0.076	0.000	0.558
dal	12074	0.069	0.077	0.000	0.567
dadd	12074	0.044	0.060	0.000	0.479
dam	12074	0.039	0.055	0.000	0.449
dit	12074	5.189	0.410	3.103	5.717
bre	12074	5.189	0.399	1.808	5.674
dep	12074	5.170	0.423	2.602	5.789
lev	12074	0.423	0.211	0.012	0.994
size	12074	22.170	1.325	19.033	26.553
roa	12074	0.044	0.062	-0.305	0.269
btm	12074	0.627	0.245	0.089	1.190
soe	12074	0.450	0.497	0.000	1.000
first	12074	34.923	15.013	7.440	80.250
dual	12074	0.277	0.448	0.000	1.000
dsize	12074	8.614	1.725	0.000	18.000
big4	12074	0.446	0.497	0.000	1.000
ipo	12074	9.539	6.931	0.000	28.000
fdindex	12074	3.719	1.693	1.528	8.131

二、数字金融对企业盈余管理影响的回归结果分析

（一）基础回归结果

1. 全样本回归结果

表5-2给出了数字金融对企业盈余管理影响的基础回归结果。结果显

示，在控制了其他可能对企业盈余管理行为产生影响的因素后，当分别以 *daj* 和 *dal* 为被解释变量，分别以数字金融总指数（*dit*）、数字金融覆盖广度（*bre*）以及数字金融使用深度（*dep*）为解释变量时，相应的回归系数均显著为负，说明数字金融确实可以抑制企业盈余管理行为，与本章假设 H1 的预期一致。

表5-2　　　　　　　　　　数字金融影响盈余管理的基础回归结果

变量	基于数字金融总指数的回归结果		基于数字金融覆盖广度的回归结果		基于数字金融使用深度的回归结果	
	(1) *daj*	(2) *dal*	(3) *daj*	(4) *dal*	(5) *daj*	(6) *dal*
dit	-0.015** (-2.29)	-0.018*** (-2.77)				
bre			-0.009** (-2.13)	-0.011** (-2.49)		
dep					-0.016*** (-2.66)	-0.022*** (-3.41)
lev	0.032*** (4.93)	0.034*** (5.11)	0.032*** (4.95)	0.035*** (5.13)	0.032*** (4.88)	0.034*** (5.05)
size	-0.009*** (-7.14)	-0.009*** (-6.81)	-0.009*** (-7.14)	-0.009*** (-6.80)	-0.009*** (-7.16)	-0.009*** (-6.84)
roa	-0.054** (-2.23)	-0.014 (-0.55)	-0.055** (-2.25)	-0.014 (-0.57)	-0.053** (-2.17)	-0.012 (-0.48)
btm	-0.024*** (-4.82)	-0.025*** (-4.91)	-0.025*** (-4.83)	-0.025*** (-4.91)	-0.024*** (-4.78)	-0.025*** (-4.84)
soe	-0.002 (-0.99)	-0.004* (-1.66)	-0.002 (-0.92)	-0.003 (-1.56)	-0.002 (-1.14)	-0.004* (-1.87)
first	0.000 (1.62)	0.000 (0.72)	0.000 (1.60)	0.000 (0.70)	0.000* (1.66)	0.000 (0.78)
dual	0.002 (0.82)	0.002 (0.88)	0.002 (0.81)	0.002 (0.87)	0.002 (0.82)	0.002 (0.88)
dsize	-0.001** (-2.32)	-0.001** (-2.37)	-0.001** (-2.32)	-0.001** (-2.36)	-0.001** (-2.31)	-0.001** (-2.35)

续表

变量	基于数字金融总指数的回归结果		基于数字金融覆盖广度的回归结果		基于数字金融使用深度的回归结果	
	(1) daj	(2) dal	(3) daj	(4) dal	(5) daj	(6) dal
big4	0.000 (0.22)	-0.000 (-0.01)	0.000 (0.21)	-0.000 (-0.03)	0.000 (0.19)	-0.000 (-0.04)
ipo	0.000 ** (2.55)	0.000 * (1.93)	0.000 ** (2.55)	0.000 * (1.92)	0.000 *** (2.60)	0.000 ** (1.98)
fdindex	0.002 *** (2.67)	0.002 *** (3.26)	0.002 *** (2.62)	0.002 *** (3.19)	0.002 *** (2.84)	0.003 *** (3.49)
常数项	0.328 *** (8.17)	0.355 *** (8.31)	0.303 *** (9.25)	0.323 *** (9.30)	0.333 *** (8.73)	0.371 *** (8.66)
样本数	11103	11103	11102	11102	11103	11103
R^2	0.044	0.044	0.044	0.044	0.044	0.045

注：括号内为 t 值，*** 、** 、* 分别表示在1%、5%、10%的水平上显著。

2. 数字金融对向上盈余管理的影响

表5-3给出了数字金融对企业向上盈余管理影响的回归结果。结果显示，当分别以 daj 和 dal 为被解释变量时，三个代表区域数字金融发展水平的指标的回归系数均显著为负，说明数字金融可以抑制企业向上盈余管理行为。

表5-3 **数字金融影响盈余管理的基础回归结果（向上盈余组）**

变量	基于数字金融总指数的回归结果		基于数字金融覆盖广度的回归结果		基于数字金融使用深度的回归结果	
	(1) daj	(2) dal	(3) daj	(4) dal	(5) daj	(6) dal
dit	-0.028 ** (-2.49)	-0.028 *** (-2.82)				
bre			-0.018 ** (-2.54)	-0.016 ** (-2.54)		
dep					-0.028 ** (-2.47)	-0.037 *** (-3.54)

续表

变量	基于数字金融总指数的回归结果		基于数字金融覆盖广度的回归结果		基于数字金融使用深度的回归结果	
	(1) daj	(2) dal	(3) daj	(4) dal	(5) daj	(6) dal
lev	0.048*** (4.59)	0.045*** (4.69)	0.048*** (4.60)	0.046*** (4.70)	0.048*** (4.55)	0.044*** (4.62)
$size$	-0.011*** (-5.44)	-0.012*** (-6.25)	-0.011*** (-5.44)	-0.012*** (-6.24)	-0.011*** (-5.48)	-0.012*** (-6.30)
roa	0.080* (1.93)	0.075** (1.99)	0.080* (1.93)	0.074** (1.98)	0.082* (1.95)	0.078** (2.06)
btm	-0.034*** (-3.81)	-0.037*** (-4.61)	-0.034*** (-3.83)	-0.037*** (-4.62)	-0.033*** (-3.72)	-0.036*** (-4.48)
soe	-0.002 (-0.78)	-0.006** (-2.02)	-0.002 (-0.73)	-0.006* (-1.95)	-0.003 (-0.95)	-0.007** (-2.27)
$first$	0.000 (1.02)	0.000 (0.45)	0.000 (1.03)	0.000 (0.45)	0.000 (1.09)	0.000 (0.51)
$dual$	-0.000 (-0.09)	0.000 (0.11)	-0.000 (-0.09)	0.000 (0.10)	-0.000 (-0.15)	0.000 (0.09)
$dsize$	-0.001* (-1.81)	-0.002** (-2.42)	-0.001* (-1.80)	-0.002** (-2.41)	-0.001* (-1.80)	-0.002** (-2.43)
$big4$	0.002 (0.91)	0.002 (0.70)	0.002 (0.91)	0.002 (0.68)	0.002 (0.83)	0.001 (0.62)
ipo	0.000* (1.67)	0.001* (1.93)	0.000* (1.66)	0.001* (1.93)	0.000* (1.72)	0.001** (1.98)
$fdindex$	0.002** (2.15)	0.003*** (3.07)	0.002** (2.10)	0.003*** (2.97)	0.002** (2.31)	0.003*** (3.47)
常数项	0.430*** (6.25)	0.451*** (7.22)	0.390*** (6.86)	0.402*** (7.85)	0.428*** (6.47)	0.488*** (7.61)
样本数	4721	5828	4720	5827	4721	5828
R^2	0.042	0.049	0.042	0.049	0.042	0.051

注：括号内为 t 值，***、**、* 分别表示在 1%、5%、10% 的水平上显著。

3. 数字金融对向下盈余管理的影响

表5-4给出了数字金融对企业向下盈余管理影响的回归结果。结果显示，当分别以 daj 和 dal 为被解释变量时，三个代表区域数字金融发展水平的指标的回归系数均未能通过显著性检验，说明数字金融对企业向下盈余管理没有显著影响。

表5-4 数字金融影响盈余管理的基础回归结果（向下盈余组）

变量	基于数字金融总指数的回归结果		基于数字金融覆盖广度的回归结果		基于数字金融使用深度的回归结果	
	(1) daj	(2) dal	(3) daj	(4) dal	(5) daj	(6) dal
dit	-0.005 (-0.63)	-0.006 (-0.69)				
bre			-0.002 (-0.48)	-0.003 (-0.64)		
dep					-0.007 (-1.12)	-0.005 (-0.71)
lev	0.015* (1.79)	0.018* (1.90)	0.015* (1.80)	0.018* (1.91)	0.015* (1.76)	0.018* (1.90)
size	-0.007*** (-4.87)	-0.007*** (-3.78)	-0.007*** (-4.87)	-0.007*** (-3.77)	-0.007*** (-4.86)	-0.007*** (-3.77)
roa	-0.155*** (-5.30)	-0.127*** (-3.88)	-0.155*** (-5.30)	-0.127*** (-3.89)	-0.154*** (-5.24)	-0.127*** (-3.85)
btm	-0.016** (-2.53)	-0.011 (-1.62)	-0.015** (-2.52)	-0.011 (-1.62)	-0.015** (-2.53)	-0.011 (-1.61)
soe	-0.002 (-0.80)	-0.001 (-0.35)	-0.002 (-0.77)	-0.001 (-0.33)	-0.002 (-0.88)	-0.001 (-0.38)
first	0.000 (0.98)	0.000 (0.64)	0.000 (0.97)	0.000 (0.63)	0.000 (1.00)	0.000 (0.64)
dual	0.002 (0.78)	0.003 (0.79)	0.002 (0.77)	0.003 (0.79)	0.002 (0.79)	0.003 (0.79)

续表

变量	基于数字金融总指数的回归结果		基于数字金融覆盖广度的回归结果		基于数字金融使用深度的回归结果	
	(1) daj	(2) dal	(3) daj	(4) dal	(5) daj	(6) dal
dsize	−0.001 (−1.63)	−0.001 (−0.96)	−0.001 (−1.63)	−0.001 (−0.96)	−0.001 (−1.63)	−0.001 (−0.96)
big4	−0.001 (−0.66)	−0.002 (−0.87)	−0.001 (−0.67)	−0.002 (−0.88)	−0.001 (−0.65)	−0.002 (−0.88)
ipo	0.001 *** (2.58)	0.000 (1.58)	0.001 *** (2.58)	0.000 (1.58)	0.001 *** (2.59)	0.000 (1.59)
fdindex	0.001 * (1.77)	0.001 (1.18)	0.001 * (1.78)	0.001 (1.19)	0.002 * (1.85)	0.001 (1.15)
常数项	0.265 *** (5.58)	0.268 *** (4.74)	0.255 *** (6.55)	0.258 *** (5.59)	0.276 *** (6.06)	0.266 *** (4.72)
样本数	6382	5275	6382	5275	6382	5275
R^2	0.061	0.067	0.061	0.067	0.061	0.067

注：括号内为 t 值，*** 、** 、* 分别表示在 1%、5%、10% 的水平上显著。

综合以上检验结果，可以判断数字金融可以抑制企业的向上盈余管理行为，但对企业向下盈余管理行为的影响不明显。

（二）稳健性检验

1. 基于盈余管理水平的不同测度进行检验

我们分别采用测算企业盈余管理水平的 DD 模型（Dechow and Dichev, 2002）和 McNichols 模型（McNichols, 2002）提出的模型来测算企业盈余管理水平，得到变量 dadd 以及 dam，然后分别进行回归分析。回归结果如表 5 - 5 至表 5 - 7 所示。首先，表 5 - 5 的回归结果显示，dit、bre 以及 dep 的回归系数均显著为负，说明数字金融确实可以抑制企业的盈余管理行为。其次，表 5-6 给出了数字金融对企业向上盈余管理影响的回归结果。结果显示，代表区域数字金融发展水平的三个指标仍然显著为负，说明数字金融可以缓解企业的向上盈余管理行为。最后，表5-7的回归结果显示，当选取向下盈余管理的样本进行回归估计的时候，三个代表区域数字金融发展水平的指标的回归系数均不显著，说明，数字金融对企业的向下盈余管理行为没有显著影响。上述回归结果与基础回归结果一致，在一定程度上说明了本部分实证结论的稳健性。

表5-5 　　　　　　　　　基于不同盈余管理测度的稳健性检验结果

变量	基于数字金融总指数的回归结果		基于数字金融覆盖广度的回归结果		基于数字金融使用深度的回归结果	
	(1) dadd	(2) dam	(3) dadd	(4) dam	(5) dadd	(6) dam
dit	-0.009 ** (-2.38)	-0.008 ** (-2.39)				
bre			-0.005 ** (-2.22)	-0.005 ** (-2.09)		
dep					-0.009 *** (-2.80)	-0.008 *** (-2.89)
lev	0.010 *** (2.79)	0.006 * (1.83)	0.010 *** (2.81)	0.006 * (1.85)	0.010 *** (2.71)	0.005 * (1.74)
size	-0.001 ** (-2.54)	-0.000 (-0.84)	-0.001 ** (-2.53)	-0.000 (-0.84)	-0.002 *** (-2.60)	-0.000 (-0.90)
roa	0.037 *** (2.64)	0.032 ** (2.40)	0.037 *** (2.62)	0.032 ** (2.38)	0.038 *** (2.68)	0.033 ** (2.44)
btm	-0.027 *** (-8.95)	-0.025 *** (-9.66)	-0.027 *** (-8.95)	-0.025 *** (-9.66)	-0.027 *** (-8.89)	-0.025 *** (-9.61)
soe	-0.002 ** (-2.11)	-0.002 * (-1.80)	-0.002 ** (-2.04)	-0.002 * (-1.72)	-0.003 ** (-2.22)	-0.002 * (-1.91)
first	-0.000 (-1.06)	-0.000 (-1.21)	-0.000 (-1.08)	-0.000 (-1.23)	-0.000 (-1.02)	-0.000 (-1.17)
dual	0.001 (0.75)	0.000 (0.44)	0.001 (0.74)	0.000 (0.43)	0.001 (0.75)	0.000 (0.43)
dsize	-0.001 *** (-2.68)	-0.001 *** (-3.25)	-0.001 *** (-2.68)	-0.001 *** (-3.25)	-0.001 *** (-2.65)	-0.001 *** (-3.22)

续表

变量	基于数字金融总指数的回归结果		基于数字金融覆盖广度的回归结果		基于数字金融使用深度的回归结果	
	(1) *dadd*	(2) *dam*	(3) *dadd*	(4) *dam*	(5) *dadd*	(6) *dam*
big4	0.000 (0.12)	-0.001 (-1.19)	0.000 (0.11)	-0.001 (-1.21)	0.000 (0.08)	-0.001 (-1.23)
ipo	-0.000 (-0.19)	-0.000 (-0.13)	-0.000 (-0.20)	-0.000 (-0.14)	-0.000 (-0.15)	-0.000 (-0.09)
fdindex	0.001 ** (2.15)	0.000 (1.57)	0.001 ** (2.02)	0.000 (1.40)	0.001 ** (2.25)	0.000 * (1.70)
常数项	0.130 *** (6.68)	0.098 *** (5.78)	0.116 *** (7.58)	0.084 *** (6.35)	0.130 *** (7.20)	0.097 *** (6.40)
样本数	11124	11088	11123	11087	11124	11088
R^2	0.046	0.049	0.046	0.049	0.047	0.049

注：括号内为 t 值，***、**、* 分别表示在1%、5%、10%的水平上显著。

表5-6　　基于不同盈余管理测度的稳健性检验结果（向上盈余组）

变量	基于数字金融总指数的回归结果		基于数字金融覆盖广度的回归结果		基于数字金融使用深度的回归结果	
	(1) *dadd*	(2) *dam*	(3) *dadd*	(4) *dam*	(5) *dadd*	(6) *dam*
dit	-0.018 *** (-3.22)	-0.010 ** (-2.41)				
bre			-0.011 *** (-3.11)	-0.006 ** (-2.01)		
dep					-0.013 *** (-2.87)	-0.011 *** (-2.91)
lev	0.018 *** (3.68)	0.011 *** (3.06)	0.019 *** (3.71)	0.011 *** (3.09)	0.018 *** (3.61)	0.011 *** (2.98)

续表

变量	基于数字金融总指数的回归结果		基于数字金融覆盖广度的回归结果		基于数字金融使用深度的回归结果	
	(1) dadd	(2) dam	(3) dadd	(4) dam	(5) dadd	(6) dam
size	-0.003 *** (-3.13)	-0.002 *** (-2.77)	-0.003 *** (-3.12)	-0.002 *** (-2.77)	-0.003 *** (-3.17)	-0.002 *** (-2.81)
roa	0.167 *** (8.99)	0.173 *** (11.10)	0.167 *** (8.97)	0.173 *** (11.08)	0.168 *** (9.04)	0.174 *** (11.16)
btm	-0.036 *** (-7.77)	-0.028 *** (-8.20)	-0.036 *** (-7.79)	-0.028 *** (-8.19)	-0.036 *** (-7.72)	-0.028 *** (-8.15)
soe	-0.003 * (-1.82)	-0.002 (-1.21)	-0.003 * (-1.73)	-0.001 (-1.12)	-0.003 * (-1.85)	-0.002 (-1.38)
first	-0.000 (-0.07)	-0.000 (-0.21)	-0.000 (-0.10)	-0.000 (-0.24)	0.000 (0.02)	-0.000 (-0.11)
dual	0.000 (0.14)	-0.001 (-0.74)	0.000 (0.13)	-0.001 (-0.75)	0.000 (0.08)	-0.001 (-0.76)
dsize	-0.000 (-1.37)	-0.001 * (-1.84)	-0.000 (-1.34)	-0.001 * (-1.83)	-0.000 (-1.36)	-0.001 * (-1.86)
big4	0.001 (0.57)	-0.000 (-0.10)	0.001 (0.59)	-0.000 (-0.10)	0.001 (0.44)	-0.000 (-0.19)
ipo	0.000 (0.80)	0.000 (1.30)	0.000 (0.78)	0.000 (1.28)	0.000 (0.87)	0.000 (1.35)
fdindex	0.001 *** (3.13)	0.000 (1.50)	0.001 *** (3.03)	0.000 (1.30)	0.001 *** (2.99)	0.001 * (1.71)
常数项	0.182 *** (6.14)	0.123 *** (5.33)	0.156 *** (6.60)	0.105 *** (5.68)	0.165 *** (5.88)	0.126 *** (5.72)
样本数	5590	5518	5589	5517	5590	5518
R^2	0.092	0.123	0.091	0.123	0.091	0.123

注：括号内为 t 值，***、**、*分别表示在 1%、5%、10% 的水平上显著。

表 5 –7   基于不同盈余管理测度的稳健性检验结果（向下盈余组）

变量	基于数字金融总指数的回归结果		基于数字金融覆盖广度的回归结果		基于数字金融使用深度的回归结果	
	(1) *dadd*	(2) *dam*	(3) *dadd*	(4) *dam*	(5) *dadd*	(6) *dam*
dit	0.001 (0.11)	− 0.005 (− 0.97)				
bre			0.001 (0.24)	− 0.002 (− 0.83)		
dep					− 0.003 (− 0.70)	− 0.004 (− 1.14)
lev	0.009 * (1.96)	0.008 * (1.88)	0.009 * (1.95)	0.008 * (1.89)	0.009 * (1.94)	0.008 * (1.87)
size	− 0.002 *** (− 3.08)	− 0.001 (− 1.03)	− 0.002 *** (− 3.09)	− 0.001 (− 1.03)	− 0.002 *** (− 3.08)	− 0.001 (− 1.07)
roa	− 0.155 *** (− 6.64)	− 0.169 *** (− 7.40)	− 0.155 *** (− 6.63)	− 0.169 *** (− 7.41)	− 0.154 *** (− 6.60)	− 0.169 *** (− 7.38)
btm	− 0.006 (− 1.44)	− 0.011 *** (− 3.02)	− 0.006 (− 1.44)	− 0.011 *** (− 3.02)	− 0.006 (− 1.46)	− 0.011 *** (− 3.00)
soe	− 0.003 * (− 1.75)	− 0.003 ** (− 2.16)	− 0.003 * (− 1.75)	− 0.003 ** (− 2.13)	− 0.003 * (− 1.86)	− 0.003 ** (− 2.20)
first	− 0.000 ** (− 2.09)	− 0.000 * (− 1.79)	− 0.000 ** (− 2.10)	− 0.000 * (− 1.80)	− 0.000 ** (− 2.07)	− 0.000 * (− 1.81)
dual	0.001 (0.92)	0.001 (0.80)	0.001 (0.92)	0.001 (0.80)	0.001 (0.94)	0.001 (0.80)
dsize	− 0.001 ** (− 2.53)	− 0.001 *** (− 2.85)	− 0.001 ** (− 2.53)	− 0.001 *** (− 2.86)	− 0.001 ** (− 2.53)	− 0.001 *** (− 2.83)
big4	− 0.000 (− 0.12)	− 0.002 (− 1.31)	− 0.000 (− 0.13)	− 0.002 (− 1.32)	− 0.000 (− 0.09)	− 0.002 (− 1.31)
ipo	− 0.000 (− 0.41)	− 0.000 (− 0.01)	− 0.000 (− 0.41)	− 0.000 (− 0.01)	− 0.000 (− 0.41)	0.000 (0.00)
fdindex	− 0.000 (− 0.05)	0.000 (0.81)	− 0.000 (− 0.08)	0.000 (0.73)	0.000 (0.21)	0.000 (0.84)

续表

变量	基于数字金融总指数的回归结果		基于数字金融覆盖广度的回归结果		基于数字金融使用深度的回归结果	
	(1) dadd	(2) dam	(3) dadd	(4) dam	(5) dadd	(6) dam
常数项	0.101 *** (3.99)	0.088 *** (3.75)	0.100 *** (5.10)	0.080 *** (4.38)	0.114 *** (5.18)	0.086 *** (4.34)
样本数	5534	5570	5534	5570	5534	5570
R^2	0.067	0.073	0.067	0.073	0.068	0.073

注：括号内为 t 值，*** 、** 、* 分别表示在1%、5%、10%的水平上显著。

2. 基于省域数字金融发展水平的稳健性检验

在这部分，我们采用数字金融发展水平的省级指标进行回归分析。回归结果如表5-8至表5-10所示。首先，表5-8的回归结果显示，prodit、probre 以及 prodep 的回归系数均显著为负，说明数字金融确实可以抑制企业的盈余管理行为。其次，表5-9给出了省域数字金融的发展对企业向上盈余管理影响的回归结果显示，代表省域数字金融发展水平的三个指标仍然显著为负，说明省域数字金融可以缓解企业的向上盈余管理行为。最后，表5-10的回归结果显示，当选取向下盈余管理的样本进行回归估计的时候，三个代表省域数字金融发展水平的指标的回归系数均不显著，说明，数字金融对企业的向下盈余管理行为没有显著影响。上述回归结果仍与基础回归结果一致，这进一步说明了本部分实证结论的稳健性。

表5-8　　　　基于省域数字金融发展水平的稳健性检验结果

变量	基于数字金融总指数的回归结果		基于数字金融覆盖广度的回归结果		基于数字金融使用深度的回归结果	
	(1) daj	(2) dal	(3) daj	(4) dal	(5) daj	(6) dal
prodit	− 0.016 ** (− 2.56)	− 0.021 *** (− 3.19)				
probre			− 0.009 ** (− 2.53)	− 0.011 *** (− 3.11)		

续表

变量	基于数字金融总指数的回归结果		基于数字金融覆盖广度的回归结果		基于数字金融使用深度的回归结果	
	(1) daj	(2) dal	(3) daj	(4) dal	(5) daj	(6) dal
prodep					− 0.011 ** (− 2.23)	− 0.017 *** (− 3.08)
lev	0.027 *** (3.73)	0.029 *** (3.91)	0.027 *** (3.76)	0.029 *** (3.93)	0.027 *** (3.75)	0.029 *** (3.92)
size	− 0.009 *** (− 7.18)	− 0.009 *** (− 6.86)	− 0.009 *** (− 7.17)	− 0.009 *** (− 6.85)	− 0.009 *** (− 7.19)	− 0.009 *** (− 6.88)
roa	− 0.048 ** (− 2.00)	− 0.007 (− 0.30)	− 0.049 ** (− 2.04)	− 0.008 (− 0.34)	− 0.047 * (− 1.96)	− 0.006 (− 0.23)
btm	− 0.023 *** (− 4.70)	− 0.024 *** (− 4.74)	− 0.023 *** (− 4.72)	− 0.024 *** (− 4.77)	− 0.023 *** (− 4.68)	− 0.024 *** (− 4.71)
soe	− 0.002 (− 1.11)	− 0.004 * (− 1.83)	− 0.002 (− 1.01)	− 0.004 * (− 1.70)	− 0.002 (− 1.05)	− 0.004 * (− 1.82)
first	0.000 * (1.74)	0.000 (0.88)	0.000 * (1.72)	0.000 (0.84)	0.000 * (1.70)	0.000 (0.84)
dual	0.002 (0.94)	0.002 (1.01)	0.002 (0.92)	0.002 (0.99)	0.002 (0.92)	0.002 (1.00)
dsize	− 0.001 ** (− 2.29)	− 0.001 ** (− 2.33)	− 0.001 ** (− 2.30)	− 0.001 ** (− 2.34)	− 0.001 ** (− 2.29)	− 0.001 ** (− 2.33)
big4	0.001 (0.36)	0.000 (0.14)	0.001 (0.32)	0.000 (0.09)	0.001 (0.31)	0.000 (0.10)
ipo	0.000 ** (2.55)	0.000 * (1.94)	0.000 ** (2.53)	0.000 * (1.91)	0.000 ** (2.56)	0.000 * (1.95)
fdindex	0.002 *** (2.87)	0.003 *** (3.49)	0.002 *** (2.81)	0.003 *** (3.41)	0.002 *** (2.82)	0.003 *** (3.53)
常数项	0.332 *** (8.33)	0.363 *** (8.38)	0.303 *** (9.60)	0.324 *** (9.53)	0.317 *** (8.83)	0.351 *** (8.84)
样本数	11096	11096	11096	11096	11096	11096
R^2	0.045	0.045	0.045	0.045	0.045	0.045

注：括号内为 t 值，*** 、 ** 、 * 分别表示在 1%、5%、10% 的水平上显著。

表 5 – 9　　　　　基于省域数字金融发展水平的稳健性检验结果（向上盈余组）

变量	基于数字金融总指数的回归结果		基于数字金融覆盖广度的回归结果		基于数字金融使用深度的回归结果	
	（1）daj	（2）dal	（3）daj	（4）dal	（5）daj	（6）dal
$prodit$	− 0.030 *** （− 2.61）	− 0.033 *** （− 3.11）				
$probre$			− 0.016 ** （− 2.43）	− 0.017 *** （− 2.93）		
$prodep$					− 0.021 ** （− 2.31）	− 0.027 *** （− 3.12）
lev	0.046 *** （4.50）	0.043 *** （4.57）	0.047 *** （4.51）	0.044 *** （4.59）	0.047 *** （4.53）	0.044 *** （4.59）
$size$	− 0.011 *** （− 5.45）	− 0.012 *** （− 6.27）	− 0.011 *** （− 5.44）	− 0.012 *** （− 6.26）	− 0.011 *** （− 5.47）	− 0.012 *** （− 6.30）
roa	0.081 ** （1.97）	0.076 ** （2.04）	0.080 * （1.95）	0.075 ** （2.01）	0.083 ** （1.97）	0.079 ** （2.09）
btm	− 0.033 *** （− 3.75）	− 0.036 *** （− 4.48）	− 0.033 *** （− 3.78）	− 0.036 *** （− 4.53）	− 0.033 *** （− 3.70）	− 0.036 *** （− 4.43）
soe	− 0.004 （− 1.16）	− 0.007 ** （− 2.37）	− 0.003 （− 1.02）	− 0.007 ** （− 2.26）	− 0.003 （− 1.07）	− 0.008 ** （− 2.35）
$first$	0.000 （1.12）	0.000 （0.57）	0.000 （1.10）	0.000 （0.54）	0.000 （1.06）	0.000 （0.51）
$dual$	− 0.000 （− 0.14）	0.000 （0.08）	− 0.000 （− 0.16）	0.000 （0.07）	− 0.000 （− 0.15）	0.000 （0.08）
$dsize$	− 0.001 * （− 1.77）	− 0.002 ** （− 2.39）	− 0.001 * （− 1.77）	− 0.002 ** （− 2.38）	− 0.001 * （− 1.79）	− 0.002 ** （− 2.38）
$big4$	0.002 （0.95）	0.002 （0.76）	0.002 （0.90）	0.002 （0.71）	0.002 （0.87）	0.002 （0.68）
ipo	0.000 * （1.79）	0.001 ** （2.04）	0.000 * （1.78）	0.001 ** （2.03）	0.000 * （1.81）	0.001 ** （2.06）

续表

变量	基于数字金融总指数的回归结果		基于数字金融覆盖广度的回归结果		基于数字金融使用深度的回归结果	
	(1) daj	(2) dal	(3) daj	(4) dal	(5) daj	(6) dal
fdindex	0.003 ** (2.35)	0.004 *** (3.26)	0.003 ** (2.18)	0.004 *** (3.09)	0.003 ** (2.30)	0.004 *** (3.39)
常数项	0.424 *** (6.04)	0.458 *** (6.95)	0.366 *** (6.56)	0.395 *** (7.63)	0.394 *** (6.52)	0.442 *** (7.46)
样本数	4718	5826	4718	5826	4718	5826
R^2	0.043	0.051	0.042	0.050	0.042	0.051

注：括号内为 t 值，*** 、** 、* 分别表示在 1%、5%、10% 的水平上显著。

表 5 - 10　　　　基于省域数字金融发展水平的稳健性检验结果（向下盈余组）

变量	基于数字金融总指数的回归结果		基于数字金融覆盖广度的回归结果		基于数字金融使用深度的回归结果	
	(1) daj	(2) dal	(3) daj	(4) dal	(5) daj	(6) dal
prodit	-0.006 (-0.93)	-0.006 (-0.78)				
probre			-0.004 (-1.14)	-0.004 (-0.92)		
prodep					-0.004 (-0.76)	-0.004 (-0.60)
lev	0.015 * (1.74)	0.018 * (1.87)	0.015 * (1.74)	0.018 * (1.87)	0.015 * (1.75)	0.018 * (1.88)
size	-0.007 *** (-4.85)	-0.007 *** (-3.76)	-0.007 *** (-4.85)	-0.007 *** (-3.77)	-0.007 *** (-4.84)	-0.007 *** (-3.75)
roa	-0.154 *** (-5.29)	-0.127 *** (-3.86)	-0.155 *** (-5.29)	-0.127 *** (-3.87)	-0.154 *** (-5.28)	-0.127 *** (-3.86)
btm	-0.015 ** (-2.52)	-0.010 (-1.59)	-0.015 ** (-2.51)	-0.010 (-1.59)	-0.015 ** (-2.52)	-0.010 (-1.60)

续表

变量	基于数字金融总指数的回归结果		基于数字金融覆盖广度的回归结果		基于数字金融使用深度的回归结果	
	(1) daj	(2) dal	(3) daj	(4) dal	(5) daj	(6) dal
soe	-0.002 (-0.90)	-0.001 (-0.44)	-0.002 (-0.89)	-0.001 (-0.42)	-0.002 (-0.88)	-0.001 (-0.41)
$first$	0.000 (1.00)	0.000 (0.64)	0.000 (1.00)	0.000 (0.64)	0.000 (0.98)	0.000 (0.63)
$dual$	0.002 (0.79)	0.003 (0.81)	0.002 (0.79)	0.003 (0.81)	0.002 (0.78)	0.003 (0.80)
$dsize$	-0.001 (-1.64)	-0.001 (-0.98)	-0.001 (-1.64)	-0.001 (-0.98)	-0.001 (-1.63)	-0.001 (-0.98)
$big4$	-0.001 (-0.63)	-0.002 (-0.84)	-0.001 (-0.64)	-0.002 (-0.86)	-0.001 (-0.64)	-0.002 (-0.85)
ipo	0.001*** (2.59)	0.000 (1.61)	0.001*** (2.59)	0.000 (1.61)	0.001*** (2.59)	0.000 (1.61)
$fdindex$	0.002* (1.76)	0.001 (1.15)	0.002* (1.87)	0.001 (1.20)	0.002* (1.73)	0.001 (1.11)
常数项	0.269*** (6.04)	0.267*** (4.82)	0.261*** (7.30)	0.258*** (5.81)	0.263*** (6.27)	0.259*** (5.00)
样本数	6378	5270	6378	5270	6378	5270
R^2	0.061	0.067	0.061	0.067	0.061	0.067

注：括号内为 t 值，***、**、*分别表示在1%、5%、10%的水平上显著。

综合上述基础回归和稳健性检验结果，我们可以判定数字金融确实可以抑制企业的盈余管理行为，而且只对向上盈余管理有影响。正因为如此，本部分接下来的分析均只考虑数字金融对企业向上盈余管理的影响效果。

（三）数字金融影响企业盈余管理的内在机制检验

1. 基于企业财务杠杆的间接效应检验

表 5-11 给出了基于企业财务杠杆的间接效应检验结果。首先，三个代

表数字金融发展水平的指标的回归系数均为负，而且第（2）（8）列显示 *dit* 和 *dep* 的回归系数均通过了统计显著性检验。这说明，数字金融的发展降低了企业的财务杠杆水平，而且发挥主要作用的是数字金融使用深度。其次，企业财务杠杆对企业盈余管理的回归系数均显著为正，说明高杠杆确实带来了盈余管理。上述回归结果说明，财务杠杆确实是数字金融影响企业盈余管理的中介变量，即数字金融可以通过降低企业杠杆率来化解企业的盈余管理问题。最后，表 5 - 11 还给出了上述间接影响路径在数字金融对企业盈余管理的总影响中的占比，结果显示这一比例均不超过 8%，这说明，间接路径在总影响中的占比非常低，不具有显著的经济意义。总之，上述结果说明，虽然数字金融可以通过降低企业财务杠杆来对企业盈余管理起到间接的抑制作用，但这种间接效应由于在总影响中占比过低，所以实际的经济效果并不显著。

表 5 - 11　　　　　　　　　基于企业杠杆率的间接效应检验结果

变量	基于数字金融总指数的回归结果			基于数字金融覆盖广度的回归结果			基于数字金融使用深度的回归结果		
	(1) *lev*	(2) *daj*	(3) *dal*	(4) *lev*	(5) *daj*	(6) *dal*	(7) *lev*	(8) *daj*	(9) *dal*
dit	-0.031* (-1.86)	-0.028** (-2.49)	-0.028*** (-2.82)						
bre				-0.012 (-1.04)	-0.018** (-2.54)	-0.016** (-2.54)			
dep							-0.045*** (-3.04)	-0.028** (-2.47)	-0.037*** (-3.54)
lev		0.048*** (4.59)	0.045*** (4.69)		0.048*** (4.60)	0.046*** (4.70)		0.048*** (4.55)	0.044*** (4.62)
size	0.075*** (33.94)	-0.011*** (-5.44)	-0.012*** (-6.25)	0.075*** (33.96)	-0.011*** (-5.44)	-0.012*** (-6.24)	0.075*** (33.85)	-0.011*** (-5.48)	-0.012*** (-6.30)
roa	-1.150*** (-22.87)	0.080* (1.93)	0.075** (1.99)	-1.151*** (-22.89)	0.080* (1.93)	0.074** (1.98)	-1.146*** (-22.78)	0.082* (1.95)	0.078** (2.06)
btm	-0.007 (-0.57)	-0.034*** (-3.81)	-0.037*** (-4.61)	-0.008 (-0.58)	-0.034*** (-3.83)	-0.037*** (-4.62)	-0.006 (-0.49)	-0.033*** (-3.72)	-0.036*** (-4.48)
soe	0.044*** (8.04)	-0.002 (-0.78)	-0.006** (-2.02)	0.044*** (8.16)	-0.002 (-0.73)	-0.006* (-1.95)	0.042*** (7.71)	-0.003 (-0.95)	-0.007** (-2.27)

变量	基于数字金融总指数的回归结果			基于数字金融覆盖广度的回归结果			基于数字金融使用深度的回归结果		
	(1) lev	(2) daj	(3) dal	(4) lev	(5) daj	(6) dal	(7) lev	(8) daj	(9) dal
first	-0.000 (-0.31)	0.000 (1.02)	0.000 (0.45)	-0.000 (-0.33)	0.000 (1.03)	0.000 (0.45)	-0.000 (-0.25)	0.000 (1.09)	0.000 (0.51)
dual	0.004 (1.03)	-0.000 (-0.09)	0.000 (0.11)	0.004 (0.99)	-0.000 (-0.09)	0.000 (0.10)	0.004 (1.00)	-0.000 (-0.15)	0.000 (0.09)
dsize		-0.001* (-1.81)	-0.002** (-2.42)		-0.001* (-1.80)	-0.002** (-2.41)		-0.001* (-1.80)	-0.002** (-2.43)
big4	-0.001 (-0.30)	0.002 (0.91)	0.002 (0.70)	-0.001 (-0.33)	0.002 (0.91)	0.002 (0.68)	-0.001 (-0.32)	0.002 (0.83)	0.001 (0.62)
ipo	0.002*** (4.49)	0.000* (1.67)	0.001* (1.93)	0.002*** (4.49)	0.000* (1.66)	0.001* (1.93)	0.002*** (4.55)	0.000* (1.72)	0.001** (1.98)
fdindex	-0.003** (-2.31)	0.002** (2.15)	0.003*** (3.07)	-0.003*** (-2.64)	0.002** (2.10)	0.003*** (2.97)	-0.003* (-1.92)	0.002** (2.31)	0.003*** (3.47)
常数项	-1.063*** (-12.27)	0.430*** (6.25)	0.451*** (7.22)	-1.143*** (-16.22)	0.390*** (6.86)	0.402*** (7.85)	-1.006*** (-12.53)	0.428*** (6.47)	0.488*** (7.61)
间接效应占比		5.19%	5.18%		3.10%	3.20%		7.16%	5.50%
样本数	5585	4721	5828	5584	4720	5827	5585	4721	5828
R^2	0.492	0.042	0.049	0.492	0.042	0.049	0.493	0.042	0.051

注：括号内为 t 值，*** 、** 、* 分别表示在1%、5%、10%的水平上显著。

2. 基于企业短债长用的间接效应检验

表5-12给出了基于企业短债长用的间接效应检验结果。首先，三个代表数字金融发展水平的指标的回归系数均为负，而且第（1）（4）（7）列显示 dit、bre 和 dep 的回归系数均通过了统计显著性检验。这说明，数字金融的发展缓解了企业所面临的短债长用问题。其次，企业短债长用对企业盈余管理的回归系数均显著为正，说明短债长用这种不良的债务结构确实加剧了盈余管理。上述回归结果说明，短债长用确实是数字金融影响企业盈余管理的中介变量，即数字金融可以通过缓解企业短债长用问题来化解企业的盈余管理问题。最后，表5-12还给出了上述间接影响路径在数字金融对企业盈余管理的总影响中的占比，结果显示这一比例均不超过6%，这说明，这一间

接路径在总影响中的占比也非常低，不具有显著的经济意义。总之，上述结果说明，虽然数字金融可以通过缓解企业的短债长用问题来对企业盈余管理起到间接的抑制作用，但这种间接效应由于在总影响中占比过低，所以实际的经济效果并不显著。

表 5 – 12　　　　　　　　基于短债长用的间接效应检验结果

变量	基于数字金融总指数的回归结果			基于数字金融覆盖广度的回归结果			基于数字金融使用深度的回归结果		
	(1) sl	(2) daj	(3) dal	(4) sl	(5) daj	(6) dal	(7) sl	(8) daj	(9) dal
dit	-0.086*** (-3.88)	-0.028** (-2.45)	-0.027*** (-2.76)						
bre				-0.060*** (-3.83)	-0.018** (-2.44)	-0.015** (-2.43)			
dep							-0.040** (-2.02)	-0.029*** (-2.58)	-0.038*** (-3.64)
sl		0.016** (2.22)	0.017*** (2.59)		0.016** (2.22)	0.017*** (2.60)		0.017** (2.27)	0.017*** (2.62)
$size$	0.075*** (26.09)	-0.009*** (-4.41)	-0.010*** (-5.55)	0.075*** (26.12)	-0.009*** (-4.39)	-0.010*** (-5.53)	0.075*** (26.06)	-0.009*** (-4.49)	-0.010*** (-5.67)
roa	-1.545*** (-24.17)	0.047 (1.32)	0.045 (1.37)	-1.546*** (-24.19)	0.046 (1.31)	0.044 (1.35)	-1.546*** (-24.18)	0.050 (1.39)	0.050 (1.50)
btm	-0.038** (-2.33)	-0.035*** (-3.93)	-0.038*** (-4.76)	-0.038** (-2.36)	-0.035*** (-3.95)	-0.038*** (-4.78)	-0.037** (-2.27)	-0.034*** (-3.83)	-0.037*** (-4.63)
soe	0.019*** (2.80)	-0.001 (-0.20)	-0.005 (-1.55)	0.019*** (2.88)	-0.000 (-0.12)	-0.004 (-1.45)	0.019*** (2.84)	-0.001 (-0.42)	-0.006* (-1.85)
$first$	-0.000** (-1.96)	0.000 (1.09)	0.000 (0.55)	-0.000* (-1.95)	0.000 (1.11)	0.000 (0.55)	-0.000* (-1.95)	0.000 (1.17)	0.000 (0.62)
$dual$	-0.003 (-0.58)	-0.000 (-0.01)	0.000 (0.18)	-0.003 (-0.57)	-0.000 (-0.02)	0.000 (0.18)	-0.004 (-0.72)	-0.000 (-0.07)	0.000 (0.16)
$dsize$		-0.002* (-1.87)	-0.002** (-2.50)		-0.001* (-1.86)	-0.002** (-2.48)		-0.002* (-1.87)	-0.002** (-2.51)
$big4$	0.002 (0.34)	0.002 (0.87)	0.002 (0.64)	0.002 (0.36)	0.002 (0.86)	0.001 (0.62)	0.001 (0.22)	0.002 (0.80)	0.001 (0.58)
ipo	0.005*** (9.27)	0.000* (1.80)	0.001** (2.03)	0.005*** (9.23)	0.000* (1.80)	0.001** (2.03)	0.005*** (9.35)	0.000* (1.84)	0.001** (2.07)

变量	基于数字金融总指数的回归结果			基于数字金融覆盖广度的回归结果			基于数字金融使用深度的回归结果		
	(1) sl	(2) daj	(3) dal	(4) sl	(5) daj	(6) dal	(7) sl	(8) daj	(9) dal
fdindex	-0.008 *** (-4.89)	0.002 ** (2.06)	0.003 *** (2.99)	-0.008 *** (-5.03)	0.002 ** (1.99)	0.003 *** (2.88)	-0.009 *** (-5.53)	0.002 ** (2.25)	0.003 *** (3.43)
常数项	-1.458 *** (-12.79)	0.398 *** (5.90)	0.422 *** (6.96)	-1.562 *** (-16.57)	0.355 *** (6.31)	0.371 *** (7.44)	-1.650 *** (-15.49)	0.405 *** (6.13)	0.469 *** (7.42)
间接效应占比		4.68%	5.14%		5.06%	5.08%		2.37%	2.07%
样本数	5574	4721	5828	5573	4720	5827	5574	4721	5828
R²	0.463	0.037	0.046	0.463	0.037	0.045	0.462	0.038	0.047

注：括号内为 t 值，***、**、* 分别表示在 1%、5%、10% 的水平上显著。

3. 数字金融影响企业盈余管理的内在机制的讨论

结合数字金融影响企业盈余管理的基础回归结果以及上述两组间接效应检验结果，我们做出如下判定：

（1）数字金融可以抑制企业盈余管理，而且主要对向上盈余管理起作用。

（2）数字金融对企业盈余管理的影响可以分解为三条不同的影响路径：第一，数字金融机构借助数字技术降低了企业内外部信息不对称程度，弱化了财务报表在信用评估模型中的重要性，减少了企业管理者进行盈余管理的动机和机会，从而对企业盈余管理起到了直接抑制作用；第二，数字金融带来的金融发展缓解了企业融资难的局面，降低了企业杠杆率，从而间接地抑制了企业的盈余管理；第三，数字金融带来的金融发展缓解了金融错配的问题，使企业短债长用问题得以解决，从而间接抑制了企业的盈余管理行为。

（3）间接效应检验结果却表明，虽然后两条间接路径在统计上是显著的，但经济意义很微弱，这便意味着数字技术带来的信息不对称的降低才是数字金融抑制企业盈余管理的关键所在。

（四）数字金融影响企业盈余管理的异质性分析

1. 基于企业产权性质的异质性分析

同民营企业相比，国有企业除了利润目标还担负着改善民生、解决就业的社会责任（迟铮，2018），因此一直以来都享受到来自政府和银行的政策与资金支持（万佳彧等，2020）。而民营企业由于面临着较为严重的信息不对称问题，在没有政府背书的情况下，很难从银行等金融机构获取融资。所以在我国传统的金融体系中存在着明显的金融歧视问题（罗来军等，2016），相比于国有企业，民营企业面临着严重的融资难的问题。与此同时，在信息不对称以及融资难的双重因素促使下，民营企业存在着强烈的盈余管理的动机以及宽松的操纵环境，这就造成了在传统金融体系中民营企业盈余管理相对普遍的现象。随着数字金融的发展，数字技术融入于金融服务，大大降低了金融机构与民营企业之间的信息不对称程度，财务报表在信贷审批过程中的作用被弱化，而且盈余管理行为也容易被揭穿，所以盈余管理不但不会使民营企业获取融资，还会阻断其融资来源，如此便降低了民营企业进行财务欺诈的动机和机会。而国有企业由于一直受到传统金融系统的青睐，因融资问题进行财务造假的动机并不强烈，所以数字金融对其财务造假行为的影响将不及民营企业。基于此，本章推测，数字金融对企业盈余管理的影响效果在民营企业和国有企业之间存在异质性，其作用主要表现在民营企业中。为了验证这一观点，本章将样本按企业产权性质分为民营企业组和国有企业组，并分别进行了回归分析，检验结果如表5-13和表5-14所示。

表5-13　　　　　　　数字金融影响盈余管理的回归结果（民营企业组）

变量	基于数字金融总指数的回归结果		基于数字金融覆盖广度的回归结果		基于数字金融使用深度的回归结果	
	(1) daj	(2) dal	(3) daj	(4) dal	(5) daj	(6) dal
dit	-0.031*** (-2.73)	-0.036*** (-3.25)				
bre			-0.021** (-2.42)	-0.022*** (-2.72)		
dep					-0.038*** (-3.35)	-0.047*** (-3.69)
lev	0.052*** (3.31)	0.049*** (3.42)	0.053*** (3.31)	0.049*** (3.42)	0.053*** (3.31)	0.049*** (3.41)

续表

变量	基于数字金融总指数的回归结果		基于数字金融覆盖广度的回归结果		基于数字金融使用深度的回归结果	
	(1) daj	(2) dal	(3) daj	(4) dal	(5) daj	(6) dal
$size$	-0.014***	-0.017***	-0.014***	-0.017***	-0.014***	-0.017***
	(-3.39)	(-4.02)	(-3.38)	(-4.01)	(-3.41)	(-4.05)
roa	0.095***	0.078**	0.095***	0.078**	0.096***	0.081**
	(2.89)	(2.22)	(2.89)	(2.21)	(2.95)	(2.29)
btm	-0.016*	-0.023**	-0.016*	-0.024**	-0.015*	-0.022**
	(-1.81)	(-2.49)	(-1.85)	(-2.51)	(-1.74)	(-2.35)
$first$	0.000**	0.000*	0.000**	0.000*	0.000**	0.000**
	(2.32)	(1.96)	(2.33)	(1.95)	(2.42)	(2.07)
$dual$	0.002	0.002	0.002	0.002	0.001	0.002
	(0.49)	(0.66)	(0.48)	(0.65)	(0.41)	(0.59)
$dsize$	-0.002	-0.002	-0.002	-0.002	-0.002	-0.002
	(-1.38)	(-1.51)	(-1.39)	(-1.52)	(-1.36)	(-1.47)
$big4$	0.003	0.002	0.003	0.002	0.003	0.002
	(0.94)	(0.65)	(0.95)	(0.64)	(0.88)	(0.58)
ipo	0.000	0.001*	0.000	0.001*	0.000	0.001*
	(0.80)	(1.78)	(0.79)	(1.77)	(0.78)	(1.79)
$fdindex$	0.001	0.002*	0.001	0.002	0.002	0.003**
	(1.25)	(1.72)	(1.17)	(1.60)	(1.53)	(2.00)
常数项	0.515***	0.586***	0.474***	0.528***	0.544***	0.632***
	(5.10)	(5.43)	(5.18)	(5.52)	(4.83)	(5.09)
样本数	2727	3422	2726	3421	2727	3422
R^2	0.050	0.056	0.050	0.056	0.051	0.058

注：括号内为 t 值，***、**、*分别表示在1%、5%、10%的水平上显著。

表 5 – 14　　　　　数字金融影响盈余管理的回归结果（国有企业组）

变量	基于数字金融总指数的回归结果		基于数字金融覆盖广度的回归结果		基于数字金融使用深度的回归结果	
	(1) daj	(2) dal	(3) daj	(4) dal	(5) daj	(6) dal
dit	-0.027 (-1.49)	-0.019 (-1.25)				
bre			-0.015 (-1.36)	-0.009 (-0.96)		
dep					-0.024 (-1.42)	-0.028 * (-1.91)
lev	0.058 *** (3.48)	0.053 *** (3.54)	0.059 *** (3.49)	0.054 *** (3.55)	0.058 *** (3.44)	0.051 *** (3.43)
$size$	-0.008 *** (-3.87)	-0.008 *** (-4.75)	-0.008 *** (-3.87)	-0.008 *** (-4.76)	-0.008 *** (-3.85)	-0.008 *** (-4.70)
roa	0.060 (0.65)	0.064 (0.77)	0.060 (0.65)	0.064 (0.78)	0.063 (0.68)	0.066 (0.80)
btm	-0.055 *** (-3.01)	-0.052 *** (-3.30)	-0.055 *** (-2.99)	-0.052 *** (-3.30)	-0.055 *** (-2.99)	-0.052 *** (-3.30)
$first$	-0.000 * (-1.73)	-0.000 ** (-2.31)	-0.000 * (-1.74)	-0.000 ** (-2.31)	-0.000 * (-1.71)	-0.000 ** (-2.32)
$dual$	-0.011 ** (-1.96)	-0.009 * (-1.84)	-0.011 ** (-1.97)	-0.009 * (-1.83)	-0.011 * (-1.95)	-0.009 * (-1.81)
$dsize$	-0.001 * (-1.71)	-0.002 *** (-2.67)	-0.001 * (-1.69)	-0.002 *** (-2.65)	-0.001 * (-1.73)	-0.002 *** (-2.69)
$big4$	0.002 (0.53)	0.002 (0.57)	0.002 (0.52)	0.002 (0.56)	0.002 (0.46)	0.002 (0.50)
ipo	0.001 ** (2.12)	0.001 (1.58)	0.001 ** (2.12)	0.001 (1.59)	0.001 ** (2.18)	0.001 (1.62)

续表

变量	基于数字金融总指数的回归结果		基于数字金融覆盖广度的回归结果		基于数字金融使用深度的回归结果	
	(1) *daj*	(2) *dal*	(3) *daj*	(4) *dal*	(5) *daj*	(6) *dal*
fdindex	0.003 * (1.81)	0.004 ** (2.37)	0.003 * (1.77)	0.004 ** (2.33)	0.003 * (1.91)	0.004 *** (2.72)
常数项	0.339 *** (3.41)	0.339 *** (4.08)	0.291 *** (3.88)	0.298 *** (4.76)	0.322 *** (3.78)	0.375 *** (4.98)
样本数	1967	2374	1967	2374	1967	2374
R^2	0.041	0.048	0.041	0.048	0.041	0.049

注：括号内为 t 值，*** 、** 、* 分别表示在 1%、5%、10% 的水平上显著。

首先，表 5-13 的回归结果显示，在民营企业组中，代表数字金融发展水平的三个指标的回归系数均比较显著，说明数字金融确实抑制了民营企业的盈余管理行为。其次，表 5-14 给出了国有企业的回归结果。结果显示，*dit* 和 *bre* 的回归系数均不显著；当以 *daj* 为解释变量时，*dep* 的回归系数也不显著；当以 *dal* 为被解释变量时，*dep* 的回归系数虽然显著，但显著性水平明显不如相应检验在民营企业中的表现。上述结果与理论分析结论一致，即数字金融对企业盈余管理的抑制作用只在民营企业中显著，在国有企业中不明显。

2. 基于企业规模的异质性分析

我国传统的金融体系以银行等中介机构为主导，在信息技术有限的条件下，银企之间存在着严重的信息不对称问题。在有限成本的约束下，银行为了控制信贷风险，在其信贷审批模型中加重了对抵押品、财务报表以及信用记录等硬信息的关注，这难免会导致金融错配问题的出现。大规模企业因为抵押品充足便成为银行所青睐的对象，而小规模企业因为抵押品不足经常被银行歧视，为了获取融资，不得不通过粉饰财务数据来以假乱真，但长此以往，中小企业便被贴上了财务数据不实的标签，银行也只能对其逆向选择的策略，致使其陷入"融资难→财务欺诈→融资难"的恶性循环当中。然而，数字金融的发展似乎正在从根本上解决上述问题。数字金融机构可以借助数字技术获取和分析财务报表以外的关于企业真实情况的软硬信息，这些信息不仅可以替代财务报表，还可以对财务报表进行验证，如此便降低了金融机构与中小企业之间的信息不对称，使金融资源流入到资源配置效率最高的企业中去，从而降低了中小企业进行盈余管理的机会的动机。所以本章认为数字金融对企业盈余管理的抑制作用可能存在异质性，即在小规模企业中显著，在大规模企业中不显著。为了验证上述观点，本章将样本按企业规模的全样本均值划分为大规模企业组和小规模企业组，并重新进行回归分析，回归结果如表5-15和表5-16所示。

表5-15　　　　　数字金融影响盈余管理的回归结果（小规模企业组）

变量	基于数字金融总指数的回归结果		基于数字金融覆盖广度的回归结果		基于数字金融使用深度的回归结果	
	(1) daj	(2) dal	(3) daj	(4) dal	(5) daj	(6) dal
dit	-0.036 ** (-2.19)	-0.031 ** (-2.33)				
bre			-0.024 ** (-2.31)	-0.020 ** (-2.31)		
dep					-0.039 *** (-3.01)	-0.041 *** (-3.55)
lev	0.052 *** (3.73)	0.042 *** (3.38)	0.052 *** (3.74)	0.042 *** (3.41)	0.052 *** (3.71)	0.041 *** (3.33)
$size$	-0.023 *** (-3.25)	-0.023 *** (-3.96)	-0.023 *** (-3.24)	-0.023 *** (-3.95)	-0.023 *** (-3.26)	-0.023 *** (-3.97)
roa	0.095 *** (3.01)	0.078 *** (2.67)	0.094 *** (2.98)	0.078 *** (2.65)	0.099 *** (3.13)	0.083 *** (2.83)
btm	-0.031 *** (-2.61)	-0.035 *** (-3.33)	-0.031 *** (-2.65)	-0.036 *** (-3.35)	-0.029 ** (-2.53)	-0.034 *** (-3.23)
soe	-0.005 (-0.99)	-0.006 (-1.16)	-0.005 (-0.93)	-0.005 (-1.10)	-0.006 (-1.25)	-0.007 (-1.42)
$first$	0.000 (0.59)	-0.000 (-0.46)	0.000 (0.63)	-0.000 (-0.45)	0.000 (0.68)	-0.000 (-0.36)

续表

变量	基于数字金融总指数的回归结果		基于数字金融覆盖广度的回归结果		基于数字金融使用深度的回归结果	
	(1) daj	(2) dal	(3) daj	(4) dal	(5) daj	(6) dal
dual	0.001 (0.26)	0.001 (0.39)	0.001 (0.24)	0.001 (0.39)	0.001 (0.18)	0.001 (0.36)
dsize	−0.003*** (−3.00)	−0.002** (−2.56)	−0.003*** (−3.00)	−0.002** (−2.56)	−0.003*** (−3.03)	−0.002** (−2.56)
big4	−0.002 (−0.78)	−0.003 (−1.28)	−0.002 (−0.79)	−0.003 (−1.29)	−0.002 (−0.81)	−0.003 (−1.31)
ipo	0.000 (0.65)	0.000 (0.55)	0.000 (0.60)	0.000 (0.51)	0.000 (0.76)	0.000 (0.66)
fdindex	0.003 (1.61)	0.003** (2.10)	0.003 (1.62)	0.003** (2.09)	0.003* (1.74)	0.003** (2.36)
常数项	0.728*** (3.92)	0.723*** (4.77)	0.677*** (4.06)	0.674*** (4.94)	0.738*** (4.18)	0.762*** (5.19)
样本数	2376	3017	2375	3016	2376	3017
R^2	0.090	0.086	0.090	0.086	0.092	0.089

注：括号内为 t 值，***、**、* 分别表示在 1%、5%、10% 的水平上显著。

表 5 – 16　　　　**数字金融影响盈余管理的回归结果（大规模企业组）**

变量	基于数字金融总指数的回归结果		基于数字金融覆盖广度的回归结果		基于数字金融使用深度的回归结果	
	(1) daj	(2) dal	(3) daj	(4) dal	(5) daj	(6) dal
dit	−0.018 (−1.14)	−0.023* (−1.71)				
bre			−0.011 (−1.15)	−0.011 (−1.37)		
dep					−0.017 (−0.98)	−0.032* (−1.95)

续表

变量	基于数字金融总指数的回归结果		基于数字金融覆盖广度的回归结果		基于数字金融使用深度的回归结果	
	(1) daj	(2) dal	(3) daj	(4) dal	(5) daj	(6) dal
lev	0.025 (1.52)	0.024 (1.58)	0.025 (1.52)	0.024 (1.59)	0.025 (1.50)	0.023 (1.51)
size	−0.019*** (−5.09)	−0.023*** (−5.79)	−0.019*** (−5.09)	−0.023*** (−5.79)	−0.019*** (−5.10)	−0.023*** (−5.81)
roa	0.005 (0.04)	−0.006 (−0.06)	0.005 (0.04)	−0.005 (−0.06)	0.006 (0.06)	−0.003 (−0.03)
btm	−0.041** (−2.02)	−0.044** (−2.37)	−0.041** (−2.01)	−0.044** (−2.35)	−0.041** (−2.00)	−0.044** (−2.34)
soe	0.003 (0.90)	−0.003 (−0.71)	0.004 (0.96)	−0.002 (−0.64)	0.003 (0.80)	−0.004 (−0.86)
first	0.000 (0.75)	0.000 (0.90)	0.000 (0.75)	0.000 (0.89)	0.000 (0.78)	0.000 (0.92)
dual	−0.002 (−0.43)	−0.001 (−0.25)	−0.002 (−0.42)	−0.001 (−0.24)	−0.002 (−0.45)	−0.001 (−0.25)
dsize	−0.000 (−0.38)	−0.001 (−1.27)	−0.000 (−0.38)	−0.001 (−1.25)	−0.000 (−0.39)	−0.001 (−1.27)
big4	0.007 (1.44)	0.007* (1.67)	0.007 (1.44)	0.007* (1.66)	0.007 (1.38)	0.007 (1.59)
ipo	0.000 (0.91)	0.000 (1.15)	0.000 (0.92)	0.000 (1.16)	0.000 (0.91)	0.000 (1.14)
fdindex	0.002 (1.41)	0.003** (2.34)	0.002 (1.34)	0.003** (2.20)	0.002 (1.52)	0.003*** (2.64)
常数项	0.567*** (5.33)	0.670*** (6.13)	0.539*** (5.52)	0.621*** (6.29)	0.563*** (5.01)	0.703*** (5.83)
样本数	2345	2811	2345	2811	2345	2811
R^2	0.038	0.058	0.038	0.058	0.038	0.059

注：括号内为 t 值，***、**、*分别表示在1%、5%、10%的水平上显著。

结果显示，首先，由表 5 – 15 可知，在基于小规模企业的回归结果中，三个代表数字金融发展水平的指标的回归系数均显著为负，说明数字金融的发展缓解了中小企业的盈余管理问题；其次，表 5 – 16 的回归结果显示，在大规模企业组中，上述三个代表区域数字金融发展水平的指标的回归系数的显著性明显降低，甚至未能通过显著性检验，说明数字金融对大规模企业的盈余管理问题没有显著作用。上述回归结果与理论分析一致，即数字金融对企业盈余管理的影响存在异质性，而且只对民营企业起作用。

第四节　本 章 小 结

借助北京大学数字金融研究中心发布的数字普惠金融指数，以我国 A 股上市公司为研究对象，本章考察了数字金融对企业盈余管理的影响。研究发现：

首先，数字金融可以抑制企业的盈余管理行为，并且只对向上盈余管理起作用，经过稳健性检验后，该结论依然成立。

其次，数字金融影响企业盈余管理的路径从理论上讲存在三条。第一，基于数字技术的直接影响路径。数字金融机构可以借助大数据、云计算以及人工智能等技术对企业财务报表以外的其他关于企业及其管理者的行为进行数据化，并基于这些大数据进行投资决策或授信评估，从而打破了企业管理者针对企业信息的垄断地位，弱化了企业财务报表的重要性，进而减少了企业管理者进行盈余管理的动机和机会，对企业盈余管理起到了直接作用。第二，数字金融带来的金融发展可以缓解企业融资难的问题，可以通过降低企业杠杆率来对企业盈余管理产生间接抑制作用。第三，数字金融的发展降低了金融市场的信息不对称程度，提高了金融机构的风险识别能力和管理能力，从而化解了企业短债长用问题，进而对企业盈余管理起到间接作用。然而，实证结果却表明，数字金融抑制企业盈余管理的两条间接路径虽然在统计上显著，但经济意义并不显著。也就是说，数字技术才是数字金融抑制企业盈余管理的关键所在。

最后，我们发现数字金融对企业盈余管理的影响存在情境效应，该作用只有在民营企业和小规模企业中才显著，在国有企业和大型企业中不显著。

第六章

数字金融对股价崩盘风险的影响

本章以 2011~2018 年我国 A 股上市公司为研究对象，对数字金融影响企业股价崩盘风险的内在机制进行了理论推演，并实证检验了上述机制。通过由企业主动披露的关于企业自身及其管理者行为的大数据，构建更有效的投资决策模型，在一定程度上避免了企业管理者的信息管理行为所导致的股价崩盘。异质性分析结果显示，相对于民营企业和小规模企业，数字金融对企业股价崩盘风险的抑制作用在国有企业和大规模企业中更加显著，这一发现与现有关于数字金融普惠性的研究的观点相悖，进一步印证了本章的核心观点，即数字金融对企业股价崩盘风险的抑制作用主要源自数字技术对传统金融业态的颠覆。同时，基于企业融资约束的中介效应检验结果也不显著，说明，数字金融对企业股价崩盘风险的抑制作用主要源自数字技术的应用，而非由此带来的金融发展的贡献。除此之外，我们的实证结果还发现，数字金融对企业股价崩盘风险的抑制作用在不同类型的企业中存在异质性，上述作用在大规模企业和国有企业中显著，在小型企业和民营企业中不显著；数字金融治理效应的发挥在高杠杆以及短债长用程度高的企业中显著；数字金融的治理作用在股权比较集中、聘请四大会计师事务所的企业以及 IPO 年限大于十年的企业中比较显著。

本章可能的研究贡献在于：第一，数字金融对实体经济的贡献不仅在于对普惠金融的推进以及对企业融资难问题的解决上，还在于其蕴含的数字技术对经济生活中普遍存在的信息不对称问题的解决上。然而，现有相关研究却很少将数字技术从数字金融中抽离出来，单独考察其对实体经济的赋能作用。本章认为造成这一研究空白的原因在于，现有相关研究所选择的研究视角大多局限在由传统金融体系发展滞后所导致的金融供给不足的问题上，无法抽取数字金融中的数字技术的独有作用效果。有鉴于此，本章以股价崩盘风险为研究视角，考察数字金融在解决外部投资者与企业管理者之间信息不对称问题上的作用，并对影响机制进行了深入分析和实证检验，从而可以直接分离出数字技术对实体经济的赋能作用，填补了现有数字金融研究领域的空白。第二，本章对数字金融影响企业股价崩盘风险的内在机制的研究也丰富了股价崩盘风险成因方面的研究领域，为社会各界所关注的金融稳定的政策制定和实施提供了理论参考。

第一节　理论分析及假设提出

导致股价崩盘的直接原因是被积累的坏消息集中释放造成的短期股价大幅下跌。从本质上讲，导致股价崩盘风险的根本原因则是企业内外部信息不对称，企业管理者相对于外部投资者具有显著信息优势，他们有能力和动机进行信息管理，使坏消息被隐瞒，当坏消息积累到一定程度之后，企业管理者将没有动机或能力去隐瞒坏消息，此时坏消息被集中公开，导致股价大跌。所以如果能解决企业内外部信息不对称问题，那么就可以从根本上化解股价崩盘风险。而造成企业内外部信息不对称的因素则来自两个方面：一方面，在信息技术和成本的约束下，外部投资者和监管机构难以对企业的经营状况进行全面、深入的了解，造成了自身的信息弱势，从而无法针对企业的不科学行为做出及时反应；另一方面，企业管理者利用其信息优势进行信息管理，造成企业自身信息不透明，进一步加大了外界了解企业真实运营情况的难度，使坏消息得以隐瞒和积累，并最终因坏消息集中释放致使股价暴跌。与此同时，企业管理者的信息管理行为又源自管理者自身的代理行为和过度自信行为。从委托代理理论角度讲，企业管理者出于薪酬契约、职业生涯以及商业帝国构建等私人利益考虑，有动机隐瞒坏消息，而当这些坏消息因无法隐瞒被集中释放时，便导致股价暴跌；另外，从管理者过度自信角度讲，过度自信的高管会高估自己的管理能力，并低估项目的风险，因此经常会投资净现值为负的项目，为了使项目正常运行，在项目存续期内，管理者也会故意隐瞒坏消息，当坏消息积累到一定程度无法隐瞒而被集中释放时，便产生股价崩盘。

数字金融以大数据、云计算以及人工智能等数字技术为基础，可以帮助相关金融机构全面深入地了解上市公司，从而降低信息不对称，避免坏消息"窖藏"，抑制股价崩盘风险。本章认为这一影响过程可以分解为直接影响和间接影响两个方面。一方面，外部投资者可以借助数字技术对企业及其管理者的行为数据进行大数据分析，从而绕过企业管理者自行获取关于企业的信息，从而打破企业管理者在企业信息上的垄断地位，降低了信息不对称，使坏消被及时释放，避免了股价崩盘。另一方面，外部投资者信息获取能力的提升增强了其对企业管理者信息管理行为的监督效率，可以缓解企业管理者信息管理行为，从而使企业信息透明度提升，如此便可以遏制坏消息"窖藏"，减少股价崩盘的发生率。具体分析如下：

一、数字金融对股价崩盘风险的直接影响

以往，在技术和成本的制约下，外部投资者很难通过企业公开数据以外的渠道来了解企业的经营水平和财务状况，所以企业公开披露的信息便成为其投资决策模型的核心参考指标。在这一过程中，企业管理者便成为关于企业信息的垄断者，而且对外部投资机构有压倒性优势。与此同时，公司制管理制度又天然地存在代理问题，于是企业管理者会出于自利动机进行信息管理，或夸大好消息，或隐瞒坏消息，使外部投资者无法了解企业的真实情况，致使企业无法被正确估值，从而为股价崩盘埋下伏笔。

数字金融的问世则可以颠覆传统股票投资决策模型的构建。随着数字时代的到来，线上生活日益普及和深化，企业行为信息、其管理者的行为信息、整个产业链的信息均可被数字化形成海量数据，并留存于互联网上。数字金融的发展使外部投资者可以借助大数据、云计算以及人工智能等数字技术对

上述海量数据进行大数据分析，并从中挖掘出与企业真实经营绩效和财务状况相关的信息。外部投资者可以基于这些信息重构股票投资决策模型，提高对目标公司股票的价值判断精度，避免被企业披露的不实消息误导，减少了股价暴涨暴跌风险。由于这些信息并非来源于企业的主动披露，所以打破了企业管理者在企业信息上的垄断地位，从而降低了外部投资者与企业管理者之间的信息不对称程度，使坏消息被及时发现，避免了积累，缓解了股价崩盘风险。基于以上分析，本章提出以下假设：

H1：数字金融可以抑制股价崩盘风险。

二、基于企业信息透明度的数字金融对股价崩盘风险的间接影响

随着数字金融的发展，外部投资者利用数字技术对企业及其管理者的海量软信息数据的分析还可以成为甄别企业主动披露信息真伪的佐证材料，从而提高了针对企业管理者的外部监督效率，减少了企业管理者隐瞒坏消息的机会，进而对股价崩盘风险起到间接抑制作用。一直以来，企业信息透明度偏低的主要原因之一是缺乏针对企业管理者代理行为的有效监督。在公司制的组织框架下，企业管理者与股东的利益往往表现为不一致，企业管理者在薪酬契约、职业生涯以及商业帝国构建等自利性动机的驱使下，极有可能利用其信息优势对坏消息进行封锁，以维持公司股价的较高估值。在这一过程中，外部投资者在信息技术和成本的制约下缺乏除企业主动公开信息以外的其他信息获取渠道，也就难以对企业管理者所披露信息的真伪做出准确判断，从而也无法对企业管理者隐瞒坏消息的行为进行及时监督和制止，导致公司股价持续偏离真实价值，为股价崩盘埋下隐患。随着数字金融的发展，数字技术将被外部投资者应用于投资决策，将有助于监督企业管理者的信息管理行为。外部投资者可以利用大数据技术分析与目标企业处于同一产业链的其他企业的运营数据以及企业管理者和员工在互联网上留存的行为数据，从而构建关于企业业绩的评估模型。这相当于为外部投资者提供了除企业主动披露信息的另一条了解企业真实情况的信息渠道，这便大幅降低了企业内外部的信息不对称程度，大大提升了外部投资者判断企业主动披露信息真伪的能力，在这种情况下，企业管理者进行信息管理的机会便减少了，企业自身信息透明度也就提升了。如此，坏消息"窖藏"的现象将得到有效遏制，从而降低

了企业股价崩盘风险的发生率。基于以上分析，本章提出以下假设：

H2：数字金融通过提升企业自身信息透明度对股价崩盘风险产生间接抑制作用。

三、基于代理成本的数字金融对股价崩盘风险的间接影响

数字金融还可以通过缓解代理问题来减少企业坏消息隐瞒行为，从而降低股价崩盘风险。公司制组织结构，一方面，将职业经理人的企业家才能引入企业，提高了企业经营效率；另一方面，经理人与股东的代理冲突也相伴而生，有的时候由后者带来的企业价值损失甚至超过前者带来的价值提升。代理问题同样也是企业管理者进行信息管理的动机之一。企业管理者出于商业帝国构建的动机，往往会投资一些净现值为负的项目，导致过度投资，损害股东利益。在这一过程中，企业管理者会夸大项目的回报率，随着时间的推移，项目的真实盈利能力会逐渐显现，但管理者出于职位及薪酬契约等自利动机的考虑会持续隐瞒坏消息，直到不能隐瞒被集中释放为止，便导致了股价崩盘。随着数字金融的发展，数字技术正被应用于金融活动的方方面面，在其加持下，外部投资者可以获取目标企业、企业管理者、与企业所处同一产业的其他企业以及关键投资项目的各种软硬信息，通过将这些信息数据化，可以挖掘出企业项目投资的真实盈利能力。如此便提高了外部投资者对企业管理者代理行为的监督效力，从而减少了不利局面的出现，从根本上避免了坏消息"窖藏"，进而抑制了股价崩盘风险。基于上述分析，本章提出以下假设：

H3：数字金融可以通过缓解企业代理成本对股价崩盘风险起到间接抑制作用。

第二节　研 究 设 计

一、研究样本及数据来源

本章以我国 A 股上市公司为研究对象。样本区间为 2011～2018 年，原因

在于数字普惠金融指数于 2011 年开始编制，并只更新到 2018 年。在剔除了金融类企业、被标记为 ST 的企业以及相关数据存在缺失的样本后，共获得 13125 个公司 – 年度观测值。其中，用来度量数字金融发展水平的"数字普惠金融指数"来自北京大学数字金融研究中心，地区层面的相关数据分别来自历年《中国统计年鉴》，企业财务数据均来自国泰安数据库（CSMAR）。为了避免极端值对实证结果的影响，对相关数据进行了缩尾（winsorize）处理或对数化处理。

二、变量选取

（一）数字金融

北京大学数字金融研究中心联合蚂蚁金服收集了海量数字金融数据，并从 2011 年起，每年公布"数字普惠金融指数"，数据涵盖了我国省域、市域以及县域层面，为我国数字金融的研究提供了可靠的数据支持。借鉴已有相关研究的做法（唐松等，2020），本章选取 2011 ~ 2018 年市域层面的数字普惠金融指数的对数值（*dig*）作为数字金融发展水平的核心度量指标。同时，在稳健性检验部分我们还分别采用数字普惠金融的覆盖广度（*bre*）和使用深度（*dep*）来度量数字金融发展水平，以保证实证结果的稳健性。

（二）股价崩盘风险

本章借鉴陈等（Chen et al. , 2001）的做法来构建股价崩盘指标，为了剔除系统性风险的影响，本章利用各个公司每一年的周收益率数据，估计如下回归模型：

$$r_{i,t} = \alpha_i + \beta_{i1} r_{m,t-2} + \beta_{i2} r_{m,t-1} + \beta_{i3} r_{m,t} + \beta_{i4} r_{m,t+1} + \beta_{i5} r_{m,t+2} + \varepsilon_{i,t} \qquad (6-1)$$

其中，$r_{i,t}$ 为公司 i 第 t 周考虑红利在投资的收益率，$r_{m,t}$ 为市场第 t 周经流通市值加权的考虑红利再投资的平均收益率，为了减少非同步交易带来的偏差，我们在模型（6 – 1）中加入了市场收益率的超前项和滞后项（Dimson，1979）。定义 $w_{i,t} = \log(1 + \hat{\varepsilon}_{i,t})$ 为公司特定收益率，其中 $\hat{\varepsilon}_{i,t}$ 为模型（6 – 1）的估计残差。基于个股周特定收益率，本章构建了如下两个指标来测度股价崩盘风险。

（1）借鉴陈等（Chen et al., 2001）和金等（Kim et al., 2011a, 2011b）的研究，利用公司特定收益率偏度的负值（ncskew）来测度股价崩盘风险，该值越大表示发生崩盘风险越高。公司 i 在年度 t 的 ncskew 为：

$$ncskew_{i,t} = \frac{-\left[n(n-1)^{3/2} \sum w_{i,t}^3\right]}{(n-1)(n-2)\left(\sum w_{i,t}^2\right)^{3/2}} \qquad (6-2)$$

其中，n 为交易周数。

（2）借鉴金等（Kim et al., 2011a, 2011b）的方法，采用下跌波动率与上涨波动率之比（duvol）来测度股价崩盘风险。duvol 越大，则股价崩盘风险越大。duvol 的计算过程为：首先，对于每一个公司－年度样本，按每周个股周特定收益率是否高于该年所有周特定回报率的均值划分为低于该年周特定回报率均值的为下跌周（down weeks）和高于该年周特定回报率均值的为上涨周（up weeks）两类。其次，分别计算下跌周和上涨周个股周回报率的标准差，得到下跌波动率和上涨波动率。最后，在每一个公司－年度内计算下跌波动率与上涨波动率的比值并取自然对数，得到 duvol 指标。其表达式如下：

$$duvol_{i,t} = \frac{\log(n_{up} - 1) \sum s_{down}^2}{(n_{down} - 1) \sum s_{up}^2} \qquad (6-3)$$

其中，s_{down} 为下跌周个股周特定回报率的标准差，s_{up} 为上涨周个股周特定回报率的标准差，n_{up} 为上涨周数，n_{down} 为下跌周数。

（三）企业自身信息透明度

借鉴已有研究的做法（艾永芳等，2017），本章采用修正琼斯（Jones）模型残差的绝对值来作为企业自身信息透明度的度量变量（absacc）。该指标越大，代表企业信息透明度越低；反之，该指标越小，代表企业信息透明度越高。

（四）控制变量

为了避免其他可能对企业股价崩盘产生作用的因素的影响，在回归模型中，我们还引入了企业层面以及地区层面的控制变量。企业层面包括：企业规模（size），企业年末总资产加 1 取对数；总资产收益率（roa）；账面市值比（*btm*），年末总资产与年末总市值的比值；产权性质（*soe*），企业实际控制人为国有产权取值为1，否则为0；大股东持股比例（*first*），企业第一大股东持股比例；董事长与CEO是否两职合一（*dual*），如果董事长与CEO为同一人取1，否则取0；企业上市年限（*ipo*）；所选会计师事务所是否为国际四大会计师事务所之一（*big*4），如果企业聘请的会计师事务所为国际四大会计师事务所之一，则取值为1，否则取0；公司周特定收益率均值（*ret*）；公司周特定收益率标准差（*sigma*）；月均超额换手率（*turnover*），为当年月均换手率与前一年月均换手率之间的差值。地区层面的包括：地区经济发展水平（*mgdp*），采用可比价计算的市域人均GDP来度量（单位为万元）；地区金融发展水平（*fdindex*）。之所以选择上述指标作为控制变量，具体原因如下：

（1）换手率。已有相关文献通常将股票换手率作为投资者异质信念的直观体现（Chen et al.，2001；陈国进和张贻军，2009）。根据宏和斯坦因（Hong and Stein，2003）的股价崩盘成因理论，投资者异质信念以及卖空限制是导致股价崩盘的重要原因。具体来讲，在买空限制条件下，在过度自信的驱使下，只有乐观的投资者进入市场交易，悲观的投资者只能观望，因此股票价格只反映了乐观投资者的信念，从而使股价容易出现泡沫，当价格泡沫达到一定程度时，因为没有投资者及时接盘，便导致股价崩盘。投资者异质信念程度越大，发生股价崩盘的风险越高。鉴于此，本章将换手率作为控制变量引入计量模型中去，以提高实证分析的稳健性。

（2）股票周特定收益率均值。某股票在一年内的平均周收益率越高，在一定程度上说明该股票在这一年所积累的收益越高。根据陈国进和张贻军（2009）的实证结论，股票在过去一段时间内积累的收益越多，发生股价崩盘的风险越高。高等（Cao et al.，2002）给出的理论解释是，当存在交易成本时，一些投资者会被挡在交易市场之外，这类交易者所掌握的信息就不能被市场价格所反映（这些交易者被定义为"观望交易者"）。只有当股价的变化证明"观望交易者"所获取信息是正确的时候，他们才会进入市场。如此，即便是很小的消息，也可能触发"观望交易者"在之前积累的负面消息的突然释放，从而导致股价崩盘。鉴于上述分析，本章将周特定收益率均值作为累计收益率的代理变量引入计量模型中，以控制其对实证结果的影响。

（3）股票周特定收益率标准差。马科维茨（Markowitz，1952）提出的均值－方差模型首次明确证券价格收益率的标准差即为股价收益率波动率后，该思想一直沿用至今。通常股价收益率的标准差越大，说明该股票的价格波动率越大，也即风险越大。已有相关研究表明，股票周特定收益率的标准差越大，则股价发生崩盘风险越大（王化成等，2015；江轩宇和许年行，2015）。鉴于此，本章将股票周特定收益率标准差作为控制变量，引入计量模型中。

（4）公司规模。首先，根据李维安和武立东（1999）提出的公司规模与公司治理边界的理论，规模越大的企业，越重视公司治理。在有效的监督和激励机制的约束下，管理者采取代理行为的机会成本较高，从而抑制了代理问题，进而缓解了股价崩盘风险。其次，由于公司规模越大，受关注程度越高（主要指证券分析师）（Chen，2001），这便形成了一种强有力的外部监督，在这种情况下，管理者隐瞒坏消息的难度加大，从而避免了坏消息积累，进而抑制了股价崩盘。鉴于此，本章将公司规模作为控制变量引入模型中，以确保实证结果的稳健性。

（5）账面市值比。所谓账面市值比就是股东权益与公司市值的比值，也等于每股净资产与每股股价的比值。高账面市值比代表公司基本面不佳，而低账面市值比代表公司基本面良好。依据丹尼尔和迪特曼（Daniel and Titman，1997）的研究，账面市值比作为一种公司特征，代表着投资者的偏好，在一定程度上影响着公司股票收益。投资者通常会因某公司账面市值比高，而过分低估该公司股价；反之，则会高估账面市值比低的公司的股价。随着时间的推移，股价会被修正，从而使被低估的高账面市值比的公司的股价上涨；同时，被高估的低账面市值比的公司的股价下跌。这在一定程度上解释了账面市值比效应。鉴于上述分析，本章将账面市值比作为控制变量引入模型，以保证实证结果的稳健性。

（6）资产收益率。资产收益率在一定程度上体现了股票的内在价值。资产收益率高的企业，表明其盈利能力较强，内在价值高，从而可以推升股价上涨。以企业内在价值为依托的股价上涨，泡沫成分比较低，因此不容易发生崩盘风险。此外，从信息披露质量角度讲，较低的资产收益率，意味着管理者的经营能力较差，出于薪酬以及职位等考虑，管理者有动机去掩饰业绩下滑事实，从而加剧了股价崩盘风险；反之，当企业资产收益率较高时，管理者的能力已经得以证明，因此粉饰财务数据的动机也就降低了（Hutton et al.，2009）。综合以上分析，本章将资产收益率作为控制变量引入计量模型。

（7）资产负债率。资产负债率反映了企业的财务状况，资产负债率越高，说明企业面临的融资约束与财务困境越严峻。此时，为了降低交易成本，企业往往通过操控盈余的手段来粉饰盈利能力和财务状况。债务假说认为，高杠杆企业在强制性债务契约的驱使下，往往具有较高的操控性应计利润（Becker et al.，1998），即资产负债率较高的企业，隐瞒坏消息的动机更强，从而发生股价崩盘风险的概率更大。然而，还有一种观点认为，资产负债率高的企业，容易被监管部门监督，从而不容易通过盈余管理来隐瞒信息（汪健和曲晓辉，2014），因此，可能有利于抑制股价崩盘风险。虽然依据两种观点推导出的资产负债率与股价崩盘风险之间的关系恰恰相反，但均说明二者之间可能存在关系，因此，本章将资产负债率引入模型作为控制变量。

（8）公司信息透明度。赫顿等（Hutton et al.，2009）利用1991~2005年美国上市公司数据研究了公司财务信息不透明对股价的同步性和暴跌风险的影响。该研究以可操控应计利润作为公司财务信息不透明的代理变量，可操控应计利润越高，说明公司财务信息透明度越低。研究结果表明，公司财务信息越不透明，股价越具有同质性，同时股价越具有暴跌风险。该研究的理论基础是，企业高管出于谋取自身利益的目的，故意隐瞒负面的财务信息，这会使企业的特质信息减少，从而使企业股价不能有效地反映企业的实际经营状况，却与市场指数保持高度一致性。然而，当企业的负面消息积累到一定程度时，高管无法隐瞒真相，消息被公众所知，股价就会发生暴跌现象。也就是说，企业的信息透明度高低，是企业高管是否采取代理行为的先决条件，信息透明度越高，高管就越不容易为谋取私利行为隐瞒信息，从而企业股价发生崩盘风险的可能性就越低。鉴于上述分析，本章将公司信息透明度作为控制变量引入计量模型，以提高稳健性。

（9）大股东持股比例。根据王化成等（2015）的研究，大股东持股比例越高，就越能发挥大股东的"监督效用"，从而可以缓解企业管理者与股东之间的代理冲突，进而降低了企业股价崩盘风险。相反，当企业大股东持股比例较低，即企业股权比较分散时，各个股东之间就会存在"搭便车"行为，使监督管理者行为这种公共品出现供给不足的问题（Grossman and Hart，1980）。在缺乏必要监督的情况下，企业管理者采取代理行为的机会成本较低，会加剧企业代理问题，从而加剧了股价崩盘风险。鉴于此，本章将大股东持股比例作为控制变量，引入计量模型中，以提高实证结果的稳健性。

（10）两职合一。如果董事长与CEO由两个不同人担任定义为两职分离；反之，如果董事长与CEO由同一人担任则称为两职合一。CEO的职责是负责企业的日常经营管理，并向董事会负责。董事长及董事会成员由股东大会任命，负责制定企业大政方针，并对高管进行监督。CEO作为股东的代理人，本质上是替代股东行使对公司的管理权，相对于股东，CEO等高管成员掌握着关于企业经营状况的更多信息，即CEO相对于股东具有信息优势。同时，对于公司剩余索取权，CEO以薪酬的形式获取，而且为了对其进行激励，其薪酬结构往往与职位、企业规模挂钩，并可能以股权的形式发放；股东则以股利及资本利得的形式获得超额的剩余索取权，显然这里存在着一个潜在不对等关系，如此，二者之间可能存在利益不一致的情形。在信息不对称的情况下，出于薪酬、职位以及商业帝国构建等自利动机的考虑，很可能会故意隐瞒坏消息，当这些坏消息被积累到一定程度被迫释放时，便会导致股价崩盘。因此，股东为了监督CEO等高管的代理行为，便聘请了具有专业能力的人员负责监督CEO。在以董事长为主导的董事会的监督下，可以化解CEO的代理行为，然而前提是董事长与CEO之间必须表现为监督与被监督的关系。如果董事长与CEO由同一人兼任，董事长的监督人职责必然丧失，甚至会因为加大CEO权力造成更为严重的代理问题，从而使股东遭受更为严重的损失，导致更为严重的股价崩盘风险。由此，我们预测两职合一会加剧股价崩盘风险，并作为控制变量将其引入回归模型中。

（11）产权性质。根据产权性质的不同，我国企业分为两种，分别为国有企业和民营企业。国有企业是指企业的实际控制人为中央或地方政府的企业；民营企业是指实际控制人为自然人或非政府部门的法人。产权性质对股价崩盘风险的影响相对复杂。一方面，相对于民营企业，国有企业的经营目标并非只是公司价值最大化，还有包括稳就业在内的社会责任，因此会获得来自政府的各项政策倾斜。例如，在政府背书的支持下，国有企业要比民营企业更容易获得来自银行系统的融资，从而减少了由融资难导致的粉饰财务数据的行为，进而避免股价崩盘的发生。因此，从政策支持角度讲，国有企业产权性质可以在一定程度上抑制股价崩盘风险。另一方面，相对于民营企业，国有企业存在着公司治理方面的缺陷，即国有企业普遍存在着所有者缺位的问题。这样一来，高管的代理行为将难以被监督，所以国有企业过度投资等有损国有股东利益的行为发生率较高，高管们借助信息优势，出于自利目的的信息管理行为也更加严重。因此，从公司治理角度讲，相对于民营企业，国有企业更容易发生股价崩盘。鉴于上述分析，本章在基础回归模型中引入了产权性质这一指标。

（12）企业上市年限。企业上市年限是指自公司股票首次公开发行之日起，到相应统计时点的总年限。同欧美主要经济体不同，一直以来我国主要采取核准制上市制度。监管部门会在财务制度以及公司治理制度等方面对即将上市的企业进行严格把关，因此相对于未上市的企业，上市企业的公司治理制度更为健全。同时，随着企业上市，企业的关注度将大幅提升，企业的各种行为将被监管机构和各类媒体监督。企业上市越久，其暴露的治理问题也就越多，但同时存在的治理问题也会逐步减少。也就是说，由上市带来的外部关注，不仅丰富了企业的外部治理途径，也完善了内部治理结构，上市时间越长，企业的代理问题也就越容易被杜绝，从而也就减少了管理者的信息管理行为，有效控制了坏消息"窖藏"，也就缓解了股价崩盘风险的发生。因此，上市年限越长，企业发生股价崩盘风险的概率就越低。鉴于此，本章在基础回归中引入了该指标。

（13）会计师事务所。如果企业聘请的会计师事务所为德勤、毕马威、普华永道以及安永等国际四大会计师事务所，那么该变量取值为1；否则取值为0。这四家会计师事务所在世界上享誉盛名，舞弊成本极高，因此相对于普通会计师事务所，他们对企业财务制度和财务数据的把关会更加严格，也就减少了企业管理者恶意粉饰财务数据的机会。如此，即便企业管理者有动机隐瞒坏消息，在这四大会计师事务所的监督下，隐瞒行为也难以付诸行动，这在一定程度上避免了坏消息"窖藏"现象的出现，从而抑制了股价崩盘风险。鉴于此，本章在基础回归中引入了该指标。

（14）区域经济发展水平和区域金融发展水平都会影响到区域数字金融的发展水平，同时也会对股价崩盘风险产生一定影响，因此本章也将这两个变量引入回归模型中。

三、模型构建

（1）本章利用模型（6-4）来检验假设 H1。

$$crash_{i,j,t} = \beta_0 + \beta_1 df_{j,t} + \sum \beta_k controls_{i,j,t} + yeardum + inddum + \varepsilon_{i,j,t}$$

$$(6-4)$$

其中，下标 i、j、t 分别代表企业、城市和年份。$crash$ 代表个股股价崩盘风险，文分别用 $ncskew$ 和 $duvol$ 来度量。df 为区域数字金融发展水平，本章用北京大学数字金融研究中心所编制的数字普惠金融指数来度量。如果假设 H1 成立，那么其回归系数 $\beta_1 < 0$。$controls$ 为控制变量集。$yeardum$ 和 $inddum$ 代表年份固定效应和行业固定效应。ε 为随机扰动项。

（2）为了检验假设 H2，本章构建了模型（6-5）和模型（6-6）。

$$absacc_{i,j,t} = \beta_0 + \beta_2 df_{j,t} + \sum \beta_k controls_{i,j,t} + yeardum + inddum + \varepsilon_{i,j,t}$$

$$(6-5)$$

$$crash_{i,j,t} = \beta_0 + \beta_3 df_{j,t} + \beta_4 absacc_{i,j,t} + \sum \beta_k controls_{i,j,t} + yeardum + inddum + \varepsilon_{i,j,t}$$

$$(6-6)$$

模型（6-5）检验了数字金融对企业自身信息透明度的影响。如果数字金融可以提高企业信息透明度，则参数 $\beta_2 < 0$。模型（6-6）检验了企业信息透明度对股价崩盘风险的影响。按照本章理论分析的预期，应该有 $\beta_4 > 0$。

第三节　回归结果分析

一、主要的变量的描述性统计结果

表 6-1 给出了主要变量的描述性统计结果。其中，$ncskew$ 和 $duvol$ 的均值分别为 -0.245 和 -0.228，标准差分别为 0.730 和 0.434，说明所选样本企业之间股价崩盘风险差异较大；另外，代表区域绿色金融发展水平的三个指标的标准差和最值差异也相对较大，说明本章所选样本比较适合做比较分析。此外，其他变量的描述性统计结果均在合理范围内。

表 6-1 主要变量的描述性统计结果

变量	样本量	均值	标准差	最小值	最大值
ncskew	13125	-0.245	0.730	-4.350	3.829
duvol	13125	-0.228	0.434	-1.977	2.216
dit	13125	5.189	0.410	3.103	5.717
bre	13125	5.189	0.399	1.808	5.674
dep	13125	5.170	0.423	2.602	5.789
absacc	13125	0.054	0.060	0.000	0.588
lev	13125	0.422	0.213	0.012	0.994
size	13125	22.132	1.323	19.033	26.553
roa	13125	0.044	0.061	-0.305	0.269
btm	13125	0.612	0.242	0.089	1.190
soe	13125	0.457	0.498	0.000	1.000
first	13125	35.135	15.068	7.440	80.250
dual	13125	0.274	0.446	0.000	1.000
dsize	13125	8.614	1.725	0.000	18.000
cash	13125	0.189	0.140	0.009	0.765
big4	13125	0.446	0.497	0.000	1.000
ipo	13125	9.539	6.931	0.000	28.000
mtover	13125	61.120	64.148	0.018	750.806
ret	13125	-0.001	0.001	-0.026	0.000
sigma	13125	0.047	0.021	0.009	0.234
fdindex	13125	3.719	1.693	1.528	8.131

二、数字金融对企业股价崩盘风险影响的回归分析

(一) 基础回归

表 6-2 给出了数字金融对股价崩盘风险的基础回归结果。第 (1) (3) (5) (6) 列结果显示，当分别以 ncskew 和 duvol 为被解释变量时，三个代表

数字金融发展水平的指标中，数字金融发展总指数（*dit*）以及数字金融使用深度（*dep*）的回归系数均显著为负。第（3）（4）列结果显示数字金融覆盖广度（*bre*）的回归系数虽然为负，但在统计上不显著。这表明，从总体上讲，数字金融对企业股价崩盘风险有显著的抑制作用，但从数字金融的具体维度看，影响效果则存在差异。

表6－2　　数字金融对股价崩盘风险影响的回归结果（基础回归）

变量	基于数字金融发展指数的回归结果		基于数字金融覆盖广度的回归结果		基于数字金融使用深度的回归结果	
	(1) *ncskew*	(2) *duvol*	(3) *ncskew*	(4) *duvol*	(5) *ncskew*	(6) *duvol*
dit	-0.111 ** (-2.05)	-0.061 * (-1.90)				
bre			-0.054 (-1.54)	-0.030 (-1.43)		
dep					-0.103 ** (-2.20)	-0.057 ** (-2.03)
absacc	0.326 *** (2.80)	0.144 ** (2.04)	0.327 *** (2.82)	0.145 ** (2.05)	0.323 *** (2.78)	0.143 ** (2.01)
lev	-0.069 (-1.53)	-0.050 * (-1.89)	-0.068 (-1.51)	-0.050 * (-1.87)	-0.072 (-1.60)	-0.052 ** (-1.96)
size	-0.035 *** (-4.10)	-0.032 *** (-6.23)	-0.035 *** (-4.07)	-0.031 *** (-6.20)	-0.035 *** (-4.15)	-0.032 *** (-6.28)
roa	0.215 * (1.67)	0.118 (1.51)	0.213 * (1.66)	0.116 (1.50)	0.222 * (1.72)	0.121 (1.55)
btm	-0.147 *** (-3.53)	-0.035 (-1.42)	-0.148 *** (-3.55)	-0.036 (-1.45)	-0.145 *** (-3.49)	-0.034 (-1.38)
soe	-0.011 (-0.66)	0.002 (0.20)	-0.010 (-0.57)	0.003 (0.28)	-0.013 (-0.73)	0.001 (0.13)
first	-0.001 ** (-2.50)	-0.001 ** (-2.39)	-0.001 ** (-2.51)	-0.001 ** (-2.38)	-0.001 ** (-2.48)	-0.001 ** (-2.37)

续表

变量	基于数字金融发展指数的回归结果		基于数字金融覆盖广度的回归结果		基于数字金融使用深度的回归结果	
	(1) ncskew	(2) duvol	(3) ncskew	(4) duvol	(5) ncskew	(6) duvol
dual	−0.002 (−0.12)	0.001 (0.15)	−0.002 (−0.15)	0.001 (0.12)	−0.002 (−0.13)	0.001 (0.14)
dsize	−0.009 ** (−2.37)	−0.004 * (−1.65)	−0.009 ** (−2.36)	−0.004 (−1.64)	−0.009 ** (−2.35)	−0.004 (−1.64)
cash	0.091 * (1.70)	0.069 ** (2.18)	0.090 * (1.69)	0.069 ** (2.18)	0.085 (1.60)	0.066 ** (2.09)
big4	−0.044 *** (−3.50)	−0.022 *** (−2.93)	−0.045 *** (−3.54)	−0.022 *** (−2.97)	−0.045 *** (−3.53)	−0.022 *** (−2.95)
ipo	−0.011 *** (−8.24)	−0.007 *** (−8.88)	−0.011 *** (−8.23)	−0.007 *** (−8.86)	−0.011 *** (−8.22)	−0.007 *** (−8.85)
mtover	−0.000 (−1.44)	−0.000 ** (−2.26)	−0.000 (−1.35)	−0.000 ** (−2.16)	−0.000 (−1.48)	−0.000 ** (−2.29)
ret	64.018 *** (2.87)	39.663 *** (3.09)	64.189 *** (2.88)	39.792 *** (3.10)	63.831 *** (2.87)	39.559 *** (3.08)
sigma	−3.800 *** (−2.67)	−2.123 *** (−2.61)	−3.808 *** (−2.68)	−2.129 *** (−2.61)	−3.803 *** (−2.68)	−2.124 *** (−2.61)
fdindex	0.006 (1.35)	0.003 (1.29)	0.004 (1.10)	0.003 (1.07)	0.006 (1.41)	0.003 (1.35)
常数项	1.520 *** (5.25)	0.979 *** (5.69)	1.284 *** (5.48)	0.849 *** (6.09)	1.495 *** (5.54)	0.967 *** (5.99)
样本数	13125	13125	13124	13124	13125	13125
R^2	0.077	0.100	0.077	0.100	0.077	0.100

注：括号内为 t 值，*** 、** 、* 分别表示在1%、5%、10%的水平上显著。

一方面，数字金融可以抑制企业股价崩盘风险的原因在于：数字技术的发展大大降低了信息的搜索成本，也改变了人们的决策思维，在经济决策中，针对海量数据的大数据分析正在部分地取代人的主观判断，并成为经济决策的主要参考依据。随着数字金融的发展，企业外部投资者可以借助数字技术针对企业及其管理者的线上行为进行大数据分析，从而了解企业最真实的经营水平和财务状况。这一过程要么并列于企业主动披露信息的行为，要么先行于企业主动披露信息的行为，如此便打破了企业管理者在企业信息上的垄断地位。在这种情况下，外部投资者基于数字技术对企业经营状况的分析结果将成为投资决策模型的核心指标，而由管理者主动披露的信息在这一模型的重要性将下降。如此，企业管理者主动披露信息的质量在股票价值评估过程中的作用将被削弱，由企业管理者的信息管理行为所引发的坏消息"窖藏"对股价崩盘的影响也就减弱了。总之，数字金融的发展促使外部投资者加强了对数字技术的应用，弱化了企业主动披露信息在投资模型中的作用，使企业管理者的坏消息"窖藏"行为对股价估值的冲击，从而直接对股价崩盘风险起到抑制作用。

另一方面，从数字金融的不同维度看，相对于数字金融覆盖广度，数字金融使用深度对股价崩盘的抑制作用更显著。究其原因，数字金融实际治理效应的发挥取决于企业是否为数字金融的真正受益者。数字金融覆盖广度衡量的是数字金融所能惠及的区域范围，而数字金融使用深度则代表了微观企业使用数字金融的频率。进一步地，只有数字金融使用深度才能真正反映微观企业对于数字金融的收益程度，所以其对股价崩盘风险的影响也就越显著。

（二）稳健性检验

本章采用替换核心解释变量的方法进行稳健性检验。在基础回归中，我们采用市级层面数据来度量企业所在地的数字金融发展水平，在本部分我们将采用省级层面数据来度量数字金融发展水平，并重新进行回归分析。表6－3汇报了回归结果。其中，*prodit* 代表数字金融的省域综合发展指数，*probre* 代表数字金融省域覆盖广度，*prodep* 则代表数字金融省域使用深度。回归结果显示，*prodit* 的回归系数接近显著，*prodep* 的回归系数仍然均显著为负；同时，*probre* 的回归系数仍然不显著，与基础回归结果基本一致。这说明本章回归分析结果是稳健的，即从总体上讲，数字金融可以抑制股价崩盘风险，但在不同维度上的影响效果存在差异，相较于数字金融覆盖广度，数字金融使用深度对股价崩盘风险的抑制作用更强。

表6－3   数字金融对股价崩盘风险影响的回归结果（稳健性检验）

变量	基于数字金融发展指数的回归结果		基于数字金融覆盖广度的回归结果		基于数字金融使用深度的回归结果	
	（1）ncskew	（2）duvol	（3）ncskew	（4）duvol	（5）ncskew	（6）duvol
prodit	－0.060 （－1.53）	－0.037 （－1.55）				
probre			－0.021 （－0.95）	－0.013 （－0.98）		
prodep					－0.060* （－1.82）	－0.035* （－1.75）
absacc	0.322*** （2.77）	0.141** （2.00）	0.324*** （2.79）	0.143** （2.01）	0.320*** （2.76）	0.141** （1.98）
lev	－0.073 （－1.62）	－0.053** （－2.00）	－0.072 （－1.59）	－0.052** （－1.97）	－0.074 （－1.63）	－0.053** （－2.01）
size	－0.035*** （－4.08）	－0.031*** （－6.20）	－0.034*** （－4.06）	－0.031*** （－6.19）	－0.035*** （－4.10）	－0.032*** （－6.23）
roa	0.207 （1.60）	0.112 （1.43）	0.203 （1.58）	0.110 （1.41）	0.212 （1.64）	0.115 （1.47）
btm	－0.145*** （－3.49）	－0.034 （－1.37）	－0.146*** （－3.51）	－0.034 （－1.39）	－0.145*** （－3.47）	－0.033 （－1.35）
soe	－0.011 （－0.65）	0.002 （0.18）	－0.009 （－0.54）	0.003 （0.30）	－0.013 （－0.71）	0.001 （0.13）
first	－0.001** （－2.50）	－0.001** （－2.38）	－0.001** （－2.52）	－0.001** （－2.40）	－0.001** （－2.50）	－0.001** （－2.39）
dual	－0.003 （－0.20）	0.001 （0.08）	－0.003 （－0.22）	0.001 （0.06）	－0.003 （－0.19）	0.001 （0.09）
dsize	－0.009** （－2.33）	－0.004 （－1.61）	－0.009** （－2.33）	－0.004 （－1.61）	－0.009** （－2.33）	－0.004 （－1.61）
cash	0.084 （1.58）	0.065** （2.07）	0.084 （1.57）	0.065** （2.06）	0.082 （1.54）	0.064** （2.02）

变量	基于数字金融发展 指数的回归结果		基于数字金融覆盖 广度的回归结果		基于数字金融使用 深度的回归结果	
	(1) ncskew	(2) duvol	(3) ncskew	(4) duvol	(5) ncskew	(6) duvol
big4	-0.044 *** (-3.49)	-0.022 *** (-2.90)	-0.045 *** (-3.52)	-0.022 *** (-2.93)	-0.044 *** (-3.49)	-0.022 *** (-2.90)
ipo	-0.011 *** (-8.20)	-0.007 *** (-8.84)	-0.011 *** (-8.20)	-0.007 *** (-8.85)	-0.011 *** (-8.19)	-0.007 *** (-8.83)
mtover	-0.000 (-1.42)	-0.000 ** (-2.25)	-0.000 (-1.39)	-0.000 ** (-2.22)	-0.000 (-1.45)	-0.000 ** (-2.28)
ret	64.230 *** (2.88)	39.826 *** (3.10)	64.328 *** (2.89)	39.884 *** (3.11)	64.022 *** (2.88)	39.711 *** (3.10)
sigma	-3.797 *** (-2.67)	-2.116 *** (-2.60)	-3.794 *** (-2.67)	-2.114 *** (-2.60)	-3.795 *** (-2.67)	-2.114 *** (-2.60)
fdindex	0.005 (1.26)	0.003 (1.26)	0.004 (0.95)	0.002 (0.97)	0.005 (1.29)	0.003 (1.27)
常数项	1.285 *** (5.46)	0.864 *** (6.07)	1.130 *** (5.72)	0.771 *** (6.47)	1.299 *** (5.72)	0.866 *** (6.34)
样本数	13115	13115	13115	13115	13115	13115
R^2	0.077	0.100	0.076	0.100	0.077	0.1

注：括号内为 t 值，*** 、** 、* 分别表示在1%、5%、10%的水平上显著。

三、基于企业自身信息透明度的间接效应检验

表6-4汇报了数字金融通过提升企业自身信息透明度对股价崩盘风险产生间接抑制作用的回归结果。第（1）（4）列结果显示，无论是数字金融综合发展指数还是数字金融使用深度对企业自身信息透明度的回归结果均显著为负，说明数字金融提高了企业信息透明度。同时，第（5）（6）列结果显示，企业自身信息透明度对两个股价崩盘风险指标的回归系数均显著为正，说明企业自身信息不透明确实是导致股价崩盘的重要原因。与此同时，中介

效应检验结果均显著,结合上述回归结果表明,企业自身信息透明度确实是数字金融对企业股价崩盘风险产生影响的中介变量,即数字金融通过提高企业信息透明度来缓解企业股价崩盘风险的间接路径是存在的。这是因为,随着数字金融的发展,外部投资者借助数字技术对企业真实情况的深入分析,不仅通过提升其股票投资决策模型的精准度,而且还成为鉴别企业管理者所披露信息真伪的佐证材料。在这种情况下,即便企业管理者有隐瞒坏消息的动机,如果其认识到外部投资者可以通过其他途径来了解企业运营情况,也不会轻易采取隐瞒行为。如此,便提升了企业自身信息透明度,减少了坏消息"窖藏"现象的发生,也就缓解了企业股价崩盘风险。

表6-4　　　　　　　　基于企业自身信息透明度的间接效应检验

变量	基于数字金融总指数的回归结果			基于数字金融使用深度的回归结果		
	(1) absacc	(2) ncskew	(3) duvol	(4) absacc	(5) ncskew	(6) duvol
dit	-0.008 ** (-2.06)	-0.111 ** (-2.05)	-0.061 * (-1.90)			
dep				-0.010 *** (-2.85)	-0.103 ** (-2.20)	-0.057 ** (-2.03)
absacc		0.326 *** (2.80)	0.144 ** (2.04)		0.323 *** (2.78)	0.143 ** (2.01)
lev	0.034 *** (9.05)	-0.069 (-1.53)	-0.050 * (-1.89)	0.034 *** (8.98)	-0.072 (-1.60)	-0.052 ** (-1.96)
size	-0.001 (-1.54)	-0.035 *** (-4.10)	-0.032 *** (-6.23)	-0.001 (-1.60)	-0.035 *** (-4.15)	-0.032 *** (-6.28)
roa	-0.072 *** (-3.76)	0.215 * (1.67)	0.118 (1.51)	-0.072 *** (-3.72)	0.222 * (1.72)	0.121 (1.55)
btm	-0.023 *** (-7.02)	-0.147 *** (-3.53)	-0.035 (-1.42)	-0.023 *** (-6.97)	-0.145 *** (-3.49)	-0.034 (-1.38)
soe	-0.004 *** (-3.30)	-0.011 (-0.66)	0.002 (0.20)	-0.004 *** (-3.51)	-0.013 (-0.73)	0.001 (0.13)
first	0.000 (0.62)	-0.001 ** (-2.50)	-0.001 ** (-2.39)	0.000 (0.66)	-0.001 ** (-2.48)	-0.001 ** (-2.37)

续表

变量	基于数字金融总指数的回归结果			基于数字金融使用深度的回归结果		
	(1) *absacc*	(2) *ncskew*	(3) *duvol*	(4) *absacc*	(5) *ncskew*	(6) *duvol*
dual	0.003 ** (2.49)	− 0.002 (− 0.12)	0.001 (0.15)	0.003 ** (2.50)	− 0.002 (− 0.13)	0.001 (0.14)
dsize	− 0.001 *** (− 3.83)	− 0.009 ** (− 2.37)	− 0.004 * (− 1.65)	− 0.001 *** (− 3.81)	− 0.009 ** (− 2.35)	− 0.004 (− 1.64)
cash	0.018 *** (4.13)	0.091 * (1.70)	0.069 ** (2.18)	0.017 *** (4.05)	0.085 (1.60)	0.066 ** (2.09)
big4	− 0.003 *** (− 2.79)	− 0.044 *** (− 3.50)	− 0.022 *** (− 2.93)	− 0.003 *** (− 2.80)	− 0.045 *** (− 3.53)	− 0.022 *** (− 2.95)
ipo	0.000 (0.91)	− 0.011 *** (− 8.24)	− 0.007 *** (− 8.88)	0.000 (0.94)	− 0.011 *** (− 8.22)	− 0.007 *** (− 8.85)
mtover	0.000 *** (4.90)	− 0.000 (− 1.44)	− 0.000 ** (− 2.26)	0.000 *** (4.85)	− 0.000 (− 1.48)	− 0.000 ** (− 2.29)
fdindex	0.001 ** (2.44)	0.006 (1.35)	0.003 (1.29)	0.001 *** (2.71)	0.006 (1.41)	0.003 (1.35)
ret		64.018 *** (2.87)	39.663 *** (3.09)		63.831 *** (2.87)	39.559 *** (3.08)
sigma		− 3.800 *** (− 2.67)	− 2.123 *** (− 2.61)		− 3.803 *** (− 2.68)	− 2.124 *** (− 2.61)
常数项	0.118 *** (5.39)	1.520 *** (5.25)	0.979 *** (5.69)	0.126 *** (6.09)	1.495 *** (5.54)	0.967 *** (5.99)
间接效应占比		2.30%	1.85%		3.04%	2.45%
样本数	13462	13125	13125	13462	13125	13125
R^2	0.057	0.077	0.100	0.057	0.077	0.1

注：括号内为 t 值，*** 、** 、* 分别表示在1%、5%、10%的水平上显著。

此外，表6-4的实证结果还显示，基于企业自身信息透明度的间接效应占比分别为2.30%、1.85%、3.04%和2.45%，均非常低，这说明数字金融通过缓解企业自身信息透明度对企业股价崩盘风险的间接抑制作用虽然在统计上是显著的，但实际的经济效果并不明显。这意味着，数字金融对企业股价崩盘风险的抑制作用主要在于数字技术带来的资本市场信息环境的改善，弱化了股票投资决策模型中企业主动披露信息的重要性，提升了模型精准度，减少了企业管理者主导的坏消息"窖藏"对股价的冲击所致。

四、基于代理成本的间接效应检验

表6-5给出了数字金融通过缓解企业代理成本对股价崩盘发挥间接抑制作用的回归结果。采用依次回归法得出的结果显示，dit 的回归系数不显著，但 dep 的回归系数显著为负，同时，代表企业代理成本程度的 $agency$ 对两个测度股价崩盘风险的指标的回归系数均为正，且基本通过显著性检验。这意味着依次回归法的结果中，不支持代理成本是数字金融综合指数影响企业股价崩盘风险的中介变量论断，但支持代理成本是数字金融使用深度影响股价崩盘风险的中介变量的论断。这一结果表明，代理成本确实是数字金融影响股价崩盘风险的中介变量，但这种中介效应只存在于数字金融使用深度这一维度的影响过程中。最后，间接效应占比均非常低，说明上述间接路径虽然在统计上显著，但却不具有明显的经济效果。

表6-5   **基于代理成本的间接效应检验**

变量	基于数字金融总指数的回归结果			基于数字金融使用深度的回归结果		
	(1) $agency$	(2) $ncskew$	(3) $duvol$	(4) $agency$	(5) $ncskew$	(6) $duvol$
dit	0.001 (0.07)	-0.108 ** (-1.99)	-0.059 * (-1.86)			
dep				-0.034 *** (-4.84)	-0.100 ** (-2.14)	-0.054 * (-1.91)
$agency$		0.095 * (1.70)	0.090 *** (2.70)		0.090 (1.61)	0.087 *** (2.62)
$absacc$		0.328 *** (2.82)	0.146 ** (2.07)		0.325 *** (2.80)	0.145 ** (2.04)

续表

变量	基于数字金融总指数的回归结果			基于数字金融使用深度的回归结果		
	(1) agency	(2) ncskew	(3) duvol	(4) agency	(5) ncskew	(6) duvol
lev	−0. 138 *** (−19. 15)	−0. 052 (−1. 13)	−0. 036 (−1. 33)	−0. 139 *** (−19. 28)	−0. 056 (−1. 22)	−0. 038 (−1. 41)
size	0. 001 (1. 12)	−0. 035 *** (−4. 18)	−0. 032 *** (−6. 27)	0. 001 (1. 05)	−0. 036 *** (−4. 23)	−0. 032 *** (−6. 31)
roa	−0. 369 *** (−13. 23)	0. 264 ** (2. 02)	0. 159 ** (2. 01)	−0. 366 *** (−13. 12)	0. 269 ** (2. 05)	0. 161 ** (2. 03)
btm	−0. 130 *** (−20. 34)	−0. 132 *** (−3. 08)	−0. 022 (−0. 86)	−0. 130 *** (−20. 27)	−0. 130 *** (−3. 05)	−0. 021 (−0. 83)
soe	−0. 016 *** (−5. 83)	−0. 010 (−0. 57)	0. 003 (0. 33)	−0. 017 *** (−6. 43)	−0. 011 (−0. 65)	0. 003 (0. 27)
first	−0. 000 *** (−4. 86)	−0. 001 ** (−2. 55)	−0. 001 ** (−2. 35)	−0. 000 *** (−4. 73)	−0. 001 ** (−2. 53)	−0. 001 ** (−2. 34)
dual	0. 005 ** (2. 29)	−0. 002 (−0. 16)	0. 001 (0. 09)	0. 005 ** (2. 42)	−0. 002 (−0. 17)	0. 001 (0. 08)
dsize	−0. 000 (−0. 36)	−0. 008 ** (−2. 10)	−0. 003 (−1. 42)	−0. 000 (−0. 42)	−0. 008 ** (−2. 08)	−0. 003 (−1. 40)
cash	0. 103 *** (10. 86)	0. 076 (1. 41)	0. 058 * (1. 82)	0. 103 *** (10. 96)	0. 071 (1. 33)	0. 055 * (1. 73)
big4	0. 004 ** (2. 19)	−0. 045 *** (−3. 57)	−0. 023 *** (−3. 04)	0. 004 ** (2. 32)	−0. 046 *** (−3. 60)	−0. 023 *** (−3. 07)
ipo	0. 000 (1. 44)	−0. 011 *** (−8. 31)	−0. 007 *** (−8. 94)	0. 000 (1. 42)	−0. 011 *** (−8. 29)	−0. 007 *** (−8. 91)
mtover	−0. 000 *** (−3. 63)	−0. 000 (−1. 56)	−0. 000 ** (−2. 34)	−0. 000 *** (−3. 78)	−0. 000 (−1. 59)	−0. 000 ** (−2. 37)
fdindex	0. 003 *** (5. 05)	0. 005 (1. 25)	0. 003 (1. 14)	0. 004 *** (6. 58)	0. 005 (1. 31)	0. 003 (1. 17)
ret		66. 463 *** (2. 96)	41. 194 *** (3. 19)		66. 256 *** (2. 96)	41. 088 *** (3. 18)

变量	基于数字金融总指数的回归结果			基于数字金融使用深度的回归结果		
	(1) *agency*	(2) *ncskew*	(3) *duvol*	(4) *agency*	(5) *ncskew*	(6) *duvol*
sigma		− 3.580 ** (− 2.50)	− 1.984 ** (− 2.42)		− 3.585 ** (− 2.51)	− 1.987 ** (− 2.42)
常数项	0.230 *** (5.48)	1.484 *** (5.12)	0.947 *** (5.49)	0.373 *** (9.84)	1.460 *** (5.39)	0.928 *** (5.72)
间接效应占比					2.97%	5.19%
样本数	14059	13060	13060	14059	13060	13060
R²	0.306	0.076	0.101	0.307	0.076	0.101

注：括号内为 t 值，***、**、* 分别表示在1%、5%、10%的水平上显著。

对于上述回归结果，本章给出的解释如下：

首先，本部分回归结果与基础回归结果类似，即数字金融的不同维度对企业的赋能效果存在差异，数字金融使用深度在这一过程中发挥了治理作用，但其他维度的作用效果却不明显。究其原因，数字金融实际治理效应的发挥取决于企业是否为数字金融的真正受益者。在数字金融的诸多子指标中，只有数字金融使用深度代表了微观企业使用数字金融的频率，真正反映了微观企业对于数字金融的收益程度，所以其对企业代理成本的抑制作用更显著，对股价崩盘风险的影响也就更明显。

其次，上述回归结果也确实证明了数字金融通过缓解企业代理成本来对企业股价崩盘风险产生间接作用。这是因为，随着数字金融的发展，数字技术正被应用于金融活动的方方面面，在其加持下，外部投资者可以获取目标企业、企业管理者、与企业所处同一产业的其他企业以及关键投资项目的各种软硬信息，通过将这些信息数据化，可以挖掘出企业项目投资的真实盈利能力。如此便提高了外部投资者对企业管理者代理行为的监督效力，从而减少了不利局面的出现，从根本上避免了坏消息"窖藏"，进而抑制了股价崩盘风险。

最后，间接效应占比非常低，说明上述间接效应的实际经济效果并不明显，这在此印证了数字金融对股价崩盘风险的影响主要在于数字技术的应用提高了资本市场的信息环境，基于企业及其管理者行为的大数据替代了由企业管理者主动披露信息成为外部投资者股票投资决策模型的核心指标，从而降低了由企业管理者主导的坏消息"窖藏"对股价的冲击。

五、基于融资约束的间接效应检验

潜在融资客户的资产规模、盈利能力等硬实力是传统金融机构判断是否为其提供融资的主要依据。在技术和成本的约束下，传统金融机构很难通过财务报表以外的其他渠道对企业进行更为全面和深入的了解，而企业作为信息优势的一方，有动机通过粉饰财务数据的方式来提升融资规模和降低融资成本。随着时间的推移，财务舞弊行为将被金融机构所知晓，因此会陷入逆向选择，许多优质企业被错杀，造成整个金融市场陷入金融错配的困境，融资约束问题由此产生。而陷入融资约束的企业还会进一步粉饰财务数据以期待获取融资，如此便陷入恶性循环当中，同时，一味地粉饰财务数据，必将造成坏消息"窖藏"，从而引发股价崩盘。企业内外部信息不对称是融资约束问题产生的根本原因（Jin et al., 2019），而数字金融则能通过缓解信息不对称来纾解融资约束问题，从而缓解企业的财务欺诈行为，进而缓解坏消息"窖藏"，抑制股价崩盘风险。对于这一论断，本书通过构建融资约束指标，进行了间接效应检验，检验结果见表6-6。

表6-6　　　　　　　　　基于融资约束的间接效应检验

变量	基于数字金融总指数的回归结果			基于数字金融使用深度的回归结果		
	(1) *ww*	(2) *ncskew*	(3) *duvol*	(4) *ww*	(5) *ncskew*	(6) *duvol*
dit	-0.009 *** (-3.52)	-0.110 ** (-2.03)	-0.060 * (-1.88)			
dep				-0.009 *** (-3.88)	-0.102 ** (-2.17)	-0.056 ** (-2.00)
ww		0.155 (0.81)	0.084 (0.74)		0.153 (0.80)	0.082 (0.73)
absacc		0.327 *** (2.81)	0.145 ** (2.05)		0.324 *** (2.79)	0.143 ** (2.02)

续表

变量	基于数字金融总指数的回归结果			基于数字金融使用深度的回归结果		
	(1) ww	(2) ncskew	(3) duvol	(4) ww	(5) ncskew	(6) duvol
lev	0.006 *** (2.59)	-0.070 (-1.55)	-0.050 * (-1.91)	0.006 ** (2.47)	-0.073 (-1.62)	-0.052 ** (-1.98)
size	-0.002 *** (-6.61)	-0.034 *** (-4.05)	-0.031 *** (-6.19)	-0.003 *** (-6.70)	-0.035 *** (-4.11)	-0.032 *** (-6.24)
roa	-0.282 *** (-35.74)	0.259 * (1.85)	0.142 * (1.67)	-0.281 *** (-35.61)	0.265 * (1.89)	0.145 * (1.71)
btm	-0.019 *** (-10.18)	-0.144 *** (-3.43)	-0.033 (-1.34)	-0.019 *** (-10.08)	-0.142 *** (-3.39)	-0.032 (-1.30)
soe	0.002 * (1.92)	-0.012 (-0.67)	0.002 (0.19)	0.001 * (1.74)	-0.013 (-0.74)	0.001 (0.12)
first	-0.000 (-0.75)	-0.001 ** (-2.50)	-0.001 ** (-2.38)	-0.000 (-0.71)	-0.001 ** (-2.48)	-0.001 ** (-2.36)
dual	-0.000 (-0.03)	-0.002 (-0.11)	0.001 (0.15)	-0.000 (-0.05)	-0.002 (-0.13)	0.001 (0.15)
dsize	-0.000 (-1.57)	-0.009 ** (-2.35)	-0.004 (-1.64)	-0.000 (-1.52)	-0.009 ** (-2.34)	-0.004 (-1.62)
cash	-0.008 *** (-3.02)	0.092 * (1.72)	0.070 ** (2.20)	-0.008 *** (-3.21)	0.086 (1.62)	0.067 ** (2.11)
big4	0.000 (0.76)	-0.044 *** (-3.51)	-0.022 *** (-2.93)	0.000 (0.71)	-0.045 *** (-3.54)	-0.022 *** (-2.96)
ipo	0.001 *** (10.04)	-0.011 *** (-8.29)	-0.007 *** (-8.93)	0.001 *** (10.09)	-0.011 *** (-8.26)	-0.007 *** (-8.90)
mtover	-0.000 (-0.51)	-0.000 (-1.46)	-0.000 ** (-2.28)	-0.000 (-0.57)	-0.000 (-1.49)	-0.000 ** (-2.30)
fdindex	0.000 ** (2.12)	0.005 (1.34)	0.003 (1.28)	0.000 ** (2.27)	0.006 (1.40)	0.003 (1.34)
ret		63.911 *** (2.87)	39.605 *** (3.08)		63.729 *** (2.86)	39.504 *** (3.08)

续表

变量	基于数字金融总指数的回归结果			基于数字金融使用深度的回归结果		
	(1) *ww*	(2) *ncskew*	(3) *duvol*	(4) *ww*	(5) *ncskew*	(6) *duvol*
sigma		-3.793 *** (-2.67)	-2.119 *** (-2.60)		-3.796 *** (-2.67)	-2.121 *** (-2.61)
常数项	0.087 *** (6.53)	1.508 *** (5.20)	0.972 *** (5.64)	0.086 *** (6.88)	1.482 *** (5.48)	0.960 *** (5.93)
样本数	13532	13125	13125	13532	13125	13125
R²	0.252	0.077	0.100	0.252	0.077	0.1

注：括号内为 t 值，***、**、* 分别表示在 1%、5%、10% 的水平上显著。

表 6-6 第（1）（4）列的结果显示，当采用 WW 指数（*ww*）来度量融资约束时，数字金融综合指数和数字金融使用深度的回归系数均显著为负，说明数字金融确实可以抑制企业所面临的融资约束问题；然而，第（2）（3）列、第（5）（6）列结果显示，*ww* 对两个代表企业股价崩盘风险指标的回归系数却均不显著，说明融资约束问题并不是导致股价崩盘风险的原因。以上两组回归结果表明，融资约束并不是数字金融抑制企业股价崩盘的中介变量，也就是说，数字金融基于缓解融资约束对企业股价崩盘的间接影响路径是不存在的。这在一定程度上说明，数字金融对企业股价崩盘的影响主要源于数字技术带来的信息环境的改善。

六、进一步分析

（一）基于产权性质的调节作用

数字金融对企业股价崩盘风险的抑制作用在不同产权性质的企业中可能存在差异，而且对国有企业的作用效果可能更强，原因有两点。第一，相对于民营企业，国有企业的经营目标比较复杂，所有者缺位问题一直存在（邵学峰和孟繁颖，2007），因此代理问题较大，会诱发更为严重的信息管理行为。第二，国有企业具有浓厚的行政色彩，其管理者都有行政级别，所以其薪酬规模与行政级别相关性很大，导致了国有企业高管薪酬普遍低于民营企业，这便激发了国有企业高管通过信息管理的手段牟取私利的动机。在上述两种因素的驱使下，国有企业管理者出于自身薪酬和职位的考虑，更容易出现隐瞒坏消息的行为，从而导致坏消息"窖藏"，并最终造成股价崩盘的发生。随着数字金融的发展，外部投资者可以利用大数据、云计算等数字技术随时关注目标企业及其管理者的行为，获得关于企业真实运营情况的一手资料，如此便降低了企业内外部的信息不对称程度，避免了因企业管理者的信息管理行为导致的股价崩盘。显然，数字金融的发展将更有利于抑制代理问题较严重的国有企业股价崩盘风险的发生。为了检验上述观点，本部分采用分组回归进行验证，回归结果如表6-7所示。

表 6-7 　　　　　　　　　　基于产权性质的分组回归结果

变量	民营企业组				国有企业组			
	(1) ncskew	(2) duvol	(3) ncskew	(4) duvol	(5) ncskew	(6) duvol	(7) ncskew	(8) duvol
dit	-0.033 (-0.44)	-0.022 (-0.49)			-0.165** (-2.12)	-0.084* (-1.86)		
dep			-0.074 (-1.12)	-0.044 (-1.11)			-0.113* (-1.66)	-0.057 (-1.41)
absacc	0.245* (1.66)	0.087 (0.95)	0.243* (1.65)	0.086 (0.94)	0.433** (2.28)	0.231** (2.05)	0.426** (2.24)	0.227** (2.01)
lev	-0.127** (-1.99)	-0.085** (-2.28)	-0.127** (-1.99)	-0.085** (-2.29)	0.052 (0.77)	0.027 (0.68)	0.050 (0.74)	0.026 (0.66)
size	-0.039*** (-2.87)	-0.035*** (-4.28)	-0.039*** (-2.89)	-0.035*** (-4.30)	-0.024** (-2.06)	-0.025*** (-3.71)	-0.024** (-2.10)	-0.026*** (-3.74)
roa	0.055 (0.33)	0.017 (0.17)	0.060 (0.37)	0.020 (0.20)	0.395* (1.84)	0.235* (1.86)	0.402* (1.87)	0.239* (1.89)
btm	-0.022 (-0.38)	0.035 (0.99)	-0.022 (-0.37)	0.036 (1.00)	-0.316*** (-5.06)	-0.131*** (-3.58)	-0.315*** (-5.04)	-0.131*** (-3.56)
first	-0.001** (-2.46)	-0.001** (-2.52)	-0.001** (-2.41)	-0.001** (-2.47)	-0.001 (-1.03)	-0.000 (-0.87)	-0.001 (-1.06)	-0.000 (-0.90)
dual	0.005 (0.32)	0.004 (0.45)	0.005 (0.33)	0.004 (0.45)	-0.035 (-1.26)	-0.015 (-0.90)	-0.034 (-1.23)	-0.014 (-0.88)

变量	民营企业组				国有企业组			
	(1) ncskew	(2) duvol	(3) ncskew	(4) duvol	(5) ncskew	(6) duvol	(7) ncskew	(8) duvol
dsize	−0.004 (−0.72)	−0.001 (−0.22)	−0.004 (−0.72)	−0.001 (−0.22)	−0.013** (−2.56)	−0.006** (−2.12)	−0.013** (−2.57)	−0.007** (−2.14)
cash	0.054 (0.79)	0.047 (1.15)	0.052 (0.76)	0.046 (1.11)	0.141 (1.57)	0.098* (1.88)	0.137 (1.53)	0.096* (1.84)
big4	−0.050*** (−3.07)	−0.030*** (−3.06)	−0.050*** (−3.05)	−0.030*** (−3.04)	−0.031 (−1.53)	−0.007 (−0.57)	−0.032 (−1.58)	−0.007 (−0.62)
ipo	−0.015*** (−7.16)	−0.009*** (−7.11)	−0.015*** (−7.19)	−0.009*** (−7.14)	−0.008*** (−4.64)	−0.006*** (−5.46)	−0.008*** (−4.60)	−0.006*** (−5.43)
mtover	−0.001*** (−2.74)	−0.000*** (−3.09)	−0.001*** (−2.77)	−0.000*** (−3.11)	−0.000 (−0.54)	−0.000 (−1.27)	−0.000 (−0.57)	−0.000 (−1.29)
ret	91.935*** (3.30)	54.575*** (3.42)	91.715*** (3.29)	54.443*** (3.42)	61.477 (1.37)	29.642 (1.16)	61.811 (1.37)	29.813 (1.17)
sigma	−0.700 (−0.37)	−0.550 (−0.51)	−0.706 (−0.37)	−0.554 (−0.52)	−6.073** (−2.48)	−3.624*** (−2.58)	−6.035** (−2.47)	−3.605** (−2.57)
fdindex	0.009 (1.51)	0.006 (1.54)	0.010* (1.74)	0.006* (1.75)	0.000 (0.06)	−0.000 (−0.14)	−0.001 (−0.14)	−0.001 (−0.31)
常数项	1.098** (2.56)	0.794*** (3.06)	1.273*** (3.17)	0.888*** (3.67)	1.673*** (4.06)	1.050*** (4.35)	1.458*** (3.83)	0.940*** (4.15)
样本数	7379	7379	7379	7379	5746	5746	5746	5746
R²	0.062	0.095	0.062	0.095	0.081	0.098	0.081	0.097

注：括号内为 t 值，*** 、** 、* 分别表示在 1% 、5% 、10% 的水平上显著。

表 6 - 7 给出了基于企业产权性质的分组回归结果。结果显示，在民营企业组中，dit 和 dep 的回归系数均不显著，但在国有企业组中这两个变量的回归系数均为负，且显著性水平明显提升。说明相对于民营企业，数字金融对国有企业的股价崩盘风险有更强的抑制作用，与上述分析结论一致。

（二）基于企业规模的调节作用

本章认为，在不同规模的企业中，数字金融对股价崩盘的影响效果也可能存在差异，并主要作用于大规模企业。原因在于，一方面，相对于小规模企业，大规模企业组织结构更复杂、业务更广泛、内部协调机制更复杂，因此在公司治理结构的构建和内部控制制度的设计上均重视不同部门之间的协调，而忽视了监管，如此便为管理者隐瞒坏消息创造了条件。另一方面，随着数字金融的发展，数字技术可以帮助外部投资者获取和分析未被企业主动披露的各种软硬信息，从而加深对企业真实状况的了解。在这一过程中，数据量越大，数据维度越丰富，基于数字技术对企业经营情况的判断就越精确。而相对于小规模企业，大规模企业的业务更为庞杂，员工规模更大，上下游的业务往来也更多，因此会在互联网上留下更多的数据，也就帮助外部投资者更加准确地了解企业的真实情况，基于此得出的投资决策也就更科学，降低了由企业管理者信息管理行为导致的股价崩盘风险。由此，我们判断数字金融对企业股价崩盘的抑制作用在大规模企业中的表现会更加突出。为了检验这一观点，本章分别采用分组回归和交互效应法来进行，回归结果如表6-8和表6-9所示。

表6-8　　　　　　　　　　基于企业规模的分组回归结果

变量	小规模企业组				大规模企业组			
	(1) ncskew	(2) duvol	(3) ncskew	(4) duvol	(5) ncskew	(6) duvol	(7) ncskew	(8) duvol
dit	-0.076 (-1.16)	-0.035 (-0.91)			-0.206 ** (-2.17)	-0.130 ** (-2.36)		
dep			-0.077 (-1.33)	-0.039 (-1.13)			-0.136 * (-1.72)	-0.075 (-1.59)
absacc	0.347 ** (2.37)	0.160 * (1.79)	0.344 ** (2.34)	0.158 * (1.77)	0.346 * (1.82)	0.137 (1.19)	0.347 * (1.82)	0.139 (1.20)
lev	-0.094 * (-1.69)	-0.054 * (-1.65)	-0.096 * (-1.73)	-0.055 * (-1.68)	0.095 (1.14)	0.035 (0.74)	0.092 (1.10)	0.034 (0.71)
size	-0.050 *** (-3.14)	-0.047 *** (-4.91)	-0.050 *** (-3.14)	-0.047 *** (-4.91)	-0.026 * (-1.83)	-0.025 *** (-2.89)	-0.027 * (-1.85)	-0.025 *** (-2.91)
roa	0.102 (0.66)	0.052 (0.55)	0.107 (0.69)	0.055 (0.58)	0.403 (1.58)	0.264 * (1.72)	0.414 (1.62)	0.270 * (1.75)

续表

变量	小规模企业组				大规模企业组			
	(1) ncskew	(2) duvol	(3) ncskew	(4) duvol	(5) ncskew	(6) duvol	(7) ncskew	(8) duvol
btm	0.036 (0.63)	0.090*** (2.70)	0.037 (0.65)	0.091*** (2.72)	-0.348*** (-5.05)	-0.161*** (-3.94)	-0.345*** (-5.00)	-0.159*** (-3.89)
soe	0.009 (0.40)	0.013 (0.97)	0.008 (0.34)	0.012 (0.91)	0.001 (0.05)	0.009 (0.56)	0.002 (0.06)	0.010 (0.60)
first	-0.001* (-1.75)	-0.001** (-2.00)	-0.001* (-1.74)	-0.001** (-1.98)	-0.001* (-1.90)	-0.001 (-1.62)	-0.001* (-1.90)	-0.001 (-1.63)
dual	-0.006 (-0.38)	-0.003 (-0.33)	-0.006 (-0.39)	-0.003 (-0.33)	-0.003 (-0.11)	0.007 (0.41)	-0.003 (-0.12)	0.006 (0.39)
dsize	-0.016*** (-2.90)	-0.008** (-2.43)	-0.016*** (-2.87)	-0.008** (-2.42)	-0.005 (-0.95)	-0.002 (-0.47)	-0.005 (-0.96)	-0.002 (-0.48)
cash	0.056 (0.90)	0.057 (1.51)	0.052 (0.82)	0.054 (1.46)	0.148 (1.34)	0.092 (1.41)	0.145 (1.31)	0.090 (1.38)
big4	-0.026* (-1.70)	-0.016* (-1.71)	-0.026* (-1.69)	-0.016* (-1.70)	-0.062*** (-2.89)	-0.023* (-1.82)	-0.064*** (-2.99)	-0.025* (-1.93)
ipo	-0.016*** (-8.56)	-0.010*** (-8.74)	-0.016*** (-8.53)	-0.010*** (-8.72)	-0.005*** (-2.64)	-0.003*** (-3.04)	-0.005*** (-2.62)	-0.003*** (-3.02)
mtover	-0.001*** (-3.82)	-0.001*** (-4.58)	-0.001*** (-3.84)	-0.001*** (-4.59)	-0.000 (-0.24)	-0.000 (-0.94)	-0.000 (-0.24)	-0.000 (-0.92)
ret	81.461*** (2.92)	49.312*** (3.13)	81.307*** (2.92)	49.238*** (3.13)	-15.099 (-0.31)	-5.553 (-0.19)	-16.082 (-0.33)	-6.107 (-0.21)
sigma	-2.459 (-1.30)	-1.359 (-1.28)	-2.462 (-1.31)	-1.360 (-1.28)	-7.456*** (-2.97)	-4.060*** (-2.73)	-7.484*** (-2.98)	-4.077*** (-2.73)
fdindex	0.008 (1.51)	0.006* (1.82)	0.008 (1.56)	0.006* (1.89)	0.006 (0.98)	0.002 (0.55)	0.005 (0.81)	0.001 (0.28)
常数项	1.657*** (3.84)	1.157*** (4.53)	1.661*** (4.07)	1.172*** (4.82)	1.773*** (3.42)	1.155*** (3.78)	1.478*** (3.12)	0.924*** (3.25)
样本数	8376	8376	8376	8376	4749	4749	4749	4749
R^2	0.070	0.098	0.070	0.098	0.093	0.113	0.092	0.113

注：括号内为 t 值，***、**、*分别表示在 1%、5%、10% 的水平上显著。

表 6 - 9 基于企业规模的交互效应检验结果

变量	(1) ncskew	(2) duvol	(3) ncskew	(4) duvol
dit	0.651 ** (2.50)	0.516 *** (3.36)		
dit × size	− 0.035 *** (− 2.97)	− 0.026 *** (− 3.82)		
dep			0.296 (1.18)	0.299 ** (2.02)
dep × size			− 0.018 (− 1.61)	− 0.016 ** (− 2.42)
absacc	0.320 *** (2.76)	0.140 ** (1.98)	0.320 *** (2.75)	0.140 ** (1.98)
lev	− 0.072 (− 1.59)	− 0.052 ** (− 1.98)	− 0.074 (− 1.64)	− 0.053 ** (− 2.02)
size	0.144 ** (2.39)	0.104 *** (2.93)	0.057 (0.99)	0.050 (1.48)
roa	0.217 * (1.69)	0.119 (1.53)	0.222 * (1.72)	0.122 (1.56)
btm	− 0.135 *** (− 3.21)	− 0.026 (− 1.04)	− 0.140 *** (− 3.34)	− 0.029 (− 1.18)
soe	− 0.013 (− 0.75)	0.001 (0.09)	− 0.013 (− 0.77)	0.001 (0.07)
first	− 0.001 *** (− 2.58)	− 0.001 ** (− 2.49)	− 0.001 ** (− 2.53)	− 0.001 ** (− 2.43)
dual	− 0.002 (− 0.11)	0.001 (0.16)	− 0.002 (− 0.13)	0.001 (0.14)
dsize	− 0.009 ** (− 2.44)	− 0.004 * (− 1.74)	− 0.009 ** (− 2.40)	− 0.004 * (− 1.71)
cash	0.109 ** (2.04)	0.083 *** (2.61)	0.095 * (1.78)	0.075 ** (2.35)
big4	− 0.043 *** (− 3.38)	− 0.021 *** (− 2.77)	− 0.044 *** (− 3.48)	− 0.022 *** (− 2.88)

续表

变量	(1) *ncskew*	(2) *duvol*	(3) *ncskew*	(4) *duvol*
ipo	−0.011 *** (−8.07)	−0.007 *** (−8.66)	−0.011 *** (−8.10)	−0.007 *** (−8.69)
mtover	−0.000 (−1.60)	−0.000 ** (−2.46)	−0.000 (−1.55)	−0.000 ** (−2.40)
ret	67.096 *** (3.00)	41.994 *** (3.26)	64.739 *** (2.90)	40.370 *** (3.14)
sigma	−3.608 ** (−2.53)	−1.977 ** (−2.42)	−3.739 *** (−2.63)	−2.067 ** (−2.54)
fdindex	0.006 (1.46)	0.004 (1.43)	0.006 (1.45)	0.003 (1.40)
常数项	−2.426 * (−1.80)	−2.010 ** (−2.53)	−0.558 (−0.43)	−0.866 (−1.14)
样本数	13125	13125	13125	13125
R²	0.077	0.101	0.077	0.101

注：括号内为 t 值，***、**、* 分别表示在 1%、5%、10% 的水平上显著。

首先，以企业规模的全样本均值为临界值，将样本分为小规模企业组和大规模企业组，并分别进行回归分析，回归结果如表 6-8 所示。结果显示，在小规模企业组中，*dit* 和 *dep* 的回归系数均不显著，但在大规模企业组中，二者的系数均为负，且比较显著。这说明，数字金融对企业股价崩盘风险的抑制作用主要作用于大规模企业，与上述分析一致。

表 6-9 给出了交互效应检验结果。结果显示，交互项 *dit × size* 和 *dep × size* 的回归系数均为负，且均比较显著，说明随着企业规模的增加，数字金融对企业股价崩盘风险的影响确实增强了，这一结果与上述理论分析一致。

（三）基于企业杠杆率的调节作用

债务融资会从两方面对企业管理者信息管理行为产生影响。一方面，债务契约的签署加强了企业的外部监督，会减少企业财务造假的机会。具体地，债权人为了保护自身利益会和债务人签订限制性条款，例如，要求债务人维持一定的资产负债率、现金持有水平，甚至对债务人的投资行为也有限制。一旦债务人违背了契约条款，债权人便可依据契约对债务人实施惩罚。如此便形成了债权人对债务人的监督机制，这在一定程度上加强了企业的外部治理强度，提高了企业进行财务欺诈的成本，从而抑制了财务造假行为的发生，也就从一定程度上避免了坏消息的"窖藏"，从而缓解了股价崩盘风险。然而，过度负债问题在中国企业中普遍存在，当企业债务负担过重时，债务契约的治理效应会消失，甚至会增加企业隐瞒真实财务信息的动机，从而加剧管理者的信息管理行为。随着企业负债规模的扩大，债权人对企业行为的约束将更加严苛（孙铮等，2005）。过高的资产负债率加剧了债权人与企业之间的代理冲突。债权人出于降低违约风险考虑，会对企业的资金运用提出更为苛刻的限制性条款，例如，增加容易成为抵押品的固定资产的投资。而这种限制性条款的强行植入加剧了企业非效率投资（綦好东等，2018）的同时也阻碍了企业创新（Guariglia and Liu，2014），最终抑制了企业价值提升。如此，企业便面临着既要谋求发展，又要满足债权人严苛要求的两难局面。在这种情况下，通过粉饰财务数据的方式来应对债权人的要求便成为高杠杆企业的无奈之举。

更重要的是中国企业普遍存在着信息透明度低的问题，这就容易形成债权人与债务人之间的信息不对称（陆正飞等，2008）。在这种情况下，债权人很难对债务人的行为进行监督，债务契约的外部治理效应便很难发挥。此外，从企业内部治理角度讲，过度负债的企业很容易因现金持有不足而面临财务困境。这将导致资信评级下降，进而造成融资约束和融资成本上升（林晚发和刘颖斐，2018）。为了应对财务困境，以较低成本获取融资将成为整个企业内部各个职能部门关注的焦点。在这种情况下，部门间的协调受到空前重视，而内部监督则被忽略。迫切的再融资需求和低效率的内部监督则为高管隐瞒公司信息提供了机会。这将进一步加剧债权人与债务人之间的信息不对称，债务契约的外部治理效应的发挥将难上加难。这无疑增加了其管理者进行坏消息"窖藏"的机会，容易造成股价崩盘。

数字金融能够从三个方面缓解企业的高杠杆压力，从而抑制企业管理者的坏消息"窖藏"行为，进而抑制股价崩盘风险。首先，数字金融能通过缓解信息不对称来纾解融资约束问题。随着线上生活的普及，企业和个人的交易记录和日常行为会留存于互联网并形成海量数据，数字金融机构利用大数据、云计算等数字技术可以从这些数据中挖掘出极富价值的信息，并用以评估潜在融资者的信用水平，从而提高了信贷风险管理能力，为一直被传统金融系统排除在外的企业提供融资，降低了金融服务的门槛。总之，在数字技术的支持下，数字金融机构能够挖掘更全面的企业信息，缓解信息不对称程度，降低信贷过程中的交易成本，扩大金融服务的覆盖面，纾解了企业所面临的融资约束问题，这便使企业处于资金宽裕的预期当中，会提高企业之间的信用交易，提高了资金周转率，从整个产业链层面上看会降低杠杆率。其次，数字金融中的股权众筹为企业提供了股权融资，提高了资产负债表中所有者权益的占比，也会使企业杠杆率降低。最后，数字金融项下的互联网理财，提高了企业闲置资金的额外收益，也在一定程度上降低了企业杠杆率。随着企业杠杆率的降低，企业所承受的债务的压力也将减轻，从而缓解了进行财务造假的动机，避免坏消息"窖藏"，进而降低了股价崩盘风险的发生。

总之，数字金融的发展，可以使处于高杠杆状态下的企业减轻融资压力，从而降低信息管理行为，使坏消息及时释放，避免股价崩盘。鉴于此，本部分以企业资产负债率为基准对全样本进行分组，并将资产负债率小于 0.5 的定义为低杠杆企业组，将资产负债率大于 0.5 的定义为高杠杆企业组，然后分别进行回归分析，回归结果如表 6-10 所示。第（1）~（4）列结果显示，在低杠杆企业组中，两个代表区域数字金融发展水平的指标的回归系数均不显著；第（5）~（8）列结果显示，在高杠杆企业组中，代表数字金融发展水平的指标的系数值和显著性均明显提升。这说明数字金融确实缓解了高杠杆对企业股价崩盘风险的加剧作用，与上述分析结论一致。

表6-10　　　　　　　　基于企业杠杆率的分组回归结果

变量	低杠杆企业组				高杠杆企业组			
	(1) ncskew	(2) duvol	(3) ncskew	(4) duvol	(5) ncskew	(6) duvol	(7) ncskew	(8) duvol
dit	-0.043 (-0.65)	-0.027 (-0.67)			-0.250*** (-2.64)	-0.129** (-2.39)		
dep			-0.081 (-1.41)	-0.052 (-1.47)			-0.144* (-1.83)	-0.066 (-1.43)
absacc	0.387** (2.54)	0.207** (2.18)	0.382** (2.50)	0.203** (2.15)	0.212 (1.18)	0.042 (0.40)	0.214 (1.18)	0.044 (0.41)

续表

变量	低杠杆企业组				高杠杆企业组			
	(1) ncskew	(2) duvol	(3) ncskew	(4) duvol	(5) ncskew	(6) duvol	(7) ncskew	(8) duvol
lev	-0.115 (-1.56)	-0.087 ** (-2.00)	-0.117 (-1.57)	-0.088 ** (-2.02)	-0.161 (-1.24)	-0.081 (-1.09)	-0.156 (-1.19)	-0.078 (-1.04)
size	-0.054 *** (-4.53)	-0.042 *** (-5.92)	-0.054 *** (-4.55)	-0.042 *** (-5.94)	-0.012 (-0.90)	-0.020 *** (-2.58)	-0.013 (-1.00)	-0.020 *** (-2.67)
roa	0.479 *** (3.09)	0.274 *** (2.89)	0.486 *** (3.13)	0.278 *** (2.93)	-0.036 (-0.15)	-0.037 (-0.25)	-0.038 (-0.15)	-0.039 (-0.27)
btm	-0.010 (-0.20)	0.047 (1.52)	-0.008 (-0.16)	0.048 (1.56)	-0.398 *** (-5.21)	-0.181 *** (-3.98)	-0.390 *** (-5.12)	-0.177 *** (-3.90)
soe	-0.004 (-0.16)	0.008 (0.56)	-0.006 (-0.28)	0.006 (0.43)	0.004 (0.16)	0.011 (0.68)	0.007 (0.24)	0.013 (0.78)
first	-0.001 * (-1.87)	-0.001 * (-1.88)	-0.001 * (-1.83)	-0.001 * (-1.83)	-0.001 * (-1.82)	-0.001 * (-1.72)	-0.001 * (-1.81)	-0.001 * (-1.71)
dual	0.013 (0.78)	0.007 (0.67)	0.013 (0.80)	0.007 (0.69)	-0.041 (-1.47)	-0.012 (-0.77)	-0.040 (-1.45)	-0.012 (-0.75)
dsize	-0.013 *** (-2.58)	-0.006 ** (-2.02)	-0.013 ** (-2.58)	-0.006 ** (-2.01)	-0.005 (-0.88)	-0.002 (-0.49)	-0.005 (-0.86)	-0.002 (-0.46)
cash	0.056 (0.91)	0.047 (1.28)	0.055 (0.89)	0.047 (1.26)	0.133 (1.03)	0.099 (1.32)	0.124 (0.96)	0.094 (1.26)
big4	-0.043 *** (-2.81)	-0.022 ** (-2.36)	-0.043 *** (-2.79)	-0.021 ** (-2.34)	-0.043 * (-1.90)	-0.019 (-1.44)	-0.045 ** (-1.99)	-0.020 (-1.51)
ipo	-0.010 *** (-6.04)	-0.007 *** (-6.70)	-0.010 *** (-6.01)	-0.007 *** (-6.68)	-0.011 *** (-5.19)	-0.007 *** (-5.52)	-0.011 *** (-5.17)	-0.007 *** (-5.49)
mtover	-0.000 (-1.64)	-0.000 ** (-2.26)	-0.000 * (-1.67)	-0.000 ** (-2.29)	-0.001 (-1.23)	-0.000 * (-1.83)	-0.001 (-1.22)	-0.000 * (-1.82)
ret	76.454 *** (2.80)	43.801 *** (2.71)	76.128 *** (2.78)	43.592 *** (2.69)	23.771 (0.64)	22.131 (1.08)	24.283 (0.66)	22.409 (1.09)
sigma	-3.211 * (-1.79)	-1.965 * (-1.88)	-3.212 * (-1.79)	-1.966 * (-1.88)	-5.650 ** (-2.45)	-2.879 ** (-2.23)	-5.602 ** (-2.43)	-2.854 ** (-2.21)
fdindex	0.002 (0.37)	0.002 (0.71)	0.003 (0.63)	0.003 (1.00)	0.009 (1.34)	0.004 (0.90)	0.007 (1.07)	0.002 (0.60)

续表

变量	低杠杆企业组				高杠杆企业组			
	(1) ncskew	(2) duvol	(3) ncskew	(4) duvol	(5) ncskew	(6) duvol	(7) ncskew	(8) duvol
常数项	1.544*** (4.12)	1.014*** (4.50)	1.706*** (4.84)	1.120*** (5.26)	1.925*** (3.99)	1.178*** (4.19)	1.490*** (3.43)	0.920*** (3.56)
样本数	8502	8502	8502	8502	4623	4623	4623	4623
R^2	0.070	0.096	0.070	0.096	0.074	0.094	0.074	0.093

注：括号内为 t 值，***、**、* 分别表示在 1%、5%、10% 的水平上显著。

（四）基于短债长用的调节作用

除了高杠杆率，中国企业的资本结构还存在债务与资产期限错配问题，主要表现为，企业普遍利用短期负债为长期投资项目融资，即短债长用。一方面，由于资本市场发展相对滞后，中国企业的融资渠道较为单一，主要通过银行贷款进行融资。另一方面，银行出于控制信贷风险、流动性风险管理以及避免企业的道德风险等因素考虑，更倾向于向企业发放短期贷款（马红等，2018）。在上述两个因素的作用下，短债长用成为中国企业融资结构的重要特征（白云霞等，2016），甚至有相当一部分企业始终没有长期贷款，需要不断滚动短期债务以支持长期投资（胡援成和刘明艳，2011；钟凯等，2016；钟宁桦等，2016）。

根据债务期限结构理论，短债长用会加剧债务人与债权人之间的代理冲突，并催生债务人的流动性风险（Myers，1977；Diamond，1991；Guedes and Opler，1996；Demarzo and Fishman，2007）。一方面，长期投资盈利速度较为缓慢，甚至相当长时间内都表现为现金净流出，这就导致企业长期处于资金短缺状态；另一方面，如以短期负债为主，每年都要还本付息，放大了偿债压力。两方面作用的叠加便会加剧企业的流动性风险，甚至导致资金链断裂而破产（Acharya et al.，2011；Gopalan et al.，2014）。为了避免上述情况的发生，如何获取外部融资便成为企业长期面临的迫切问题。由于企业财务数据是银行等金融机构发放贷款的重要参考指标，因此粉饰财务数据成为企业以较低的成本获取外部融资的"必要"手段。即短债长用所造成的企业长期资金短缺是企业进行财务造假的主要动机之一，随着时间的推移，这类假消息会不断积累，当积累到一定程度后，便会集中释放，引发股价暴跌。

从企业进行财务欺诈的动机角度讲，外部融资需求也是企业进行财务欺诈的重要动机之一（Richardson et al.，2003）。在技术和成本的约束下，传统金融机构的信用评估模型只注重借款人的收入、信用记录以及资产等财务信息，因此作为这些关键信息载体的财务报表成为银行等传统金融机构判断是否为潜在授信对象提供贷款的重要参考依据。由于在授信过程中，针对企业的内部信息，企业相对于银行具有信息优势，所以企业为了以较低的成本融入足够规模的资金就有动机和机会进行财务造假。

我们认为，数字金融可以缓解短债长用对股价崩盘风险的促进作用。一方面，数字金融的问世颠覆了传统金融体系的信用评估模型，在这一全新的模型中，企业主动披露的财务数据的作用被淡化，减少了在短债长用状态下企业管理者试图进行财务造假的动机，这在一定程度上会减少坏消息的"窖藏"，进而减低股价崩盘风险的发生率。数字金融机构利用大数据、云计算以及人工智能等数字技术对借款人在互联网上留下的关于个人行为偏好以及交易记录等数据进行挖掘，可以提炼出极具商业价值的信息，从而构建极为精准的信贷评估模型，如此便大大降低了借贷双方之间的信息不对称，有效地控制了信贷风险。曾鹏志等（2019）就发现，借款人在网贷平台上披露的软信息越多就越容易获得贷款。王会娟和廖理（2014）发现网贷平台中的信用认证机制可以有效揭示信用风险，借款人的信用评级直接影响着授信额度和成本。也就是说，在数字技术的支持下，关于潜在借款人的海量软信息数据已经成为构建信用评估模型的主要依据，数字金融机构对企业提供的财务报表数据的依赖性正在降低。因此，企业管理者因为融资需求而进行财务造假的动机被削弱了。与此同时，数字金融机构利用数字技术对潜在借款人海量软信息数据的分析还可以成为企业财务报表数据的佐证材料，从而提高了针对企业管理者的外部监督效率，减少了企业管理者进行财务造假的机会，也可以减少坏消息"窖藏"现象的发生，避免股价崩盘。数字金融机构可以利用大数据技术分析与目标企业处于同一产业链的其他企业的运营数据以及企业管理者和员工在互联网上留存的行为数据，从而构建关于企业业绩的评估模型。这便大幅降低了企业内外部的信息不对称程度，大大提升了数字金融机构判断企业财务数据真伪的能力，在这种情况下，企业管理者进行财务造假的机会更少了。此外，数字金融还可以通过纾解企业所面临的融资约束压力，使处于短债常用状态的企业减少粉饰财务数据的动机，从而避免股价崩盘。潜在融资客户的资产规模、盈利能力等硬实力是传统金融机构判断是否为其提供融资的主要依据。在技术和成本的约束下，传统金融机构很难通过财务报表以外的其他渠道对企业进行更为全面和深入的了解，而企业作为信息优势的一方，有动机通过粉饰财务数据的方式来提升融资规模和降低融资成本。随着时间的推移，财务舞弊行为将被金融机构所知晓，因此会陷入逆向选择，许多优质企业被错杀，造成整个金融市场陷入金融错配的困境，融资约束问题由此产生。而陷入融资约束的企业还会进一步粉饰财务数据以期待获取融资，如此便陷入恶性循环当中。企业内外部信息不对称是融资约束问题产生的根本原因（Jin et al.，2019），而数字金融则能通过缓解信息不对称来纾解融资约束问题，从而缓解企业的财务欺诈行为。随着线上生活的普及，企业和个人的交易记录和日常行为会留存于互联网并形成海量数据，数字金融机构利用大数据、云计算等数字技术可以从这些数据中挖掘出极富价值的信息，并用以评估潜在融资者的信用水平，从而提高了信贷风险管理能力，为一直被传统金融系统排除在外的企业提供融资，降低了金融服务的门槛。总之，在数字技术的支持下，数字金融机构能够挖掘更全面的企业信息，缓解信息不对称程度，降低信贷过程中的交易成本，扩大金融服务的覆盖面，纾解了企业所面临的融资约束问题，从而减少了企业采取财务造假行为的动机，也就避免了坏消息"窖藏"的发生，进而将低了企业股价崩盘风险。

综上所述，我们认为，数字金融的发展可以在一定程度上缓解由短债长用引发的股价崩盘。为了验证这一结论，以全样本短债长用水平的中位数为基准，将样本分为低短债长用程度组和高短债长用程度组，并分别进行回归分析，检验结果如表6-11所示。结果显示，在低短债长用程度组中，*dit* 和 *dep* 的回归系数均不显著，说明数字金融对股价崩盘风险的抑制作用在这类企业中难以发挥；同时，在高短债长用程度组中，上述两个指标的回归系数绝对值明显增加，显著性水平也明显提升，说明在这种情况下，数字金融的治理作用得到了发挥。总之，上述实证结论说明，数字金融确实可以缓解短债长用带来的股价崩盘风险，与上述分析结论一致。

表 6-11   基于企业短债长用的分组回归结果

变量	低短债长用程度组				高短债长用程度组			
	(1) ncskew	(2) duvol	(3) ncskew	(4) duvol	(5) ncskew	(6) duvol	(7) ncskew	(8) duvol
dit	-0.043 (-0.72)	-0.027 (-0.75)			-0.366*** (-2.88)	-0.188*** (-2.65)		
dep			-0.080 (-1.52)	-0.045 (-1.40)			-0.174* (-1.68)	-0.091 (-1.51)
absacc	0.354*** (2.83)	0.154** (2.01)	0.350*** (2.79)	0.151** (1.98)	0.155 (0.46)	0.104 (0.52)	0.156 (0.46)	0.104 (0.52)
lev	-0.125** (-2.39)	-0.079** (-2.56)	-0.126** (-2.42)	-0.080*** (-2.59)	0.061 (0.44)	0.031 (0.41)	0.055 (0.40)	0.027 (0.36)
size	-0.038*** (-3.96)	-0.035*** (-5.91)	-0.039*** (-4.00)	-0.035*** (-5.94)	-0.019 (-0.98)	-0.022* (-1.95)	-0.019 (-0.98)	-0.022* (-1.94)
roa	0.342** (2.36)	0.206** (2.32)	0.350** (2.42)	0.210** (2.37)	-0.095 (-0.29)	-0.084 (-0.45)	-0.109 (-0.33)	-0.091 (-0.48)
btm	-0.076 (-1.64)	0.008 (0.29)	-0.075 (-1.60)	0.009 (0.33)	-0.463*** (-4.39)	-0.217*** (-3.50)	-0.460*** (-4.35)	-0.215*** (-3.47)
soe	0.001 (0.07)	0.010 (0.93)	-0.001 (-0.06)	0.009 (0.81)	-0.032 (-0.72)	-0.015 (-0.59)	-0.024 (-0.53)	-0.011 (-0.43)
first	-0.001** (-2.52)	-0.001** (-2.35)	-0.001** (-2.49)	-0.001** (-2.31)	0.000 (0.05)	-0.000 (-0.11)	0.000 (0.04)	-0.000 (-0.12)
dual	0.002 (0.10)	0.002 (0.23)	0.002 (0.12)	0.002 (0.24)	-0.013 (-0.30)	0.002 (0.09)	-0.012 (-0.29)	0.002 (0.09)
dsize	-0.008* (-1.73)	-0.003 (-1.10)	-0.008* (-1.74)	-0.003 (-1.10)	-0.011 (-1.34)	-0.005 (-1.01)	-0.011 (-1.34)	-0.005 (-1.01)
cash	0.062 (1.11)	0.058* (1.73)	0.061 (1.08)	0.057* (1.70)	0.300 (1.20)	0.104 (0.73)	0.305 (1.22)	0.106 (0.74)
big4	-0.042*** (-3.06)	-0.022*** (-2.64)	-0.042*** (-3.04)	-0.021*** (-2.62)	-0.054* (-1.66)	-0.022 (-1.18)	-0.059* (-1.82)	-0.025 (-1.31)
ipo	-0.011*** (-7.68)	-0.007*** (-8.30)	-0.011*** (-7.67)	-0.007*** (-8.29)	-0.007** (-2.50)	-0.004** (-2.57)	-0.008** (-2.56)	-0.005*** (-2.62)
mtover	-0.001** (-2.53)	-0.000*** (-3.31)	-0.001** (-2.57)	-0.000*** (-3.35)	0.001 (1.41)	0.000 (1.08)	0.001 (1.45)	0.000 (1.12)

变量	低短债长用程度组				高短债长用程度组			
	(1) ncskew	(2) duvol	(3) ncskew	(4) duvol	(5) ncskew	(6) duvol	(7) ncskew	(8) duvol
ret	67.164 *** (2.74)	42.471 *** (3.01)	67.023 *** (2.74)	42.396 *** (3.00)	34.674 (0.56)	12.299 (0.35)	34.473 (0.55)	12.170 (0.34)
sigma	−3.156 ** (−1.97)	−1.735 * (−1.89)	−3.153 ** (−1.97)	−1.734 * (−1.89)	−8.034 ** (−2.32)	−4.932 ** (−2.49)	−7.985 ** (−2.30)	−4.908 ** (−2.47)
fdindex	0.002 (0.55)	0.001 (0.48)	0.004 (0.83)	0.002 (0.72)	0.019 * (1.84)	0.011 * (1.82)	0.014 (1.39)	0.009 (1.43)
常数项	1.240 *** (3.84)	0.853 *** (4.37)	1.398 *** (4.61)	0.930 *** (5.06)	2.525 *** (3.73)	1.488 *** (3.89)	1.725 *** (2.82)	1.086 *** (3.04)
样本数	10696	10696	10696	10696	2429	2429	2429	2429
R^2	0.069	0.097	0.069	0.097	0.094	0.106	0.092	0.105

注：括号内为 t 值，*** 、** 、* 分别表示在 1% 、5% 、10% 的水平上显著。

（五）基于企业股权集中度的异质性分析

股权集中度一直以来都是公司治理领域中的重要议题，尤其是第一大股东持股比例今年来成为研究热点。从公司治理角度讲，大股东对企业股价崩盘可能存在两种不同的影响效果。一方面，从第二类代理问题角度讲，当大股东持股比例达到一定程度时便成为公司的实际控制人，在大股东与小股东存在利益冲突时，大股东便会利用其对公司掌控力侵害小股东的权益，即"大股东掏空"。具体到对股价崩盘的影响，大股东可以与高管合谋隐瞒公司的坏消息，并造成坏消息"窖藏"，导致股价崩盘。因此，从第二类代理问题角度讲，大股东持股比例越高，其进行坏消息隐瞒的动机就越强，导致股价崩盘风险的可能性也就越大。另一方面，从第一类代理问题角度讲，随着大股东持股比例的上升，会出现大股东"监督效应"，可能会抑制股价崩盘。当第一大股东持股比例比较低时，企业股权比较分散，在这种情况下，对高管代理行为的监督便成为公共品，每个股东在"搭便车"的心理作用下，都不会主动去监督高管的代理行为，这便会为高管进行信息管理创造了条件。反之，如果第一大股东持股比例较高，大股东就成为企业最终剩余索取权的主要受益人，同时，也将成为高管代理行为的最大受害者。在这种情况下，大股东出于对自身利益的考虑，会主动监督高管的行为，发挥"监督效应"，从而在一定程度上提高了高管粉饰财务数据的成本，抑制了坏消息的"窖藏"，缓解了股价崩盘风险。

上述两种不同路径的作用下，在大股东持股比例较高的情况下，数字金融对企业股价崩盘的抑制作用将表现为不同的效果。一方面，如果考虑第二类代理问题，即大股东有掏空企业的动机，那么数字金融机构可以借助数字技术对大股东的行为进行数据化，形成海量数据，针对这些大数据的分析，将可准确识别大股东的掏空行为，从而实现了对大股东的有效监督，进而有效缓解了大股东授意下的隐瞒坏消息的行为，最终抑制股价崩盘。另一方面，从第一类代理问题角度讲，数字金融机构对企业高管代理行为的监督作用对大股东监督形成了替代，同时，大股东监督也会替代数字金融带来的外部监督作用，因此，二者的交互效应可能会弱化对高管的监督，从而削弱对股价崩盘的抑制作用。那么究竟上述哪一种路径符合现实呢？鉴于此，本章通过分组回归的方式来验证上述逻辑。如果企业大股东持股比例大于全样本均值，则定义为股权集中组；反之，为股权分散组。回归结果如表 6-12 所示。

表 6-12　　　　　　　基于企业股权集中度的分组回归结果

变量	股权分散组				股权集中组			
	(1) ncskew	(2) duvol	(3) ncskew	(4) duvol	(5) ncskew	(6) duvol	(7) ncskew	(8) duvol
dit	-0.043 (-0.72)	-0.027 (-0.75)			-0.366*** (-2.88)	-0.188*** (-2.65)		
dep			-0.080 (-1.52)	-0.045 (-1.40)			-0.174* (-1.68)	-0.091 (-1.51)
absacc	0.354*** (2.83)	0.154** (2.01)	0.350*** (2.79)	0.151** (1.98)	0.155 (0.46)	0.104 (0.52)	0.156 (0.46)	0.104 (0.52)
lev	-0.125** (-2.39)	-0.079** (-2.56)	-0.126** (-2.42)	-0.080*** (-2.59)	0.061 (0.44)	0.031 (0.41)	0.055 (0.40)	0.027 (0.36)
size	-0.038*** (-3.96)	-0.035*** (-5.91)	-0.039*** (-4.00)	-0.035*** (-5.94)	-0.019 (-0.98)	-0.022* (-1.95)	-0.019 (-0.98)	-0.022* (-1.94)
roa	0.342** (2.36)	0.206** (2.32)	0.350** (2.42)	0.210** (2.37)	-0.095 (-0.29)	-0.084 (-0.45)	-0.109 (-0.33)	-0.091 (-0.48)

续表

变量	股权分散组				股权集中组			
	(1) ncskew	(2) duvol	(3) ncskew	(4) duvol	(5) ncskew	(6) duvol	(7) ncskew	(8) duvol
btm	-0.076 (-1.64)	0.008 (0.29)	-0.075 (-1.60)	0.009 (0.33)	-0.463*** (-4.39)	-0.217*** (-3.50)	-0.460*** (-4.35)	-0.215*** (-3.47)
soe	0.001 (0.07)	0.010 (0.93)	-0.001 (-0.06)	0.009 (0.81)	-0.032 (-0.72)	-0.015 (-0.59)	-0.024 (-0.53)	-0.011 (-0.43)
first	-0.001** (-2.52)	-0.001** (-2.35)	-0.001** (-2.49)	-0.001** (-2.31)	0.000 (0.05)	-0.000 (-0.11)	0.000 (0.04)	-0.000 (-0.12)
dual	0.002 (0.10)	0.002 (0.23)	0.002 (0.12)	0.002 (0.24)	-0.013 (-0.30)	0.002 (0.09)	-0.012 (-0.29)	0.002 (0.09)
dsize	-0.008* (-1.73)	-0.003 (-1.10)	-0.008* (-1.74)	-0.003 (-1.10)	-0.011 (-1.34)	-0.005 (-1.01)	-0.011 (-1.34)	-0.005 (-1.01)
cash	0.062 (1.11)	0.058* (1.73)	0.061 (1.08)	0.057* (1.70)	0.300 (1.20)	0.104 (0.73)	0.305 (1.22)	0.106 (0.74)
big4	-0.042*** (-3.06)	-0.022*** (-2.64)	-0.042*** (-3.04)	-0.021*** (-2.62)	-0.054* (-1.66)	-0.022 (-1.18)	-0.059* (-1.82)	-0.025 (-1.31)
ipo	-0.011*** (-7.68)	-0.007*** (-8.30)	-0.011*** (-7.67)	-0.007*** (-8.29)	-0.007** (-2.50)	-0.004** (-2.57)	-0.008** (-2.56)	-0.005*** (-2.62)
mtover	-0.001** (-2.53)	-0.000*** (-3.31)	-0.001** (-2.57)	-0.000*** (-3.35)	0.001 (1.41)	0.000 (1.08)	0.001 (1.45)	0.000 (1.12)
ret	67.164*** (2.74)	42.471*** (3.01)	67.023*** (2.74)	42.396*** (3.00)	34.674 (0.56)	12.299 (0.35)	34.473 (0.55)	12.170 (0.34)
sigma	-3.156** (-1.97)	-1.735* (-1.89)	-3.153** (-1.97)	-1.734* (-1.89)	-8.034** (-2.32)	-4.932** (-2.49)	-7.985** (-2.30)	-4.908** (-2.47)
fdindex	0.002 (0.55)	0.001 (0.48)	0.004 (0.83)	0.002 (0.72)	0.019* (1.84)	0.011* (1.82)	0.014 (1.39)	0.009 (1.43)
常数项	1.240*** (3.84)	0.853*** (4.37)	1.398*** (4.61)	0.930*** (5.06)	2.525*** (3.73)	1.488*** (3.89)	1.725*** (2.82)	1.086*** (3.04)
样本数	10696	10696	10696	10696	2429	2429	2429	2429
R^2	0.069	0.097	0.069	0.097	0.094	0.106	0.092	0.105

注：括号内为 t 值，***、**、*分别表示在 1%、5%、10%的水平上显著。

结果显示，在股权分散组中，*dit* 和 *dep* 的回归系数均不显著，同时，在股权集中组中，这两个系数显著性明显提升。这说明，当企业大股东比例比较高时，数字金融对企业股价崩盘的抑制作用更显著。原因在于，数字金融的发展，在一定程度上，抑制了大股东掏空行为，从而抑制了股价崩盘风险。

（六）基于企业聘请注册会计师事务所的异质性分析

以往，即使会计师主观上想制止企业财务造假行为，在信息技术有限的条件下，也会因无法识别舞弊行为而起不到应有的作用。数字金融的发展，为数字技术在商业上的应用起到了示范作用，注册会计师事务所有可能将数字技术应用于对企业财务数据的审核上，从而保证了审计质量，避免了坏消息的"窖藏"，进而抑制股价崩盘。然而，数字技术作用的发挥也有赖于注册会计师的主观能动性，如果其没有认真审计的意愿，那么为其提供再先进的技术工具也无济于事。所以，会计师的主观能动性使数字金融在上述过程中发挥作用的关键。

如果企业聘请的会计师事务所为国际四大会计师事务所，这四家会计师事务所在世界上享誉盛名，舞弊成本极高，因此相对于普通会计师事务所，他们对企业的监督意愿更加强烈，在数字技术的加持下，可以大幅减少企业管理者恶意粉饰财务数据的机会。如此，即便企业管理者有动机隐瞒坏消息，在这四大会计师事务所的监督下，隐瞒行为也难以付诸行动，这在一定程度上避免了坏消息"窖藏"现象的出现，从而抑制了股价崩盘风险。鉴于此，本章以企业是否聘请国际知名度最高的前四大会计师事务所为基准，将样本分为两组，并分别进行回归分析，回归结果如表 6 – 13 所示。

表 6 – 13 　　　　　　　　基于注册会计师事务所的分组回归结果

变量	非四大会计师事务所组				四大会计师事务所组			
	(1) *ncskew*	(2) *duvol*	(3) *ncskew*	(4) *duvol*	(5) *ncskew*	(6) *duvol*	(7) *ncskew*	(8) *duvol*
dit	-0.083 (-1.20)	-0.048 (-1.18)			-0.159* (-1.82)	-0.087* (-1.68)		
dep			-0.063 (-1.06)	-0.034 (-0.95)			-0.157** (-2.11)	-0.088** (-1.98)

变量	非四大会计师事务所组				四大会计师事务所组			
	(1) ncskew	(2) duvol	(3) ncskew	(4) duvol	(5) ncskew	(6) duvol	(7) ncskew	(8) duvol
absacc	0.239 (1.49)	0.100 (1.04)	0.240 (1.50)	0.101 (1.04)	0.448*** (2.65)	0.209** (1.99)	0.437*** (2.59)	0.202* (1.93)
lev	−0.075 (−1.22)	−0.036 (−0.98)	−0.077 (−1.25)	−0.037 (−1.02)	−0.063 (−0.92)	−0.065 (−1.64)	−0.070 (−1.02)	−0.069* (−1.73)
size	−0.025** (−1.97)	−0.028*** (−3.64)	−0.025** (−1.98)	−0.028*** (−3.65)	−0.039*** (−3.29)	−0.034*** (−4.73)	−0.040*** (−3.37)	−0.034*** (−4.81)
roa	0.084 (0.47)	0.073 (0.68)	0.088 (0.50)	0.075 (0.70)	0.334* (1.76)	0.149 (1.29)	0.340* (1.78)	0.152 (1.32)
btm	−0.054 (−0.92)	0.008 (0.23)	−0.053 (−0.91)	0.008 (0.24)	−0.241*** (−3.95)	−0.078** (−2.18)	−0.237*** (−3.89)	−0.076** (−2.12)
soe	0.004 (0.18)	0.005 (0.35)	0.004 (0.17)	0.005 (0.35)	−0.022 (−0.87)	0.002 (0.10)	−0.025 (−0.98)	−0.000 (−0.02)
first	−0.001** (−2.01)	−0.001** (−2.08)	−0.001** (−2.03)	−0.001** (−2.10)	−0.001 (−1.45)	−0.000 (−1.29)	−0.001 (−1.38)	−0.000 (−1.22)
dual	−0.005 (−0.24)	0.000 (0.04)	−0.005 (−0.25)	0.000 (0.03)	−0.001 (−0.04)	0.001 (0.07)	−0.001 (−0.06)	0.001 (0.05)
dsize	−0.013** (−2.45)	−0.005 (−1.58)	−0.013** (−2.44)	−0.005 (−1.57)	−0.006 (−1.14)	−0.003 (−0.95)	−0.006 (−1.13)	−0.003 (−0.94)
cash	0.063 (0.88)	0.059 (1.38)	0.060 (0.83)	0.056 (1.33)	0.103 (1.28)	0.071 (1.48)	0.093 (1.15)	0.066 (1.37)
ipo	−0.014*** (−7.11)	−0.008*** (−7.30)	−0.014*** (−7.09)	−0.008*** (−7.29)	−0.008*** (−4.51)	−0.006*** (−5.18)	−0.008*** (−4.45)	−0.005*** (−5.12)
mtover	−0.000* (−1.74)	−0.000** (−1.98)	−0.000* (−1.74)	−0.000** (−1.98)	−0.000 (−0.39)	−0.000 (−1.35)	−0.000 (−0.43)	−0.000 (−1.38)
ret	92.799*** (3.12)	49.740*** (2.78)	92.750*** (3.12)	49.728*** (2.78)	31.503 (0.96)	26.924 (1.47)	31.261 (0.95)	26.788 (1.46)
sigma	−1.061 (−0.55)	−1.133 (−0.99)	−1.059 (−0.55)	−1.132 (−0.99)	−6.783*** (−3.27)	−3.240*** (−2.79)	−6.798*** (−3.29)	−3.248*** (−2.80)

续表

变量	非四大会计师事务所组				四大会计师事务所组			
	(1) ncskew	(2) duvol	(3) ncskew	(4) duvol	(5) ncskew	(6) duvol	(7) ncskew	(8) duvol
fdindex	0.002 (0.34)	0.001 (0.32)	0.001 (0.26)	0.001 (0.23)	0.010 (1.58)	0.005 (1.49)	0.011 * (1.73)	0.006 * (1.65)
常数项	1.130 *** (2.82)	0.819 *** (3.45)	1.051 *** (2.81)	0.765 *** (3.41)	1.862 *** (4.23)	1.143 *** (4.33)	1.865 *** (4.57)	1.152 *** (4.72)
样本数	6989	6989	6989	6989	6136	6136	6136	6136
R^2	0.065	0.095	0.065	0.095	0.085	0.104	0.085	0.104

注：括号内为 t 值，*** 、** 、* 分别表示在1%、5%、10%的水平上显著。

结果显示，在非四大会计师事务所组中，*dit* 和 *dep* 的回归系数均不显著，但在四大会计师事务所组中，这两个指标的回归系数均显著为负。这说明，注册会计师的监督意愿确实对数字金融治理作用的发挥起到了促进作用。

（七）基于上市年限的异质性分析

企业上市年限是指自公司股票首次公开发行之日起，到相应统计时点的总年限。同欧美主要经济体不同，一直以来我国主要采取核准制上市制度。监管部门会在财务制度以及公司治理制度等方面对即将上市的企业进行严格把关，因此相对于未上市的企业，上市企业的公司治理制度更为健全。同时，随着企业上市，企业的关注度将大幅提升，企业的各种行为将被监管机构和各类媒体监督。企业上市越久，其暴露的治理问题也就越多，但同时存在的治理问题也会逐步减少。也就是说，由上市带来的外部关注，不仅丰富了企业的外部治理途径，也完善了内部治理结构，有助于抑制股价崩盘风险的发生。然而，我们认为企业上市时间与企业整体治理水平可能存在先增加后减低的倒 U 形关系。一方面，在企业刚上市的几年里，企业会积极配合外界的监督和指导。如上面所分析的，来自外界的监督和关注能够使企业的总体治理水平获得较大提高，从而对坏消息"窖藏"行为的管控也比较及时和严厉，进而对股价崩盘风险的影响也比较有效。另一方面，随着时间的推移，企业声誉的不断确立，将增加外部监督的难度，由上市带来的治理红利会出现边际递减的规律，其对企业股价崩盘的影响效果也会减弱。然而，随着数字金融的发展，外部监督机构可以借助数字技术对企业进行监督，而不受企业的主观意愿影响。因此，上市年限越长，数字金融对企业股价崩盘风险的抑制作用就越强。鉴于此，我们以 10 年为临界值，将全样本分为上市年限较短组和上市年限较长组，并分别进行回归分析，回归结果如表 6 - 14 所示。

表 6 - 14 基于上市年限的分组回归结果

变量	上市年限较短				上市年限较长			
	(1) ncskew	(2) duvol	(3) ncskew	(4) duvol	(5) ncskew	(6) duvol	(7) ncskew	(8) duvol
dit	-0.015 (-0.21)	-0.013 (-0.31)			-0.262*** (-3.02)	-0.151*** (-3.00)		
dep			-0.103 (-1.59)	-0.061 (-1.56)			-0.147** (-1.98)	-0.086* (-1.96)
absacc	0.241 (1.62)	0.096 (1.06)	0.235 (1.57)	0.092 (1.02)	0.520*** (2.69)	0.261** (2.24)	0.525*** (2.70)	0.264** (2.25)
lev	-0.063 (-1.02)	-0.040 (-1.10)	-0.061 (-0.99)	-0.039 (-1.08)	0.016 (0.22)	-0.002 (-0.06)	0.008 (0.12)	-0.007 (-0.16)
size	-0.051*** (-4.10)	-0.042*** (-5.55)	-0.052*** (-4.14)	-0.042*** (-5.59)	-0.013 (-1.00)	-0.018** (-2.36)	-0.013 (-1.04)	-0.018** (-2.39)
roa	0.168 (0.99)	0.077 (0.75)	0.181 (1.06)	0.085 (0.82)	0.102 (0.47)	0.047 (0.36)	0.100 (0.46)	0.046 (0.36)
btm	-0.081 (-1.35)	-0.003 (-0.09)	-0.080 (-1.34)	-0.003 (-0.07)	-0.304*** (-4.70)	-0.129*** (-3.39)	-0.301*** (-4.64)	-0.127*** (-3.33)
soe	-0.013 (-0.53)	0.009 (0.64)	-0.018 (-0.73)	0.007 (0.44)	0.024 (0.91)	0.017 (1.06)	0.027 (1.02)	0.018 (1.15)
first	-0.002*** (-2.92)	-0.001*** (-3.20)	-0.002*** (-2.87)	-0.001*** (-3.15)	-0.001 (-0.88)	-0.000 (-0.79)	-0.001 (-0.90)	-0.000 (-0.81)
dual	0.003 (0.15)	0.003 (0.32)	0.003 (0.19)	0.003 (0.34)	-0.019 (-0.71)	-0.009 (-0.56)	-0.020 (-0.71)	-0.009 (-0.57)
dsize	-0.007 (-1.35)	-0.003 (-0.97)	-0.008 (-1.40)	-0.003 (-1.02)	-0.013** (-2.28)	-0.006* (-1.77)	-0.013** (-2.32)	-0.006* (-1.81)
cash	0.031 (0.46)	0.035 (0.88)	0.032 (0.48)	0.036 (0.89)	0.057 (0.57)	0.042 (0.72)	0.059 (0.58)	0.043 (0.73)

续表

变量	上市年限较短				上市年限较长			
	(1) ncskew	(2) duvol	(3) ncskew	(4) duvol	(5) ncskew	(6) duvol	(7) ncskew	(8) duvol
big4	-0.052 *** (-3.19)	-0.029 *** (-2.96)	-0.052 *** (-3.17)	-0.029 *** (-2.95)	-0.024 (-1.16)	-0.006 (-0.51)	-0.027 (-1.27)	-0.008 (-0.61)
ipo	-0.018 *** (-4.44)	-0.012 *** (-5.10)	-0.018 *** (-4.44)	-0.012 *** (-5.10)	-0.006 ** (-2.08)	-0.003 * (-1.83)	-0.007 ** (-2.18)	-0.003 * (-1.93)
mtover	-0.001 *** (-2.67)	-0.000 *** (-3.19)	-0.001 *** (-2.74)	-0.000 *** (-3.25)	-0.001 * (-1.88)	-0.001 *** (-2.72)	-0.001 * (-1.83)	-0.001 *** (-2.67)
ret	70.273 *** (2.59)	43.303 *** (2.74)	70.260 *** (2.59)	43.291 *** (2.74)	69.805 (1.55)	26.968 (1.05)	69.330 (1.54)	26.672 (1.04)
sigma	-2.551 (-1.37)	-1.611 (-1.50)	-2.528 (-1.36)	-1.599 (-1.49)	-4.527 * (-1.80)	-2.962 ** (-2.06)	-4.529 * (-1.80)	-2.964 ** (-2.06)
fdindex	0.005 (0.91)	0.003 (0.97)	0.008 (1.40)	0.005 (1.41)	0.002 (0.37)	0.001 (0.17)	-0.000 (-0.03)	-0.001 (-0.21)
常数项	1.436 *** (3.58)	0.995 *** (4.13)	1.808 *** (4.76)	1.196 *** (5.23)	1.775 *** (3.92)	1.123 *** (4.24)	1.300 *** (3.12)	0.858 *** (3.47)
样本数	7639	7639	7639	7639	5103	5103	5103	5103
R²	0.060	0.090	0.061	0.091	0.080	0.099	0.079	0.098

注：括号内为 t 值，*** 、** 、* 分别表示在 1%、5%、10%的水平上显著。

结果显示，首先，代表企业上市年限的指标 ipo 的回归系数在企业上市年限小于 10 年的时间里的显著性水平均达到 1%，但当企业上市大于 10 年后，该回归系数的显著性水平明显下降，说明，上市给企业带来的治理效应的提升确实存在先增加后降低的规律。其次，dit 和 dep 的回归系数只有当企业上市年限超过 10 年的样本中才显著，说明，数字金融对股价崩盘本盘风险的抑制作用确实与企业上市年限相关。

第四节　结论与启示

以 2011~2018 年我国 A 股上市公司为样本，借助北京大学数字金融研究中心编制的数字普惠金融指数，本章考察数字金融对企业股价崩盘风险的影响机制及效果。研究发现，数字金融可以抑制企业股价崩盘的发生。从理论上讲，上述抑制作用可以分解为两个方面。第一，外部投资者借助数字技术可以收集和处理企业及其管理者在互联网上留下的海量数据，通过对这些数据的分析可以降低企业内外部信息不对称程度，从而弱化了企业主动披露数据在股票投资决策模型中的重要性，如此便减少了由企业管理者坏消息隐瞒行为导致的股价崩盘的发生率；第二，外部投资者借助数字技术所进行的大数据分析可以成为企业主动披露信息的佐证材料，从而加强了外部投资者对企业管理者信息管理行为的监督，进而提高了企业自身信息的透明度，减少了坏消息"窖藏"现象，抑制了股价崩盘风险。然而，实证结果却表明，数字金融对企业股价崩盘风险产生影响的间接路径虽然在统计上通过了显著性检验，但实际的经济意义却不明显。由此，我们判断外部投资者借助数字技术针对企业及其管理者的海量行为数据的大数据分析对股票投资决策模型精准度的提升是数字金融对企业股价崩盘风险发挥抑制作用的关键所在。同时，基于企业融资约束的中介效应检验结果也不显著，说明，数字金融对企业股价崩盘风险的抑制作用主要源于数字技术的应用，而非由此带来的金融发展的贡献。除此之外，我们的实证结果还发现，数字金融对企业股价崩盘风险的抑制作用在不同类型的企业中存在异质性，上述作用在大规模企业和国有企业中显著，在小型企业和民营企业中不显著；数字金融治理效应的发挥在高杠杆以及短债长用程度高的企业中显著；数字金融的治理作用在股权比较集中、聘请四大会计师事务所的企业以及首次公开发行（IPO）年限大于十年的企业中比较显著。

第七章

本书主要结论及政策建议

第一节　企业债务结构影响企业财务欺诈的相关结论及政策建议

　　本书通过将企业杠杆率与短债长用纳入同一分析框架，利用中国上市公司2001~2018年的财务数据，考察了杠杆率与短债长用对企业财务欺诈行为的影响。研究发现，较高的杠杆率和短债长用问题都会加剧企业财务欺诈的发生；此外，二者对财务欺诈有交互作用，但作用效果表现为抑制。异质性分析表明，短债长用对企业财务欺诈的影响只在小规模企业中显著，在大规模企业中不显著；但是，杠杆率对企业财务欺诈的影响不受企业规模的影响，在任何企业中都表现为前者对后者的加剧作用。以上发现呼应了刘晓光和刘元春（2019）的研究结论，为中国企业债务问题的研究提供的新的分析视角。本书的研究发现说明，债务问题对企业的影响，不仅表现在整体规模上，还表现在债务结构上，尤其是杠杆率与短债长用的交互效应更加值得关注。这些发现恰好与当前的杠杆政策相吻合。结合本书上述研究结论，我们提出以下政策建议：

第一，去杠杆政策的制定和实施要综合考虑整体杠杆水平和企业债务结构不合理的问题。由于短债长用问题在中国企业中比较普遍，而且对企业的经营非常不利，因此应坚持"增加企业中长期融资"的政策方针。

第二，由于杠杆率与短债长用对企业财务欺诈的影响机制的复杂程度在不同规模企业中存在差异，所以我们应该继续坚持和深化货币政策实施的灵活性。对于大企业而言，可以采取去杠杆政策；但对于中小微企业，不能盲目地去杠杆，应通过窗口指导，调整企业债务结构，适当增加中长期债务规模。

第二节　数字金融影响财务欺诈的研究结论及政策建议

本书以 2011～2018 年我国 A 股上市公司为样本，借助北京大学数字金融研究中心编制的数字普惠金融指数，考察数字金融对企业财务欺诈的影响机制及效果。研究发现，数字金融可以抑制企业财务欺诈的发生。从理论上讲，上述抑制作用可以分解为四个方面。第一，数字金融通过弱化财务报表在信贷审批过程中的重要性来抑制财务欺诈。第二，数字金融通过缓解企业所面临的融资约束抑制企业财务欺诈。第三，数字金融通过降低企业杠杆率来抑制企业财务欺诈。第四，数字金融通过缓解短债长用来抑制企业财务欺诈。然而，实证结果却表明，数字金融对企业财务欺诈产生影响的三条间接路径虽然在统计上通过了显著性检验，但实际的经济意义却不明显。由此，我们判断数字金融对企业财务欺诈的抑制作用并非表现在其金融普惠性特征方面，而在于其所借助的数字技术对金融系统中信息不对称问题的解决。

除此之外，与已有相关研究不同，我们并没有发现数字金融对企业的赋能作用在不同类型的企业中存在异质性，上述作用在不同规模的企业和不同产权性质的企业中都表现出了显著的积极作用。同时，相对于外部融资需求意愿不强烈的企业，外部融资需求强烈的企业也不会促进数字金融对企业财务欺诈的抑制作用。

无论是数字金融影响财务欺诈的内在机制，还是数字金融在不同环境的作用效果都进一步印证了数字金融在抑制企业财务欺诈这一过程中，发挥主要作用的是数字技术的应用带来的全新的信息渠道对财务报表这一传统信息渠道的替代和验证有效弱化了企业管理者进行财务欺诈的动机和机会，从而抑制了财务欺诈。

我们还发现，股权集中度对数字金融对企业财务欺诈的作用也有促进作用，另外，两职合一这种人事安排对数字金融对企业财务欺诈的抑制作用有调节效应，即当董事长与 CEO 为一人担任时，数字金融对企业财务欺诈的抑制作用更加明显。

基于上述研究结论，本书得到如下启示：第一，数字金融机构可以借助数字技术有效缓解金融体系中一直难以克服的信息不对称问题，这是数字金融区别于传统金融的关键内核，是其提高金融供给效率核心动力，所以为了提升我国金融体系服务实体经济的效率，传统金融机构应尽快将数字技术引入企业各项业务当中。第二，从公司治理角度讲，数字技术应用于金融领域，实际上是提升了企业外部治理水平，从而提升了企业会计信息的质量，那么如果数字技术被企业管理者所应用是否会发挥重要的内部治理作用呢？这既是一个很有理论意义的研究方向，又是提高企业公司治理水平的潜在途径。

第三节　数字金融影响企业盈余管理的结论

本书借助北京大学数字金融研究中心发布的数字普惠金融指数，以 2011 ~ 2018 年我国 A 股上市公司为研究对象，考察了数字金融对企业盈余管理的影响。研究发现，数字金融可以抑制企业的盈余管理行为，并且只对向上盈余管理起作用，而且实证结果表明，数字技术才是数字金融抑制企业盈余管理的关键所在。我们还发现数字金融对企业盈余管理的影响存在情境效应，该作用只有在民营企业、小规模企业中才显著，在国有企业、大型企业中不显著。

第四节　数字金融影响企业股价崩盘风险的结论

本书以 2011～2018 年我国 A 股上市公司为样本，借助北京大学数字金融研究中心编制的数字普惠金融指数，考察数字金融对企业股价崩盘风险的影响机制及效果。研究发现，数字金融可以抑制企业股价崩盘的发生，而且实证结果表明，数字金融对企业股价崩盘风险产生影响的主要原因在于，外部投资者借助数字技术针对企业及其管理者的海量行为数据的大数据分析对股票投资决策模型精准度的提升。同时，基于企业融资约束的中介效应检验结果也不显著，说明，数字金融对企业股价崩盘风险的抑制作用主要源自数字技术的应用，而非由此带来的金融发展的贡献。此外，我们的实证结果还发现，数字金融对企业股价崩盘风险的抑制作用在不同类型的企业中存在异质性，上述作用在大规模企业和国有企业中显著，在小型企业和民营企业中不显著；数字金融治理效应的发挥在高杠杆、短债长用程度高的企业中、股权比较集中、聘请四大会计师事务所的企业以及首次公开发行（IPO）年限大于 10 年的企业中比较显著。

参 考 文 献

[1] 艾永芳. 企业管理层上下级逆向年龄关系的公司治理效应研究——以企业过度投资为视角 [J]. 当代经济管理, 2020, 42 (2): 13-21.

[2] 艾永芳, 佟孟华. CEO 与 CFO 任期交错可以抑制企业过度投资吗? [J]. 中南财经政法大学学报, 2019 (1): 66-74.

[3] 艾永芳, 佟孟华. 董事长与 CEO 任期交错治理效用分析——基于抑制股价崩盘风险视角的实证研究 [J]. 商业研究, 2017 (8): 129-135.

[4] 艾永芳, 佟孟华, 孙光林. CEO 与 CFO 任期交错的公司治理效果研究——基于股价崩盘风险的实证分析 [J]. 当代财经, 2017 (12): 120-132.

[5] 艾永芳, 佟孟华, 孙光林. 公司战略、大股东持股与财务欺诈 [J]. 财经理论与实践, 2017, 38 (4): 70-76.

[6] 白云霞, 邱穆青, 李伟. 投融资期限错配及其制度解释——来自中美两国金融市场的比较 [J]. 中国工业经济, 2016 (7): 23-39.

[7] 曹雅楠, 蓝紫文. 高管从军经历能否抑制上市公司股价崩盘风险——基于高管人力资本与社会资本的视角 [J]. 上海财经大学学报, 2020, 22 (4): 123-137.

[8] 陈国进, 张贻军, 王磊. 股市崩盘现象研究评述 [J]. 经济学动态, 2008 (11): 116-120.

[9] 陈国欣, 吕占甲, 何峰. 财务报告舞弊识别的实证研究——基于中国上市公司经验数据 [J]. 审计研究, 2007 (3): 88-93.

[10] 陈嘉琪, 冯丽君. 基于制度环境视角的非效率投资与股价崩盘风险研

究 [J]. 财经理论与实践, 2020, 41 (6): 43－50.

[11] 迟铮. 中国出口企业股权结构与企业绩效关系研究 [J]. 北京工商大学学报 (社会科学版), 2018, 33 (5): 73－80.

[12] 楚有为. 去杠杆与股价崩盘风险——基于政策压力的检验 [J]. 现代财经 (天津财经大学学报), 2021, 41 (8): 34－50.

[13] 褚剑, 方军雄. 政府审计的外部治理效应: 基于股价崩盘风险的研究 [J]. 财经研究, 2017, 43 (4): 133－145.

[14] 崔学刚, 王立彦, 许红. 企业增长与财务危机关系研究——基于电信与计算机行业上市公司的实证证据 [J]. 会计研究, 2007 (12): 55－62.

[15] 邓鸣茂, 梅春, 颜海明. 行业锦标赛激励与公司股价崩盘风险 [J]. 上海财经大学学报, 2020, 22 (5): 79－93.

[16] 董红晔. 财务背景独立董事的地理邻近性与股价崩盘风险 [J]. 山西财经大学学报, 2016, 38 (3): 113－124.

[17] 董永琦, 宋光辉, 丘彦强, 许林. 基金公司实地调研与股价崩盘风险 [J]. 证券市场导报, 2019 (1): 37－47.

[18] 杜剑, 于芝麦. 学术型独立董事的声誉与比例对公司股价崩盘风险的影响 [J]. 改革, 2019 (3): 118－127.

[19] 杜勇, 周丽. 高管学术背景与企业金融化 [J]. 西南大学学报 (社会科学版), 2019, 45 (6): 63－74.

[20] 段永琴, 何伦志. 数字金融与银行贷款利率定价市场化 [J]. 金融经济学研究, 2021, 36 (2): 18－33.

[21] 封思贤, 郭仁静. 数字金融、银行竞争与银行效率 [J]. 改革, 2019 (11): 75－89.

[22] 冯大威, 高梦桃, 周利. 数字普惠金融与居民创业: 来自中国劳动力动态调查的证据 [J]. 金融经济学研究, 2020, 35 (1): 91－103.

[23] 顾海峰, 杨立翔. 互联网金融与银行风险承担: 基于中国银行业的证据 [J]. 世界经济, 2018, 41 (10): 75－100.

[24] 顾小龙, 刘婷. 实际控制人所有权、支持机制与股价崩盘风险 [J]. 山西财经大学学报, 2020, 42 (9): 99－111.

[25] 郝芳静, 孙健, 谢远涛. 险资介入、投资者情绪与股价崩盘风险 [J]. 金融论坛, 2020, 25 (6): 61－70.

[26] 何婧，李庆海. 数字金融使用与农户创业行为 [J]. 中国农村经济，2019 (1)：112 – 126.

[27] 何鑫萍. 银行短期债务、审计质量与股价崩盘风险 [J]. 山西财经大学学报，2018，40 (2)：42 – 54.

[28] 何瑛，韩梦婷. 学者型 CEO 与上市公司股价崩盘风险 [J]. 上海财经大学学报，2021，23 (4)：121 – 137.

[29] 胡国柳，宛晴. 董事高管责任保险能否抑制股价崩盘风险——基于中国 A 股上市公司的经验数据 [J]. 财经理论与实践，2015，36 (6)：38 – 43.

[30] 胡洁琼，王福胜，刘仕煜. 内控缺陷的存在与披露对股价崩盘风险的影响 [J]. 北京理工大学学报 (社会科学版)，2021，23 (4)：93 – 102.

[31] 胡珺，潘婧，陈志强，周林子. 非执行董事的公司治理效应研究——股价崩盘风险的视角 [J]. 金融论坛，2020，25 (9)：61 – 71.

[32] 胡援成，刘明艳. 中国上市公司债务期限结构影响因素：面板数据分析 [J]. 管理世界，2011 (2)：175 – 177.

[33] 黄宏斌，尚文华. 审计师性别、审计质量与股价崩盘风险 [J]. 中央财经大学学报，2019 (1)：80 – 97.

[34] 黄萍萍，李四海. 社会责任报告语调与股价崩盘风险 [J]. 审计与经济研究，2020，35 (1)：69 – 78.

[35] 黄小宝，邱喃，陈关亭. 员工外部薪酬差距与股价崩盘风险 [J]. 金融论坛，2020，25 (3)：48 – 58.

[36] 黄益平，黄卓. 中国的数字金融发展：现在与未来 [J]. 经济学 (季刊)，2018，17 (4)：1489 – 1502.

[37] 贾俊生，刘玉婷. 数字金融、高管背景与企业创新——来自中小板和创业板上市公司的经验证据 [J]. 财贸研究，2021，32 (2)：65 – 76.

[38] 江婕，邱佳成，朱然，胡海峰. 投资者关注与股价崩盘风险：抑制还是加剧？[J]. 证券市场导报，2020 (3)：69 – 78.

[39] 江轩宇. 税收征管、税收激进与股价崩盘风险 [J]. 南开管理评论，2013，16 (5)：152 – 160.

[40] 江轩宇，许年行. 企业过度投资与股价崩盘风险 [J]. 金融研究，2015 (8)：141 – 158.

[41] 江轩宇，伊志宏．审计行业专长与股价崩盘风险 [J]．中国会计评论，2013（2）：133－150.

[42] 姜付秀，黄继承，李丰也，任梦杰．谁选择了财务经历的 CEO？ [J]．管理世界，2012（2）：96－104.

[43] 姜付秀，石贝贝，马云飙．董秘财务经历与盈余信息含量 [J]．管理世界，2016（9）：161－173.

[44] 康进军，王敏，范英杰．媒体报道、会计稳健性与股价崩盘风险 [J]．南京审计大学学报，2021，18（3）：32－41.

[45] 李炳念，王淳祥，杨光．股票回购与股价崩盘风险：稳定器还是加速器 [J]．现代财经（天津财经大学学报），2021，41（4）：37－50.

[46] 李健，江金鸥，陈传明．包容性视角下数字普惠金融与企业创新的关系：基于中国 A 股上市企业的证据 [J]．管理科学，2020，33（6）：16－29.

[47] 李健欣，蒋华林，马鹏．国有企业高管薪酬与股价崩盘风险——"有效管制"还是"过度约束"？ [J]．中南财经政法大学学报，2021（3）：58－68.

[48] 李健欣，蒋华林，施赟．官员晋升压力会增加国有企业股价崩盘风险吗？ [J]．财经理论与实践，2020，41（6）：51－56.

[49] 李江辉．制度环境对股价崩盘风险的影响研究 [J]．宏观经济研究，2018（12）：133－144.

[50] 李维安，武立东．企业集团的公司治理——规模起点、治理边界及子公司治理 [J]．南开管理评论，1999（4）：4－8.

[51] 李小荣，刘行．CEO vs CFO：性别与股价崩盘风险 [J]．世界经济，2012，35（12）：102－129.

[52] 梁琪，刘笑瑜，田静．经济政策不确定性、意见分歧与股价崩盘风险 [J]．财经理论与实践，2020，41（3）：46－55.

[53] 梁权熙，曾海舰．独立董事制度改革、独立董事的独立性与股价崩盘风险 [J]．管理世界，2016，270（3）：144－159.

[54] 梁上坤，徐灿宇，王瑞华．董事会断裂带与公司股价崩盘风险 [J]．中国工业经济，2020（3）：155－173.

[55] 林爱杰，梁琦，傅国华．数字金融发展与企业去杠杆 [J]．管理科学，

2021，34（1）：142 – 158.

［56］林川 . 外资股东退出威胁与股价崩盘风险 ［J］. 当代财经，2020（9）：127 – 137.

［57］林川，杨柏 . 政治诉求、社会责任与上市银行股价崩盘风险 ［J］. 江汉学术，2019，38（1）：5 – 14.

［58］林川，张思璨 . 国际化经营、创始人 CEO 与创业板上市公司股价崩盘风险 ［J］. 哈尔滨商业大学学报（社会科学版），2019（5）：46 – 55.

［59］林乐，郑登津 . 退市监管与股价崩盘风险 ［J］. 中国工业经济，2016（12）：58 – 74.

［60］林晚发，刘颖斐 . 信用评级调整与企业战略选择——基于盈余管理与企业社会责任视角的分析 ［J］. 现代财经（天津财经大学学报），2018，38（6）：86 – 97.

［61］林新奇，蒋瑞 . 高层管理团队特征与企业财务绩效关系的实证研究——以我国房地产上市公司为例 ［J］. 浙江大学学报（人文社会科学版），2011（3）：190 – 197.

［62］刘宝华，罗宏，周微，杨行 . 社会信任与股价崩盘风险 ［J］. 财贸经济，2016（9）：53 – 66.

［63］刘春，孙亮 . 税收征管能降低股价暴跌风险吗？ ［J］. 金融研究，2015（8）：159 – 174.

［64］刘力 . 信念、偏好与行为金融学 ［M］. 北京：北京大学出版社，2007.

［65］刘晓光，刘元春 . 杠杆率、短债长用与企业表现 ［J］. 经济研究，2019，54（7）：127 – 141.

［66］刘星，苏春，邵欢 . 家族董事席位超额控制与股价崩盘风险——基于关联交易的视角 ［J］. 中国管理科学，2021，29（5）：1 – 13.

［67］鲁桂华，潘柳芸 . 高管学术经历影响股价崩盘风险吗？［J］. 管理评论，2021，33（4）：259 – 270.

［68］陆正飞，祝继高，孙便霞 . 盈余管理、会计信息与银行债务契约 ［J］. 管理世界，2008（3）：152 – 158.

［69］罗进辉，杜兴强 . 媒体报道、制度环境与股价崩盘风险 ［J］. 会计研究，2014（9）：53 – 59.

［70］罗来军，蒋承，王亚章 . 融资歧视、市场扭曲与利润迷失——兼议虚

拟经济对实体经济的影响［J］.经济研究,2016,51(4):74-88.

[71] 马红,侯贵生,王元月.产融结合与中国企业投融资期限错配——基于上市公司经验数据的实证研究［J］.南开管理评论,2018,21(3):46-53.

[72] 马可哪呐,唐凯桃,郝莉莉.社会审计监管与资本市场风险防范研究——基于股价崩盘风险的视角［J］.山西财经大学学报,2016,38(8):25-34.

[73] 马勇,王满,马影.影子银行业务会增加股价崩盘风险吗［J］.财贸研究,2019,30(11):83-93.

[74] 聂秀华.数字金融促进中小企业技术创新的路径与异质性研究［J］.西部论坛,2020,30(4):37-49.

[75] 彭博,王满.期望绩效反馈会影响股价崩盘风险吗?——基于中国A股上市公司的实证分析［J］.财贸研究,2020,31(1):93-110.

[76] 彭情,郑宇新.CFO兼任董秘降低了股价崩盘风险吗——基于信息沟通与风险规避的视角［J］.山西财经大学学报,2018,40(4):49-61.

[77] 彭旋,王雄元.客户股价崩盘风险对供应商具有传染效应吗?［J］.财经研究,2018,44(2):141-153.

[78] 钱海章,陶云清,曹松威,曹雨阳.中国数字金融发展与经济增长的理论与实证［J］.数量经济技术经济研究,2020,37(6):26-46.

[79] 任颋,王峥.女性参与高管团队对企业绩效的影响:基于中国民营企业的实证研究［J］.南开管理评论,2010(5):81-91.

[80] 任晓怡,向海凌,吴非.地方经济增长目标如何影响金融市场稳定——基于股价崩盘风险的视角［J］.经济学报,2020,7(2):1-34.

[81] 沈华玉,吴晓晖.上市公司违规行为会提升股价崩盘风险吗［J］.山西财经大学学报,2017,39(1):83-94.

[82] 沈悦,郭品.互联网金融、技术溢出与商业银行全要素生产率［J］.金融研究,2015(3):160-175.

[83] 施平.企业增长、规模与财务风险的相关性研究［J］.审计与经济研究,2010(6):62-67.

[84] 施先旺,胡沁,徐芳婷.市场化进程、会计信息质量与股价崩盘风险［J］.中南财经政法大学学报,2014(4):80-87.

［85］史亚雅，杨德明．商业模式创新会引发股价崩盘风险吗［J］．财贸经济，2020，41（6）：80－94.

［86］司登奎，李小林，赵仲匡．非金融企业影子银行化与股价崩盘风险［J］．中国工业经济，2021（6）：174－192.

［87］苏坤．董事会异质性对公司股价崩盘风险的影响研究［J］．当代经济管理，2020，42（10）：17－26.

［88］苏坤．信任氛围对公司股价崩盘风险的影响：基于内部控制的调节作用［J］．系统工程，2020，38（1）：131－140.

［89］孙艳梅，郭敏，方梦然．企业创新投资、风险承担与股价崩盘风险［J］．科研管理，2019，40（12）：144－154.

［90］唐松，伍旭川，祝佳．数字金融与企业技术创新——结构特征、机制识别与金融监管下的效应差异［J］．管理世界，2020，36（5）：52－66.

［91］田高良，封华，赵晶，齐保垒．险中求胜还是只轮不返：风险承担对股价崩盘的影响［J］．管理科学，2020，33（2）：127－143.

［92］田昆儒，孙瑜．非效率投资、审计监督与股价崩盘风险［J］．审计与经济研究，2015，30（2）：43－51.

［93］田昆儒，田雪丰．披露其他综合收益能够降低股价崩盘风险吗？［J］．中南财经政法大学学报，2019（2）：20－30.

［94］田昆儒，游竹君．同谋合谋还是同舟共济：非控股股东网络权力与股价崩盘风险［J］．当代财经，2021（6）：138－148.

［95］万东灿．审计收费与股价崩盘风险［J］．审计研究，2015（6）：85－93.

［96］万佳彧，周勤，肖义．数字金融、融资约束与企业创新［J］．经济评论，2020（1）：71－83.

［97］汪亚楠，徐枫，郑乐凯．数字金融能驱动城市创新吗？［J］．证券市场导报，2020（7）：9－19.

［98］汪亚楠，叶欣，许林．数字金融能提振实体经济吗［J］．财经科学，2020（3）：1－13.

［99］王虹，何佳．高管舆情危机是否扩大了股价崩盘风险［J］．金融经济学研究，2019，34（6）：70－82.

［100］王化成，曹丰，高升好，等．投资者保护与股价崩盘风险［J］．财贸经济，2014，35（10）：73－82.

[101] 王化成，曹丰，叶康涛．监督还是掏空：大股东持股比例与股价崩盘风险 [J]．管理世界，2015 (2)：45 - 57.

[102] 王会娟，廖理．中国 P2P 网络借贷平台信用认证机制究：来自"人人贷"的经验证据 [J]．中国工业经济，2014 (4)：136 - 147.

[103] 王晶晶，刘沛．私募股权投资、制度环境与股价崩盘风险 [J]．管理评论，2020，32 (2)：63 - 75.

[104] 王娟，朱卫未．数字金融发展能否校正企业非效率投资 [J]．财经科学，2020 (3)：14 - 25.

[105] 王克祥，田鑫．企业集团决策权配置与股价崩盘风险 [J]．科学决策，2020 (1)：27 - 49.

[106] 王如玉，周诚君．数字金融与城市生产率 [J]．广东社会科学，2020 (4)：15 - 27.

[107] 王文姣，傅超，傅代国．并购商誉是否为股价崩盘的事前信号？——基于会计功能和金融安全视角 [J]．财经研究，2017，43 (9)：76 - 87.

[108] 王馨．互联网金融助解"长尾"小微企业融资难问题研究 [J]．金融研究，2015 (9)：128 - 139.

[109] 王贞洁，徐静．内部控制、外部审计和金融化相关股价崩盘风险 [J]．云南财经大学学报，2020，36 (1)：54 - 66.

[110] 韦琳，徐立文，刘佳．上市公司财务报告舞弊的识别——基于三角形理论的实证研究 [J]．审计研究，2011 (2)：98 - 106.

[111] 汶海，高皓，陈思岑，肖金利．行政审计监管与股价崩盘风险——来自证监会随机抽查制度的证据 [J]．系统工程理论与实践，2020，40 (11)：2769 - 2783.

[112] 吴德军．外资持股对上市公司股价崩盘风险的影响研究 [J]．国际商务，2015 (3)：55 - 65.

[113] 吴非，向海凌，刘心怡．数字金融与金融市场稳定——基于股价崩盘风险的视角 [J]．经济学家，2020 (10)：87 - 95.

[114] 吴克平，黎来芳．审计师声誉影响股价崩盘风险吗——基于中国资本市场的经验证据 [J]．山西财经大学学报，2016，38 (9)：101 - 113.

[115] 吴清华，王平心．公司盈余质量：董事会微观治理绩效之考察——来自我国独立董事制度强制性变迁的经验证据 [J]．数理统计与管理，2007（1）：30-40．

[116] 吴先聪，管巍．"名人独董"、管理层权力与股价崩盘风险 [J]．现代财经（天津财经大学学报），2020，40（1）：98-113．

[117] 吴晓晖，郭晓冬，乔政．机构投资者抱团与股价崩盘风险 [J]．中国工业经济，2019（2）：117-135．

[118] 夏常源，王靖懿，傅代国．保险资金持股与股价崩盘风险——市场"稳定器"还是崩盘"加速器"？[J]．经济管理，2020，42（4）：158-174．

[119] 肖土盛，宋顺林，李路．信息披露质量与股价崩盘风险：分析师预测的中介作用 [J]．财经研究，2017，43（2）：110-121．

[120] 谢盛纹，廖佳．财务重述、管理层权力与股价崩盘风险：来自中国证券市场的经验证据 [J]．财经理论与实践，2017，38（1）：80-87．

[121] 谢绚丽，沈艳，张皓星，郭峰．数字金融能促进创业吗？——来自中国的证据 [J]．经济学（季刊），2018，17（4）：1557-1580．

[122] 谢雪燕，朱晓阳．数字金融与中小企业技术创新——来自新三板企业的证据 [J]．国际金融研究，2021（1）：87-96．

[123] 谢永珍．中国上市公司审计委员会治理效率的实证研究 [J]．南开管理评论，2006（1）：66-73．

[124] 徐飞，唐建新，程利敏．国际贸易网络与股价崩盘传染：竞争性货币贬值视角 [J]．国际金融研究，2018（12）：84-93．

[125] 徐细雄，李万利，陈西婵．儒家文化与股价崩盘风险 [J]．会计研究，2020（4）：143-150．

[126] 徐业坤，陈十硕，马光源．多元化经营与企业股价崩盘风险 [J]．管理学报，2020，17（3）：439-446．

[127] 鄢翔，耀友福．放松利率管制、银行债权治理与股价崩盘风险——基于中央银行取消贷款利率上下限的准自然实验 [J]．财经研究，2020，46（3）：19-33．

[128] 杨国成，王智敏．民营企业参与扶贫能抑制其股价崩盘风险吗 [J]．广东财经大学学报，2021，36（2）：86-101．

[129] 杨君，肖明月，吕品．数字普惠金融促进了小微企业技术创新吗？——基于中国小微企业调查（CMES）数据的实证研究 [J]．中南财经政法大学学报，2021（4）：119 – 131．

[130] 杨七中，章贵桥，马蓓丽．管理层语意与未来股价崩盘风险——基于投资者情绪的中介效分析 [J]．中南财经政法大学学报，2020（1）：26 – 36．

[131] 杨清香，俞麟，陈娜．董事会特征与财务舞弊——来自中国上市公司的经验证据 [J]．会计研究，2009（7）：64 – 70．

[132] 杨薇，姚涛．公司治理与财务舞弊的关系——来自中国上市公司的经验证据 [J]．重庆大学学报（社会科学版），2006，12（5）：24 – 30．

[133] 杨先明，杨娟．数字金融对中小企业创新激励——效应识别、机制和异质性研究 [J]．云南财经大学学报，2021，37（7）：27 – 40．

[134] 杨星．高管团队背景特征、薪酬激励与内部控制有效性 [J]．商业会计，2013（12）：82 – 84．

[135] 姚树洁，付璠洁．员工持股计划与股价崩盘风险 [J]．海南大学学报（人文社会科学版），2021，39（4）：144 – 155．

[136] 叶康涛，曹丰，王化成．内部控制信息披露能够降低股价崩盘风险吗？[J]．金融研究，2015（2）：192 – 206．

[137] 易志高，李心丹，潘子成，茅宁．公司高管减持同伴效应与股价崩盘风险研究 [J]．经济研究，2019，54（11）：54 – 70．

[138] 尹海员，朱旭．机构投资者异质信息能力与上市公司股价崩盘风险 [J]．金融经济学研究，2019，34（5）：137 – 150．

[139] 尹志超，公雪，郭沛瑶．移动支付对创业的影响——来自中国家庭金融调查的微观证据 [J]．中国工业经济，2019（3）：119 – 137．

[140] 于雅萍，姜英兵，王丽娟．员工股权激励能够降低股价崩盘风险吗？[J]．系统工程理论与实践，2020，40（11）：2784 – 2797．

[141] 宇超逸，王雪标，孙光林．数字金融与中国经济增长质量：内在机制与经验证据 [J]．经济问题探索，2020（7）：1 – 14．

[142] 袁军，潘慧峰．企业政治关联与股价崩盘风险 [J]．系统工程，2018，36（7）：1 – 8．

[143] 曾爱民，冷虹雨，魏志华．经营现金流透明度、市场关注度与股价崩

盘风险 [J]. 财贸研究, 2020, 31 (6): 98 - 110.

[144] 曾春华, 章翔, 胡国柳. 高溢价并购与股价崩盘风险: 代理冲突抑或过度自信? [J]. 商业研究, 2017 (6): 124 - 130.

[145] 曾鹏志, 李家琳, 吕本富. 信息披露的作用: 来自拍拍贷的经验证据 [J]. 管理科学, 2019, 32 (1): 143 - 160.

[146] 曾晓, 韩金红. 纵向兼任高管能降低股价崩盘风险吗? [J]. 南方经济, 2020 (6): 36 - 52.

[147] 张本照, 李国栋, 李邦国. 美国经济政策不确定性会引起 A 股股价崩盘吗? [J]. 投资研究, 2021, 40 (2): 4 - 19.

[148] 张本照, 张玺. 机构羊群性投资行为会引起股价崩盘吗 [J]. 江淮论坛, 2017 (6): 29 - 37.

[149] 张丹妮, 刘春林. 分析师推荐评级与股价崩盘风险——基于期望违背压力视角的思考 [J]. 中国经济问题, 2020 (3): 90 - 104.

[150] 张丹妮, 周泽将. 商誉与股价崩盘风险——基于信号理论视角的研究 [J]. 科研管理, 2021, 42 (5): 94 - 101.

[151] 张多蕾, 张娆. 会计信息稳健性、投资者异质信念与股价崩盘风险 [J]. 财经问题研究, 2020 (6): 66 - 74.

[152] 张宏亮, 王靖宇. 公司层面的投资者保护能降低股价崩盘风险吗? [J]. 会计研究, 2018 (10): 80 - 87.

[153] 张勋, 万广华, 张佳佳, 何宗樾. 数字经济、普惠金融与包容性增长 [J]. 经济研究, 2019, 54 (8): 71 - 86.

[154] 张烨宇, 邹谷阳, 高峰, 江婕. 地方官员更替、制度环境与股价崩盘风险 [J]. 投资研究, 2020, 39 (1): 105 - 122.

[155] 张逸杰, 王艳, 唐元虎, 蔡来兴. 上市公司董事会特征和盈余管理关系的实证研究 [J]. 管理评论, 2006 (3): 14 - 19.

[156] 张翼, 马光. 法律、公司治理与公司丑闻 [J]. 管理世界, 2005 (10): 113 - 122.

[157] 赵璨, 陈仕华, 曹伟. "互联网 +" 信息披露: 实质性陈述还是策略性炒作——基于股价崩盘风险的证据 [J]. 中国工业经济, 2020 (3): 174 - 192.

[158] 赵立彬, 赵妍, 周芳芳, 傅祥斐. 并购重组内幕交易与股价崩盘风险

[J]. 证券市场导报，2021（5）：2-12.

[159] 赵晓鸽，钟世虎，郭晓欣. 数字普惠金融发展、金融错配缓解与企业创新 [J]. 科研管理，2021，42（4）：158-169.

[160] 郑建明，孙诗璐，靳小锋. 盈余质量、CEO背景特征与股价崩盘风险 [J]. 财经问题研究，2018（12）：82-89.

[161] 郑雅心. 高管经营能力、在职权力与股价崩盘风险——基于企业风险承担中介作用视角的分析 [J]. 山西财经大学学报，2021，43（7）：112-126.

[162] 郑宇新，薛茗元，欧鹏. 媒体背景独立董事与股价崩盘风险 [J]. 当代财经，2019（12）：84-95.

[163] 钟凯，程小可，张伟华. 货币政策适度水平与企业"短贷长投"之谜 [J]. 管理世界，2016（3）：87-98.

[164] 钟宁桦，刘志阔，何嘉鑫，苏楚林. 中国企业债务的结构性问题 [J]. 经济研究，2016，51（7）：102-117.

[165] 周边，刘莉亚，陈垠帆. 商业银行发行理财产品与股价崩盘风险 [J]. 经济管理，2020，42（3）：151-165.

[166] 周波，张程，曾庆生. 年报语调与股价崩盘风险——来自中国A股上市公司的经验证据 [J]. 会计研究，2019（11）：41-48.

[167] 周冬华，赖升东. 上市公司现金流操控行为会加剧股价崩盘风险吗 [J]. 山西财经大学学报，2016，38（2）：100-111.

[168] 周军，刘晓彤，杨茗. 董事网络影响股价崩盘风险吗？——基于中国A股上市公司的经验证据 [J]. 北京工商大学学报（社会科学版），2018，33（1）：61-74.

[169] 周璐，张晓美. 公司研发投入与股价崩盘风险——来自A股上市公司的经验证据 [J]. 经济问题，2020（7）：67-75.

[170] 朱孟楠，梁裕珩，吴增明. 互联网信息交互网络与股价崩盘风险：舆论监督还是非理性传染 [J]. 中国工业经济，2020（10）：81-99.

[171] 朱晓艳，徐飞. 忙碌董事会、董事高管责任保险与股价崩盘风险：声誉理论抑或忙碌效应 [J]. 南方金融，2021（5）：44-55.

[172] 庄明明，李善民，梁权熙. 连续并购对股价崩盘风险的影响研究 [J]. 管理学报，2021，18（7）：1086-1094.

［173］ 邹燕，李梦晓，林微. 直接控股股东持股与股价崩盘风险——基于过度投资和现金分红的中介效应［J］. 财经科学，2020（2）：12 - 25.

［174］ 邹燕，李梦晓，孟欣，张琳慧. 管理层权力、并购效率与股价崩盘风险［J］. 财经科学，2021（6）：26 - 39.

［175］ Albrechtws W S, Albrecht C. Fraud Examination & Prevention ［M］. Thomson/South-Western, 2004.

［176］ Allen M, Panian S K. Power Performance and Succession in the Large Corporation ［J］. Administrative Science Quarterly, 1982, 27：538 - 547.

［177］ Anderson K L, Yohn T L. The Effect of 10-K Restatements on Firm Value, Information Asymmetries, and Investors' Reliance on Earnings ［R］. Working Paper, 2002.

［178］ Anderson R C, Mansi S A, Reeb D M. Board Characteristics, Accounting Report Integrity, and the Cost of Debt ［J］. Journal of Accounting & Economics, 2004, 37（3）：315 - 342.

［179］ An H, Zhang T. Stock Price Synchronicity, Crash Risk, and Institutional Investors ［J］. Journal of Corporate Finance, 2013, 21（1）：1 - 15.

［180］ Barth M E, Elliot J A, Finn M W. Market Rewards Associated with Patterns Fincreasing Earnings ［J］. Journal of Accounting Research, 1999, 37：387 - 413.

［181］ Beasley M S. An Empirical Analysis of the Relation between the Board of Director Composition and Financial Statement Fraud ［J］. The Accounting Review, 1996, 71（4）：443 - 465.

［182］ Bebchuk L, Fried J, Walker D. Executive Compensation in America：Optimal Contracting or Extraction of Rents? ［R］. Working Paper, 2002.

［183］ BeDard J, Chtourou S M, Courteau L. The Effect of Audit Committee Expertise, Independence, and Activity on Aggressive Earnings Management ［J］. Auditing A Journal of Practice & Theory, 2004, 23（2）：13 - 35.

［184］ Bekaert G, Wu G. Asymmetric Volatility and Risk in Equity Markets ［J］. The Review of Financial Studies, 2000, 13（1）：1 - 42.

［185］ Bell T B, Carcello J V. A Decision Aid for Assessing the Likelihood of Fraudulent Financial Reporting ［J］. Auditing A Journal of Practice & Theory, 2000, 19 (1): 169 – 184.

[186] Bergstresser D, Philippon T. CEO Incentives and Earnings Management [J]. Journal of Financial Economics, 2006, 80 (3): 511 – 529.

[187] Black F. Noise [J]. Journal of Finance, 1986, 41 (3): 529 – 543.

[188] Bleck A, Liu X. Market Transparency and the Accounting Regime [J]. Journal of Accounting Research, 2007, 45 (2): 229 – 256.

[189] Brooks C, Katsaris A. A Three-Regime Model of Speculative Behaviour: Modelling the Evolution of the S&P 500 Composite Index [J]. Economic Journal, 2005, 115 (505): 767 – 797.

[190] Burgstahler D, Eames M. Management of Earnings and Analysts' Forecasts [R]. Working Paper, 2001.

[191] Burns N, Kedia S. The Impact of Performance-based Compensation on Misreporting [J]. Journal of Financial Economics, 2006, 79 (1): 35 – 67.

[192] Callen J L, Fang X. Religion and Stock Price Crash Risk [J]. Journal of Financial & Quantitative Analysis, 2015, 50 (1 – 2): 169 – 195.

[193] Cao H H, Coval J D, Hirshleifer D. Sidelined Investors, Trading-Generated News, and Security Returns [J]. Social Science Electronic Publishing, 2002, 15 (2): 615 – 648.

[194] Chen J, Hong H, Stein J C. Forecasting Crashes: Trading Volume, Past Returns, and Conditional Skewness in Stock Prices [J]. Journal of Financial Economics, 2001, 61 (3): 345 – 381.

[195] Cutler D M, Poterba J M, Summers L H. What Moves Stock Prices? [J]. Social Science Electronic Publishing, 1988, 15 (487): 4 – 12.

[196] DeAneglo H, DeAngelo L, Skinner D. Accounting Choice in Troubled Companies [J]. Journal of Accounting and Economics, 1994, 17: 113 – 143.

[197] Dechow P M, Skinner D J. Earnings Management: Reconciling the Views of Accounting Academics, Practitioners, and Regulators [J]. Accounting Horizons, 2000, 14 (2): 235 – 250.

[198] DeFond M, Jiambalvo J. Debt Covenant Violation and Manipulation of Accruals: Accounting Choice in Troubled Companies [J]. Journal of Ac-

counting and Economics, 1994, 17: 145 – 176.

[199] Defond M L, Hung M, Li S, et al. Does Mandatory IFRS Adoption Affect Crash Risk? [J]. Accounting Review, 2015, 90 (1): 265 – 295.

[200] Firth M, Rui O M, Wu W. Cooking the Books: Recipes and Costs of Falsified Financial Statements in China [J]. SSRN Electronic Journal, 2011, 17 (2): 371 – 390.

[201] Flood P C, Fong C M, Smith K G, et al. Top Management Teams and Pioneering: A Resource-Based View [J]. International Journal of Human Resource Management, 1997, 8 (3): 291 – 306.

[202] French K R, Schwert G W, Stambaugh R F. Expected Stock Returns and Volatility [J]. Journal of Financial Economics, 1987, 19 (1): 3 – 29.

[203] Gao P, Shrieves R. Earnings Management and Executive Compensation: A Case of Overdose of Option and Underdose of Salary? [R]. Working Paper, 2002.

[204] Gennotte G, Leland H. Market Liquidity, Hedging, and Crashes [J]. American Economic Review, 1990, 80 (5): 999 – 1021.

[205] Gillett P R, Uddin N. CFO Intentions of Fraudulent Financial Reporting [J]. Accounting Horizons, 2005, 24 (1): 55 – 75.

[206] Griffin J M, Nardari F, Stulz R M. Stock Market Trading and Market Conditions [J]. NBER Working Papers, 2004.

[207] Hambrick D C. Some Tests of the Effectiveness and Functional Attributes of Miles and Snow's Strategic Types [J]. Academy of Management Journal, 1983, 26 (1): 5 – 26.

[208] Healy P. The Effect of Bonus Schemes on Accounting Decisions [J]. Journal of Accounting and Economics, 1985, 7: 85 – 107.

[209] Hermalin B E, Weisbach M S. Endogenously Chosen Boards of Directors and Their Monitoring of the CEO [J]. The American Economic Review, 1998, 88 (1): 96 – 118.

[210] Hernandez J R, Groot T. How Trust Underpins Auditor Fraud Risk Assessments [R]. Working Paper, 2007.

[211] Higgins R C. How much Growth Can a Firm Afford? [J]. Financial Man-

agement, 1977 (3): 7 – 16.

[212] Hong H, Stein J C. Differences of Opinion, Short-Sales Constraints, and Market Crashes [J]. Review of Financial Studies, 2003, 16 (2): 487 – 525.

[213] Ittner C D, Rajan M V. The Choice of Performance Measures in Annual Bonus Contracts [J]. Accounting Review, 1997, 72 (2): 231 – 255.

[214] Jackson S E, Brett J F, Sessa V I, Cooper D M, Julin J A, Peyronnin K. Some Differences Make a Difference: Individual Dissimilarity and Group Heterogeneity as Correlates of Recruitment, Promotions, and Turnover [J]. Journal of Applied Psychology, 1991, 76 (5): 675 – 689.

[215] Jensen M, Meckling W. Theory of Firm: Managerial Behavior, Agency Costs and Ownership Structure [J]. Journal of Financial Economics, 1976, 3 (4): 305 – 360.

[216] Jiang J, Petroni K R, Wang I Y. CFOs and CEOs: Who Have the Most Influence on Earnings Management? [J]. Journal of Financial Economics, 2010, 96 (3): 513 – 526.

[217] Jin L, Myers S C. R2 Around the World: New Theory and New Tests [J]. Journal of Financial Economics, 2006, 79 (2): 257 – 292.

[218] Jin W, Zhang H Q, Liu S S. Technological Innovation, Environmental Regulation, and Green Total Factor Efficiency of Industrial Water Resources [J]. Journal of Cleaner Production, 2019, 2 (11): 61 – 69.

[219] Jones C L, Weingram S E. The Effects of Insider Trading, Seasoned Equity Offerings, Corporate Announcements, Accounting Restatements, and SEC Enforcement Actions on 10b-5 Litigation Risk [M]. Social Science Electronic Publishing, 1997.

[220] Kao L, Chen A. The Effects of Board Characteristics on Earnings Management [J]. Corporate Ownership & Control, 2004, 1 (3): 96 – 107.

[221] Katz R. The Effects of Group Longevity on Project Communication and Performance [J]. Administrative Science Quarterly, 1982, 27 (1): 443 – 447.

[222] Kim J B, Li Y, Zhang L. CFOs Versus CEOs: Equity Incentives and Cra-

shes [J]. Journal of Financial Economics, 2011, 101 (3): 713 – 730.

[223] Kim J B, Li Y, Zhang L. Corporate Tax Avoidance and Stock Price Crash Risk: Firm-level Analysis [J]. Social Science Electronic Publishing, 2011, 100 (3): 639 – 662.

[224] Kim J B, Zhang L. Accounting Conservatism and Stock Price Crash Risk: Firm-level Evidence [J]. Contemporary Accounting Research, 2016, 33 (1): 412 – 441.

[225] Kinney W R, Mcdaniel L S. Characteristics of Firms Correcting Previously Reported Quarterly Earnings [J]. Journal of Accounting & Economics, 1989, 11 (1): 71 – 93.

[226] Lee I H. Market Crashes and Informational Avalanches [J]. Review of Economic Studies, 1998, 65 (4): 741 – 759.

[227] Loebbecke J K, Eining M M, Willingham J J, Auditors' Experience with Material Irregularities: Frequency, Nature and Detectability [J]. Auditing A Journal of Practice & Theory, 1989, 9 (1): 1 – 28.

[228] Lorsch L. A Modest Proposal for Improved Corporate Governance [J]. Business Lawyer, 1992, 48 (1): 59 – 77.

[229] March J G, Simon H A. Organizations [J]. Social Science Electronic Publishing, 1958, 2 (1): 105 – 132.

[230] Marin J M, Olivier J P. The Dog that Did Not Bark: Insider Trading and Crashes [J]. Economics Working Papers, 2008, 63 (5): 2429 – 2476.

[231] Miles R E, Snow C C, Meyer A D, et al. Organizational Strategy, Structure, and Process [J]. Academy of Management Review Academy of Management, 1978, 3 (3): 546 – 562.

[232] Morgan A, Poulsen A. Linking Pay to Performance—Compensation Proposals in the S&P 500 [J]. Journal of Financial Economics, 2001, 62: 489 – 523.

[233] Myers L, Skinner D. Earnings Momentum and Earnings Management [R]. Working Paper, 2002.

[234] Palmrose Z V, Richardson V J, Scholz S. Determinants of Market Reactions to Restatement Announcements [J]. Journal of Accounting & Economics, 2004, 37 (1): 59 – 89.

[235] Peng W Q, Wei K C J. Women Executives and Corporate Investment: Evidence from the S&P 1500 [C]. Financial Management Annual Conference, 2007.

[236] Pindyck R S. Risk, Inflation, and the Stock Market [J]. American Economic Review, 1984, 74 (3): 335 – 351.

[237] Piotroski J D, Wong T J, Zhang T. Political Incentives to Suppress Negative Information: Evidence from Chinese Listed Firms [J]. Journal of Accounting Research, 2015, 53 (2): 405 – 459.

[238] Richardson S, Tuna I, Wu M. Predicting Earnings Management: The Case of Earnings Restatements [R]. Working Paper, 2003.

[239] Romer D. Rational Asset-Price Movements Without News [J]. American Economic Review, 1993, 83 (5): 1112 – 1130.

[240] Scholz S. The Changing Nature and Consequences of Public Company Financial Restatements 1997 – 2006 [C]. The U. S. Department of the Treasury, 2008.

[241] Schwert G W. Why Does Stock Market Volatility Change Over Time? [J]. Journal of Finance, 1989, 44 (5): 1115 – 1153.

[242] Shleifer A, Vishny R W. Stock Market Driven Acquisitions [J]. Journal of Financial Economics, 2001, 70 (3): 295 – 311.

[243] Sloan R G. Do Stock Prices Fully Reflect Information in Accruals and Cash Flows About Future Earnings? [J]. The Accounting Review, 1996, 71 (3): 289 – 315.

[244] Smith C, Stulz R. The Determinants of Firms' Hedging Policies [J]. The Journal of Financial and Quantitative Analysis, 1985, 20: 391 – 405.

[245] Turner L, Dietrich J R, Anderson K, Bailey A J. Accounting Restatements [R]. Working Paper, 2001.

[246] Wu M. Earnings Restatements: A Capital Markets Perspective [R]. Working Paper, 2002.

[247] Xu N, Li X, Yuan Q, et al. Excess Perks and Stock Price Crash Risk: Evidence from China [J]. Journal of Corporate Finance, 2014, 25 (2): 419 – 434.

[248] Xu J. Price Convexity and Skewness [J]. Journal of Finance, 2007, 62 (5): 2521 –2552.

[249] Yuan K. Asymmetric Price Movements and Borrowing Constraints: A Rational Expectations Equilibrium Model of Crises, Contagion, and Confusion [J]. Journal of Finance, 2005, 60 (1): 379 –411.

[250] Zenger T R, Lawrence B S. Organizational Demography: The Differential Effects of Age and Tenure Distributions on Technical Communication [J]. Academy of Management Journal, 1989, 32 (3): 353 –376.

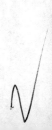